大夏书系·教师教育精品译丛

The Courage to Teach
Exploring the Inner Landscape of a Teacher's Life
(10th Anniversary Edition)

（美）帕克·帕尔默 著
吴国珍 等译
杨秀玲 审校

Parker J. Palmer

教学勇气
漫步教师心灵
十周年纪念版

华东师范大学出版社
ECNUP
全国百佳图书出版单位

目　录

十周年纪念版前言

在撰写《教学勇气——漫步教师心灵》的十年里，我花了许多时间认真反思过去，预示未来。

我的佛教徒朋友对我说，这种处世方式不好。凡具智慧的传统都极力倡导要我们活在"永恒当下"的真实中，而不是活在曾经如何或可能如何的虚幻中。然而，若没有过去和将来作为素材和源流，无论作者拥有多么丰富的记忆和想象力，都是不可能写作的。尤其对我自己来说，单凭记忆和想象来写人的内心世界，其可信程度是令人质疑的。

事实上，我一边回顾从事教育工作的三十年，一边写作，因为我要弄清楚到底为什么教学总是令我既兴奋又恐惧。我探索着教师生活的内在景观，由内而外，清晰地揭示智力、情感和精神的互动状态如何使我们的工作达成或走样。我要探寻出加深自我理解的方法，进而深化任何像我一样关心教育的人的教学实践。

同时，我一边写一边展望未来。身处一种贬低内心生活的文化中，我希望多做一些事：不仅仅是说明好教师必须克己、自省，还试着去理解激发他们生命活力、影响他们更好或更糟的行动的种种动因。我预感到，我们的社会将愈来愈沉迷于教育的外部价值——包括那无情而又愚蠢的标准化测试——我深感其对教育的冲击。我要寻求一些方法来保护和支持位于真正的教学、学习与生活之核心的心灵旅程。

随着时光渐逝，如今我们能够透视过去的全貌。因此，为《教学勇气》十周年纪念版写前言和后记使我更清晰地看到这本书就是源于我自己的教学经验。它也给我提供了一个机会，来检验本书初版时我对未来预测的准确程度和对症改善设想的适切程度，这些预测包括当时"尚未通过正规形式发生"的事件。

重温写书前的事

因为我花了十年工夫才完成《教学勇气》初版，所以，对我而言，这本书的十周年纪念更像是二十周年纪念。事实上，在我写完这本书之前的整整十年里，很长的时间里，我所拥有的仅仅是一个题目，接踵而来的是一些尚不成熟的想法、写满潦草笔记的成堆便条，以及一页又一页的无用文本。在这本书形成的过程中，我多次演讲时都提到过它，以至于一些人以为《教学勇气》已经成书出版了。

那时我开始接到图书馆管理人员的电话："有人想借一本《教学勇气》，但是我哪里都找不到，我如何才能弄到一本呢？"令他们扫兴的是，我告诉他们我也希望拥有一本，在我把书写成之前，我们都不得不等待。

我用了整整十年来写这本书，部分原因是我写得非常慢。当人们问我靠什么谋生时，我告诉他们我是一个"重写者"。真的，我写的每一页都是反复修改多次后才拿去发表的。同许多作者一样，我写作并非始于一个清晰的观点文。写作帮助我发现我对某事的所感及所知，因为后续的每次修改都推动我进入更深层的发现中，而不知何时停止。

然而，我用了整整十年才写成这本书，又不仅仅是因为我写作慢。我也相信是宽宏大度的上天给我时间来积累和吸收我的两次经历，倘若没有这两次经历，这本书就会缺少根基，缺少诚实，因而也就缺少帮助他人的价值。这两次经验，一次是失败的，另一次是成功的。如今，我把它们都看作是上天赐予的祝福。

当然，那失败的经历在当时我并不觉得是个祝福。在《教学勇气》首版付梓前的四年里，这本书有时让我感觉像有盼头的一缕微光，有时又像鞋子里的沙子、心头上的疙瘩。我索性在肯塔基州伯里亚学院（Berea College）待上一年，任礼来项目客座教授。就在这一年结束的时候，我想起与本书有关的两件事情：第一，为什么这个题目如此切中要害（至少对我来说）；第二，为什么我需要撰写有关尽其所能地谦卑的教学之道。

从1855年起，伯里亚学院就一直面向阿巴拉契亚地区的年轻人开办课程。伯里亚学院的博雅教育课程对这些来自美国最贫困地区之一的学生是完全免费的，学院为这些学生提供校园内的工作，既帮助学校运营，又资助他们解决了学习费用。早在20世纪60年代，我还在加利福尼亚大学伯克利分校研究生院读书时，伯里亚学院就格外吸引我，那时高等教育因忽视那些上不起大学的贫困者而受到全面、严正的批评。能在一所以社会公平正义为使命的大学里任教，早就是我职业生涯意愿的首选。

"小心许愿"虽是老生常谈，但还是值得留神。在伯里亚学院任教的一年是我一生中最艰难的一年。作为一个过惯富裕生活的北方人，我对于阿巴拉契亚的认识，仅仅是从阅读中得来的。对于我和学生之间的文化鸿沟，我也完全没有准备，因此，我没法跨越这文化鸿沟进行教学。我对于他们——"他者"——的亲身体验和了解的缺乏，导致我自身的"建立联系的能力"——《教学勇气》中的一个关键概念——频频不足。更糟糕的是，我花了很长时间才承认和修补自己的无知。

个人的失落又加剧了这些专业方面的挣扎，正如我在书中一直坚持的看法——个人与其专业不能分离，不管是在黑暗还是在充满阳光的日子里，"我们都要教导自己认识自我"。在伯里亚那年的中期，一个严寒到零下的元月凌晨，我接到我深爱的父亲意外逝世的噩耗。远离家人和朋友的安慰，我崩溃了。

在伯里亚第二学期度过的每一天，我都得攀爬个人悲痛加上专业失败这座大山，强行把自己拖回教室。同时，我内心也在经历着"教学勇气"的潮涨潮落，且多处于潮落状态。我决不会为了名誉和金钱再经历那么一年，但那一年确实留给了我一份无价之宝。我更深切地感受到：教师们的日常工作，我们的教与学，等于攀爬高山峻岭。

在《教学勇气》初版面世前的十年间，我的另一重大经历是一段绝对成功的经历，功劳不在于我，而应归功于那些与我分享的人们。从1994年到1996年，应菲兹尔研究所的请求，并在其慷慨给予的资金和人员支持下，我设计并落实了名为"教学勇气"的项目。在与来自密歇根西南部的22位从幼儿园到高中12年级的老师们一起工作的过程中，我成了"向内心世界探索"的领路人，用静修会的形式帮助他们探索自己生活的内心景观。静修会按照一年四季的周期，两年共办了八次，每个季度都花上三天时间。

技术上，是我领导这个项目；实际上，是那些教师在引领我。我从他们那里学到了持久的功课：我得知，太多的公立学校的教师不得不在令人气馁、饱受压抑，甚至是残忍的条件下工作；我得知，这些善良的人们自发自觉地想办法求生存，而不是坐等别人的援助；我感受到他们心灵深处的、让他们面对再大困难也坚守课堂的献身精神，这种精神，就是为我们孩子们的福祉所作的神圣承诺。

我和这些公立学校的老师一起走过的两年，使我坚信，他们和他们的亲人才是我们这个时代真正的文化英雄。他们每天要跟那些为社会病态所伤害的孩子们打交道，而且除了他们没有谁决意医治这些社会病患。他们每天还因所谓的种种不足和失败而遭受政府官员、公众和媒体的斥责。然而他们每天仍然对学生敞开心扉，期待以心灵影响心灵，帮助学生们同样敞开心扉。

《教学勇气》面世前的十年里，那些教学的艰难岁月，那些与其他教师相处的欢乐时光，促使我用发自内心炽热的激情来写这本书。当然，**激情**这个词，既可指强烈的爱，亦可指极端的痛苦，或两者兼而有之。这两种情感不仅在语言上相伴同行，在生命里也是相伴同行的。

希望就在这里

今天，《教学勇气》已经面世十周年了。既然历时十年的事件已经"通过正规形式发生"了，不妨评估一下我的水晶球预卜——我当年对于教育的未来、教师的需要、我这本书可能提供的帮助等种种预言——到底有多么准确。

我曾凭直觉预感，教育将更加痴迷于外在的价值，从而挤掉支持教师和学生内在生命价值所需的空间。如今我伤心地发现，这不祥的预感竟如此准确。其实，做出这样的预言并不需要去求教德尔斐神谕①。那过分的"不让一个孩子掉队"法案（No Child Left Be-hind）——一套一直都在严重挫伤教师士气、窒息真正的教与学而又毫无事实依据的法案——就是只关注量化衡量而轻视真正意义之思维模式的不可避免的后果。

有人说：我们需要量化指标，我们需要细称精量，以加强和实施教育问责。我的回答是：当然，我们确实需要细称精量，但必须具备三个至今我们尚未具备的条件。一是，我们要测量考核真正教育情境中值得测量考核的东西，死记硬背在真正的教育情境中是无足轻重的；二是，我们要懂得怎样测量考核我们准备测量考核的东西；三是，我们要重视那些可测量、可量化的东西，更要重视那些量化工具测量不到但同样重要或者更重要的东西。

否则我们会发现，我们处于哭笑不得的境地，我认为确实如此，这是杜威（John Dewey）早在70年前就讥讽过的。当时有人问他对智力测验的看法，他根据自己童年的农场生活经历做了回答。其实杜威的回应，完全适用于许多诸如"不让一个孩子掉队（NCLB）"法案之类的"学习测量"：

> 杜威……认为智力测验就像他家去市场卖猪前的准备一样。为了算出猪的卖价，他的家人把猪放在跷跷板的一端，在另一端堆砖头，直到两边平衡。杜威说："然后，我们又设法去算出那

些砖头有多重"。

如今我们所做的，比如测试语言技能，无非是说，在语言技能方面这个孩子值"76块砖头的重量"，而那个孩子值"83块砖头的重量"。但是我们仍然不知道这些砖头的重量，况且各种情景所用的砖头种类也各不相同！不管我多么希望是我预测错了，我在1997年预言我们的社会会继续痴迷于教育的外在东西，却不幸言中了。

令我开心的是，我提出的内在心灵互动方式能帮助教师联结他们的学生（借此不断帮助和支持学习）并且赋予他们正能量，以抵制损害真正教学的威胁（"不让一个孩子掉队"的法案只是最近的一个例子）——这一点也让我说对了。这本书出版后的十年里，我从很多老师那里听到，在艰难的日子里，就是这种教学之道帮助他们深化、更新、支撑他们的教学生涯。我还会在本前言稍后引用一些可以为支持我的教学之道提供证据的研究。

然而，我对这本书的潜在读者却估计错误。虽然面世前，我用了好几年的时间同一群教师紧密接触，但我以为我的读者应几乎全是来自高等教育和成人教育领域。我已经在高等教育和成人教育领域工作了三十载，且有一定的知名度，因而书中引用的大部分例子和插图也都来自该领域。所以，当我得知许多公立中小学的教师和行政管理人员也都读《教学勇气》时——在1997年，对于他们的领域，我不过是个新手——这屡屡令我感到惊喜和欣慰。

同样令人开心，更令人惊喜的是，这本书也吸引了其他领域的读者群，包括医疗、法律、政治、慈善、神职以及组织领导等领域。自从《教学勇气》面世以来，不断有人问我："既然你在这本书里所说的很多内容都适用于其他工作，而不仅仅是教学，为什么你不写一本《领导勇气》或《服务勇气》或《治愈勇气》呢？"每一种因"心灵召唤的理由"而吸引人们从事的专业，也是人们和他们的工作因失去心灵而饱受煎熬的专业。跟教师一样，他们也在问："我们怎样才能重拾心灵，从而拥有完整的心灵向他人敞开呢？"——向他人敞开心灵，正是当初吸引他们承担教师工作的理由。

但过去的十年最令我欣慰和惊喜的是——当然是跟《教学勇气》有关的——我们已经取得了令人鼓舞的突破和进展：通过创造各种通道和平台，给我们的理念"加上转轮"，使我们的理念扎根、广为传播，让勇于探索的人们共同分享。

这里的"我们"，指那些完成最初两年的"教学勇气"项目，又跟我一起创立教师成长中心的人——后来，顺应非教师人数不断增加的需要，教师成长中心改名为"勇气和更新中心"。"我们"包括玛希·杰克逊和里克·杰克逊，他俩是创立该中心和维持其运行的联席主管；汤姆·毕奇，罗柏·勒曼，米奇·欧利凡提，以及菲兹尔研究所的戴夫·司旅特；史密斯学院的教授山姆·英特拉托，还有编辑梅根·斯克里布纳，他为编辑出版由《教学勇气》衍生出的一系列书做了大量提升工作，使我们的工作得以广为人知。

今天，勇气和更新中心是通过拥有 150 名经过培训的助导团队——即"勇气合作"团队——来运行的，在 30 多个州和 50 多个城市为人们提供培训课程，帮助各行各业的人，让他们原本的自己跟他们的工作重新建立联结。在我们称其为"信任圈子"的人们中——即在精神上和实践上都认同 1994—1996 年菲兹尔研究所相遇的教师圈子——在不断扩展幼儿园到高中 12 年级教师的核心工作的同时，中心还跟医生、律师、神职人员、基金会主管、政府官员和非营利机构的领导等一起，共同探讨和分享。

正如我在本书后记中所指出的，过去十年间所发生的许多事情，都已经证实并发展了《教学勇气》所强调的关于教师和学生内心生活的观点。其中一个发展是 2002 年安东尼·拜瑞克和芭芭拉·施奈德发表的题为"信任学校：改进的核心资源"的研究。这两位芝加哥大学的学者，得到罗素·塞奇基金会的赞助，"在 20 世纪 90 年代初期，随着深化学校分权管理的 1988 年法令的实施，开始就芝加哥的学校改革进展中的各种互动机制进行探索。"

拜瑞克和施奈德相信，人际关系中的互信是学校成功的一个至关重要却被忽略的因素，因此他们检视这一因素对学生学习成绩的影响。他们采用标准化测试成绩来衡量，比较了"高信任水平的学校学生的学业成绩和没那么高信任水平学校学生的学业成绩"。当时《教育周报》报道的结果如下：

> 他们发现，标准化测试结果分数最高的那25%的学校，通常是信任水平高于那些分数位居最末尾25%的学校。他们还调查了1991年到1996年间，在标准化考试中年度得分最好和最差的100所学校，并且将这些结果跟有关信任关系的教师调查数据做了对比。

> 结果他们发现，1994年具有很强信任关系的学校学生最终在阅读、数学分数方面的改进，比那些信任水平低的学校学生高3倍。1997年，拥有很高信任水平的学校有二分之一的机会被归到"有改进"类，相比之下，信任水平差的学校只有七分之一的机会归到此类。不论1994年还是1997年，学校的教师反映信任水平低的，"则这些学校的学生，事实上都没有任何机会在阅读或数学方面得到提高"。

拜瑞克和施奈德也发现，教师和学校行政管理者之间、教师之间、教师与家长之间的信任关系，相当具有有效地抵消外部影响因素的能量，而这些外在因素往常被认为是影响学校很好地服务于学生的主要决定性因素。"学术成果提高不可能发生在学生们极度贫穷、种族隔离、学生流动性大的学校。但是这两位研究者认为，即使在控制了上述几个因素之后，相互信任和学生成绩之间仍存在明显的正相关。"

如果把学生教育好的本领取决于人际间的相互信任，那么，人际间的相互信任又取决于什么呢？很明显，取决于一个教育者对他/她自己的生命"探索内心景观"的能力，凭此学习如何以善于保持信任关系的方式来协调处理这个复杂棘手的领域。

人际间的相互信任建立在人的内心活动上，诸如同理心、承诺、悲悯、耐心以及包容能力。一旦忽略对教育成功很关键的心灵工作，无视培养上述这些性情品质所必需的心灵工作，忽视抵制种种损害这些性情品质所必需的心灵工作，内在的心灵工作没有制度支持，那么这个关键的变量只能听天由命。我们都清楚在一个不断腐蚀信任的文化里，它会面对什么命运。

拜瑞克和施奈德的研究很有价值。但是，我需要指出——不是评论他俩的研究，而是评论我们的心态——《信任学校》揭示了一个隐藏却显而易见的秘密：谁不知道你可以向**相互不信任的**一群人提供最好的方法、最新的设备和大撒金钱，但结果依然凄惨？谁不知道**相互信任、紧密合作的一组人**，即使没有充足的资源，照样能拿出卓越的成果？

其实，对这些事，我们都心里有数。但一到公众场合，我们就不肯说出真相——真的，我们还主动否认呢——就这样，我们持续不断地屈服于制度控制的虚幻错觉，即人心的逻辑与真实世界的运作是不相干的，真实世界的运转必须产出硬性规定的"底线"。真不知该把这种心态和人格称为什么！分离、抵赖、自暴自弃、麻木不仁、可悲，或简直就是愚蠢的胡言乱语。我想，所有这些词加在一起，**甚至**用更尖锐的字眼，才能准确描述这种制度综合征的特殊情状。

我很感激拜瑞克和施奈德把他俩的研究发现公布于世。他们劝谕教育政策制定者接受"信任对于推动和激励展现成果的重要性"这一见解，在研究报告中写道："从政策层面，我们要经常留意，学校的每一项新举措对校内人际关系信任可能是促进还是损害。"

按照他们的提议，我们不妨就从"不让一个孩子掉队"的法案开始，看看这个法案到底对于学校内的信任关系产生了些什么影响。一旦我们认识到它造成的危害——并且认识到当我们忽视心灵的互动和能量时，一个机构追求使命的能力会遭遇什么后果——我们就可能学会如何制定有效促成真正教育改革的政策，因为这样制定出来的政策对"我们天性的更佳角度"具有感召力，真正扎根于我们对于世界运作共识的情理中，也认真对待师生们生命的内在景观。

致谢读者

最后，我要向我的读者们说一声：谢谢你们！谢谢你们在《教学勇气》刚初版时就购买了三十多万册！谢谢你们跟学生、同事和朋友们分享《教学勇气》！最最重要的是，我由衷感谢你们把书中教与学的愿景带到教学第一线！

跟十年前相比，如今我对教育改革的潜力怀着更大的希望，这是因为通过这本书我结识了很多人，包括学校教师、行政管理人员和改革者，他们热切地关心教育、关心学校、关心他们为之服务的学生，并愿意为实践理念承担风险。

就是基于这个希望，我还为十周年纪念版写了"后记"，题为"呼唤新专业人士——教育就是转变"。这里，我探索培养能真正造福世界的新专业人士的途径和方式。这些新专业人士不仅要掌握诸如教学、医学或法律专业领域的核心能力，也要具备必需的本领和意愿，以帮助其所在的专业机构转变——因为往往就是这些机构不断地威胁我们的最高专业准则。

正如本书众多读者已证实了的，"探索教师生活的内在景观"使我们复归本性，扎下根基，重获新生，再面对我们生活的外在景观。当我们真正全心投入感召我们的工作中，我们就能再一次把我们的心献给我们的学生、我们的同事、我们的学校，以及我们的世界——一个冷酷无情、只向发自内心的受惠慈悲恩典的美德低头的世界。

注　释

①**译者注**：希腊神庙的神谕。

中 文 版 序

60 年前，美国哲学家巴赞（Barzun, J.）出版了一本堪称经典的书，《美国教师》，里边有一句话长久地萦绕在我的心头："教学并非一项不复存在的艺术，但尊重它的传统已不复存在。"

对美国人来说，这句话现在同 60 年前一样真实，这既是好消息，又是坏消息。好消息是我们有许多教师不想让教学艺术衰亡，例如，他们拒绝接受这种荒唐的观点：好的教学仅仅是信息转移，且一台电脑可以做得和一个活生生的人一样好。然而，坏消息是，这些好教师是在艰难甚至卑微的境况中进行工作，这种境况产生于不再尊重教师和教学艺术的美国文化。

中国智慧中有很多东西值得我们美国人学习。我认识到这一点，是因为我曾经与一位中国人产生了深厚友谊，他在我任教的学校待了一年，我是那时候认识他的。虽然我们最后一次对话是在大约 25 年以前，但至今我对他那富于活力的精神风貌依然记忆犹新。通过他——也通过我自己对中国历史和哲学的研究——我了解到中国文化中古老而悠久的尊师重教传统。

所以我深深地感谢吴国珍教授、杨秀玲教授和余巍博士把我的《教学勇气》译为中文。我希望它的出版会促进两国教育家之间的对话——让中国读者了解，在美国我们正在如何努力重新振兴教学、恢复对它的敬重；让美国人更多地了解那几千年来丰富人类文明、敬重教与学的中国文化。

我们所有关心教育的人需要一起努力，以帮助人们认识到，教和学是人类所有追求中最崇高、最迫切需要的！世界的未来依赖于这样的教师和学习者——他们愿意向着我们周围的世界和我们的内心世界敞开心扉，向着每一个人与生俱来的宝贵潜能，向着日常生活的潜在价值，向着我们多灾多难的世界所固有的美好未来，敞开心扉。

帕克·帕尔默

2004 年 5 月

于威斯康星州麦迪逊

鸣　谢

1983 年，我出版了《以我们熟悉的方式认知——作为精神之旅的教育》。这本书为我提供了结识国内不同背景的教师并与他们一起工作的机会：学院和大学、公立学校、继续教育中心、进修中心、宗教机构，还有各种类型的学习组织：企业、基金会、为社会变革而工作的团体。

与这些非凡的、不同背景的教育者的对话激发我写了此书。《教学勇气》有两点不同于《以我们熟悉的方式认知》：既坚持关注教学实践，又坚持集中探索通往内心生活的途径，我所见过的富有献身精神的教师的内心生活是向各种途径敞开的。我感谢那些鼓舞我沿着这一思路著述的精神伴侣。

我要特别感谢菲兹尔（Fetzer）研究所的所长罗伯特·莱曼（Lehman,R.F.）先生。我是该研究所的一名高级顾问。在该研究所的一系列计划中，他使我能够计划我的漫长的旅行，从而完成这本书。本书所展示的心灵之旅中有他更慷慨忠实的同伴之谊。罗伯特理解内心生活以及这种内心生活以其罕见的深度和激励力量对行为世界的影响。我深深感激他的洞察、友谊和见证。

与菲兹尔研究所的合作丰富了我的教育经验。我自己的教学主要在大学和成人学习计划中进行。本书新版中的大部分故事都来自这些领域。但在过去的五年里，我通过帮助菲兹尔研究所建立教师养成计划，即在公立学校实行一个两年一贯的教师更新静修班（retreats），了解了幼儿园到 12 年级教师的生活[①]。这项计划现在设有很多分点，如伊利诺伊、马里兰、密歇根、南卡来罗那州和华盛顿州。在本书要出版的同时，菲兹尔研究所正在建立一个全国教师养成中心，作为其他从幼儿园到 12 年级教师的研修点。最终可能建立一个教师更新计划。

1994—1996 年，我领导了第一个教师养成小组。我很感谢密歇根公立学校的教师，他们使得实验如此成功，令人振奋。他们是亚当斯·M.，本德·J.，邦德·M.，鲍尔索克斯·L.，埃尔斯·M.，福勒·R.，哈默·L.，海沃德·E.，休斯敦·M.，肯尼迪·K.，麦克卢汉·C.，佩里·M.，鲍威尔·L.，罗斯坦密·T.，塞拉芬尼·R.，汤普森·G.和温霍尔德·M.。

我也很感谢那些正在给教师养成计划更广泛和持续生命力的人，他们是布朗·J.，钱伯斯·T.，格拉瑟·C.，格林斯莱德·E.，黑尔·S.，休斯敦·M.，杰克逊·M.，杰克逊·R.，奥利弗特·M.，斯克赖伯·M.，斯利特·D.和威廉森·P.。他们是我的朋友，也是计划实施中的合作者，菲兹尔研究所的全体人员甘于奉献，辛勤工作——回复电话，写备忘录，开支票，打扫房间，清理场地，提供食物——这些都使计划能顺利进行。还有学院的董事，他们信任这项工作并且予以支持。他们是：克拉夫林·J.，菲兹尔·B.，富兰克林·W.，特威斯特·L.，沃恩·F.，维尔斯基·J.和威斯通·J·S.（名誉退休理事）。

过去的十年里我独立地工作，尽管我不间断地教学——在研修班、教师工作坊和静修班，在各种形式的课堂上，但我再也不会在传统的教育环境中教同样的学生一个学期或者更长时间，就像我于教学生涯早期在乔治敦大学伯洛伊特学院和贵格派终身学习组织彭德尔山所做的一样。

在 1993—1994 年，我被任命为肯塔基州伯里亚学院的礼来客座教授，对此我心存感激。一年里，我置身于学院的教学现实中，并且写了本书的初稿。我特别感谢休斯·P.，琼斯·L.，希恩·L.，和已故的斯蒂芬森·J.，还有伯里亚友谊协会的成员。他们激励着我的职业成长。

我也很感谢美国高等教育协会（AAHE）的朋友们，我在那里担任高级会员。他们是埃杰顿（Edgerton·R.，AAHE 前主席，现任教会慈善托管基金会教育计划理事），艾伯特（Albert,L.），哈钦斯

（Hutchings，P.），马契斯（Marchese，T.）。在十年甚至更长的时间里，他们鼓励并帮助我开展工作，使我成功地深入书中提及的不同一般的组织中，而这单靠我自己是永远不可能实现的。

关于本书的大部分工作是在 1996—1997 年间完成的。在那段时间，我有幸得到四位出色编辑的支持。他们的帮助使得本书比我自己单独写要好得多。

波斯特（Polster，S.）和富勒顿（Fullerton，S.）是 Jossy-Bass 出版社负责本书的编辑。我感谢他们在适当的时机给我适当的支持和鼓励。

尼波（Nepo，M.）是一位诗人、随笔作者、教师和出色的编辑。他认真地阅读我写的每一个字，热心地对大部分内容加以评论，提出赞成和反对的意见，并且尽力唤起我的心声，而不是粗暴地将他的意见强加于我。他帮我抓住重点和呈现我自己还没有觉察的知识，对此我有说不尽的感激。

沙伦·帕尔默（Sharon Palmer）目光敏锐，心地纯良。她与我同甘共苦，共享了这项计划，并使我的书文体明晰、精神完整。这本书的题词并不能充分表达我对她深深的感激。我也很感激我的父亲，他是我所认识的最优秀的男人。

帕克·帕尔默

1997 年 9 月

于威斯康星州麦迪逊

注　释

① K-12 是美国从幼儿园，经过小学、初中到高中 12 年级结束的免费教育系统的文字标志。

导言　源自心灵的教学

啊，别分离，
亲密无间，
与繁星相聚在天际。
何为心，
若非与繁星聚一起？
与众鸟齐飞，
乘风，驾云，
齐归。

　　　　——里尔克（Rilke,R.M.）①《啊，别分离，》②

教导自己认识自我

我是用心的教师。有时在教室里我忍不住欢喜起来。真的，当我和我的学生发现可探索的未知领域，当我们面前展现出曲径通幽、柳暗花明的一幕，当我们的体验为源自心灵的生命启迪所照亮，那时，教学真是我所知的天下最美好的工作。

然而，在另一些时候，教室毫无生气，充满痛苦和混乱——而我却对此无能为力——此刻所谓的教师就像无处藏身的冒牌货。于是敌人无处不在——那些格格不入的学生，那些我自以为熟知的学科，还有那有赖此业谋生的个人苦衷，都与我作对。多蠢！我居然以为已经掌握了这玄妙的艺术——那比茶叶占卜③更神圣、即使只领略一二也非凡人所能及的玄妙艺术。

如果你是一位从来没有经历过痛苦时光的教师，或者有过却不以为然，本书就不适合你了。本书适合这些教师：他们体验过快乐和痛苦的时日，而且其痛苦时日承受的煎熬仅仅源自其所爱；本书适合这些教师：他们不愿意把自己的心肠变硬，因为他们热爱学生，热爱学习，热爱教学生涯。

当你非常热爱你的工作——如许多教师所做的那样——摆脱困境的唯一途径是深入地了解教学。面对教学中的困惑，我们须知难而进，而非逃避，对其更好地理解和更得体地协调，不仅仅是为了守护自己的灵魂，更是为了爱护学生的心灵。

教学中的困惑有三个主要原因，前两个是老生常谈，第三个原因最根本，却很少为人所重视。首先，我们教授的学科像生命一样广泛和复杂，因此我们有关学科的知识总是残缺不全，无论我们自己如何致力于阅读和研究，教学对控制内容的要求总是使我们难以把握。其次，我们教的学生远比生命广泛、复杂。要清晰和完整地认识他们，对他们快速作出明智的反应，需要融入鲜有人能及的弗洛伊德和所罗门的智慧。

如果学生和学科可以解释所有教学的复杂性，我们复制世界的标准方式可能就有了——尽可能与我们的专业领域保持联系，学习足够的技术使得自己处于引领学生精神的地位。但是，还存在第三种解释教学复杂性的理由：我们教导自己认识自我。

就像任何真实的人类活动一样，教学不论好坏都发自内心世界。我把我的灵魂状态、我的学科，以及我们共同生存的方式投射到学生心灵上，我在教室里体验到的纠缠不清只不过折射了我内心的交错盘绕。从这个角度说，教学提供通达灵魂的镜子。如果我愿意直面灵魂的镜子，不回避我所看到的，我就有机会获得自我的知识——而就优秀教学而言，认识自我与认识学生和学科同等重要。

事实上，认识学生和学科主要依赖于关于自我的知识。当我不了解自我时，我就不了解我的学生们是谁。我只会在我经受不了检验的生命的阴影中，透过重重的墨镜看学生——而且当我不能够清楚地了解学生时，我就不能够教好他们。当我还不了解自我时，我也不能够懂得我教的学科——不能够出神入化地在深层、个人的意义上吃透学科。我只是在抽象的意义上，遥远地、视其为疏离于世界的概念堆砌一样看待学科，就像我远离自己的本真一样。

"认识你自己"的要求既不是自私也不是自恋。作为教师，无论我们获得哪方面有关自我的知识，都有益于更好地服务于教学和学术。优秀教师需要关于自我的知识，这是隐蔽在朴实见解中的奥秘。

教师的内心世界和外部景观

本书探索教师的内心生活，同时也提出如何使教师的灵魂从孤独分离中走出来的问题：教育以及有关教育改革的公众对话中，教师的自我内心世界怎样才能成为正当的话题？

教与学对于我们个体和集体的生存，对我们的生活质量是至关重要的。如果我们不拓展教与学的能力，复杂、混淆、冲突缠身的快速变化将会损耗或拖累我们。与此同时，抨击教师成了时尚。教师很容易成为被攻击的目标，因为他们是如此普通且无反击之力的群体。我们责备教师不能够医治那谁也不知道如何医治的社会弊病，我们坚持教师要即刻采纳多由官方的万能机器最近编制的任何"解决方案"，在这一过程中，我们大挫了那些有能力帮助我们寻找出路的真正的教师的锐气，甚至使他们变得束手无策。

在匆忙的教育改革中，我们忘记了一个简单的事实：如果我们继续让称职的教师应当依赖的意义和心灵缺失，仅仅依靠增加拨款额、重组学校结构、重新编制课程，以及修改教科书，改革永远不能够成功。教师确实应该得到更多的补偿，从官僚制度的困扰中解脱出来；我们应赋予其学术管理方面的职责，为他们提供尽可能好的方法与材料。但是，如果我们不能珍惜以及激励作为优秀教学之源泉的人的心灵，提供上述所有这一切都不能改变教育。

我们现在就教育改革进行重要的大众讨论，然而，只有当对话能够深入探讨问题时才是有益的。本书提出的这个教学问题在我们的民众对话中还无人问津，甚至在教师教育和教学机构中也没有人质疑。但它是任何承担优秀教学任务的地方都应该问询的。因为它尊重和挑战教师的心灵，需要对其进行比对传统问题更深入的探讨：

- 我们大多数人要共同问询"是什么"的问题——我们应该教什么学科？

- 然后讨论更深入一点，问询"如何做"的问题——教学搞好需要什么样的方法和技巧？

- 偶尔，会再深入一步问询"为什么"的问题——我们教学是为了什么目的，要达到什么目标？

- 但是，即使有我们也很少问到"谁"的问题——教师的自我是什么样的？自我的品质是如何形成或缺失变形的？如何因我联系于我的学生、我的学科、我的同事以及我的整个世界的方式而形成或缺失变形的？教育制度如何能够支持和增强孕育着优秀教学的自我？

我无意批驳"是什么""如何做""为什么"的问题——除非把它们当作唯一有价值的问题。所有这些问题都给予教与学重要的洞察，但是，这些问题中没有一个揭示了我在本书要探索的领域：教学的自我内部景观。

要充分地描述内部景观图画，必须把握三种重要通道——智能的、情感的和精神的——三者无一可以忽略。把教学缩减为纯智能的，它就是冷冰冰的、抽象的；把教学缩减为纯情感的，它就成了自我陶醉；把教学缩减为纯精神性的，它就丧失了现实世界之根基。智能、情感、精神依赖于相互之间的整体性，它们本来应完美地交织在人的自我中，结合在教育中，因而我在本书中也努力把它们结合起来。

凭**智能**，是指我们思考教与学的方法——人们如何获知和学习有关的概念、有关学生和学科本质的概念，以及这些概念的形式和内容。凭**情感**，是指**在我们教与学时**我们和学生感觉的方式——它既可以增多也可以减少我们之间的交流。凭**精神**，是指我们对于心灵和芸芸生灵密切联系之渴求的多种响应———一种对生命的爱与对工作的渴望，尤其是对教学工作的渴望。

本书导言开篇引用的里尔克诗作表达了这种渴望："啊，别分离！"他指出了精神世界对亲密联系和被友善理解的渴求，将引领着我们从隐蔽的心灵走向广袤明朗的世界："何为心，若非与繁星聚一起？……乘风，驾云，齐归。"

里尔克以隐喻提供给我们一幅自我的整体图画。在那里，内部世界和外部世界天衣无缝地互动畅流，就像麦比乌斯带④（MÖbius Strip）合二为一的永恒表面，无止境地共同创造着我们和我们居住的世界。虽然本书立足于教师的内心世界，但也不失时机地探索外部的教与学的共同体形式。对心灵沟通的内在渴求成为对外部联系的需求：我们自己的心灵舒适自在，跟人交往自然就会更加亲密无间。

在许多教师还为生存而挣扎时，我对教学内在景观的关注似乎过于执著，甚至不合时宜。有时人家问我，给教师提供一些日常教学中能够用到，从而能在教室里生存下去的点子、窍门、技能，不是来得更实际吗？

这个问题使我困惑，因为20年来我一直把此书中探讨的观点理念用于实践当中，领导为诸教育者开办的工作坊和静修班。跟我共事的教师无数，他们中的许多人都证实了我个人的经验：方法固然重要，然而，无论我们做什么，最能获得实践效果的东西，是在操作中洞悉我们内心发生的事。越熟悉我们的内心领域，我们的教学就越稳健，我们的生活就越踏实。

听说很多实践技术介入了心理治疗师的训练中，有道是："心理治疗师到来前，你得靠技术。"好的方法可以帮助治疗师进入患者的困境，但是，只有以真实的内在生命投入患者的真实生命中，有效的心理治疗才真正开始。

同心理治疗师一样，直到成为真正的教师之前，教师所用的也是技术。这本书就是帮助真正的教师显露其本真。而即使内心世界的工作对个人有实际的成效，实际性的问题又会以另一形式出现：教育制度能够怎样支持教师的内在生命？应该期望教育制度支持教师的内在生命吗？

这个问题值得深思。于是我在第六章致力于进行这项工作。此时我要返回到这个问题上：如果学校不支持教师内心世界的生活，又如何教育学生呢？教育是引导学生迈向理解和生存于世界的更真实途径的精神之旅，如果不鼓励明察内心领域，学校怎样能够实现他们的使命呢？

少人踏足的小径

对一些人来说，我们集中关注教师似乎太过时了，因为他们相信，只有我们停止担心教师的教，代之以集中关注学生的学，教育改革才可能成功。

我绝不质疑，教学的根本是学习的学生，而非教学的教师，学得好的学生未必就是教得好的教师最美好的成果。我也毫不质疑，学生通过各种途径、以绝妙的方式方法学习，包括有的学生另辟蹊径，越过上课的教师，既不靠上课也不靠教师，一样学得不错！

但是，我也很清楚，在演讲厅、研讨室、现场、实验室甚至在虚拟电子课堂这些我们大多数人接受正规教育的地方，教师有力量创造条件，使学生学到很多很多，或者也有本事让学生根本学不到多少东西。教学是有意创造这些条件的行动，而优秀教学要求我们真正懂得意图和行动的内在源泉。

我的许多教学工作都是在学院中，在适合成年人的课程中进行的。近年来我通过与公立学校从幼儿园到12年级的教师共同工作获益良多，从这些教师那里学到了很多东西，包括这样两种：所有年级的教师具有的共同点比我们所认为的更多，我们不应该就我们所谓的"更高"年级水平而炫耀。

幼儿园教师通常比这些有博士学位的人更懂得技巧，或许是因为低幼年级的儿童就像《皇帝的新衣》中的儿童，他们不关心你接受过什么样的学校教育，谁是你的论文答辩委员会主席，或者你读了多少书，但是他们能够很快地感觉到你是否真实，并且相应地做出反应。理解幼儿的天真无邪增强了我们的信念：在每个教育阶段，教师的自我是关键。

"教师自身的内心世界到底是什么样的"是本书的核心问题——虽然提供答案的挑战已经超出我的想象。在过去的五年中，我写作并多次修改此书，我明白了停留于"是什么""怎么办"以及"为什么"的问题如何有吸引力，因为在写文章和转化成重要的大纲报告时，这些问题更容易回答！

但是我执著于"谁"的问题，因为它在探究教育改革问题中显然是少人踏足的小径，一种优秀教学永远需求的重获内心世界资源的小径。真正的改革是如此强烈地需要它——但我们已经重建的教育却通常未及那遥远的理想——我们可捕捉到的任何小径迹象都是我们应着手探索的。

我坚持啃这块硬骨头的另一点原因是，"教师的自我是什么样的"也是我自己职业生涯中的核心问题。为了学习和学习者的利益，在我们所能问询的有关教学、有关教者是谁的问题中，我相信这是最根本的问题。通过开放而坦诚地宣讲它，独立或合作地为其付出，我们能够更充满信念地为学生服务，提高我们自己的幸福感，与同事建立合作关系，帮助教育给世界带来更多的光明和生机。

注　释

①**译者注**：里尔克（Rainer Maria Rilke，1875—1926），奥地利诗人。

②Stephen Mitchell（ed.），"Ah，Not to Be Cut Off，" *in Ahead of All Parting*：*The Selected Poetry and Prose of Rainer Maria Rilke*（New York：Modern Library，1995），p. 191.

③**译者注**：茶叶占卜法源自 17 世纪，当时欧洲人流行在酒楼餐厅喝茶之余，利用杯中的茶叶顺便占卜一下自己近期的运气，娱乐友朋。

④**译者注**：麦比乌斯带或麦比乌斯圈（MÖbius Strip），由德国数学家麦比乌斯（MÖbius，A.F.，1790—1868）在 1858 年发现，将一条环带的两个端边拉转 180 度后黏合，该环带会成为单侧曲面圈，两个端边合二为一为封闭曲线边缘。假如沿环带中线剪开，得到的不是两个环带，而是一条更扭曲的环带。该发现影响到分支拓扑学的发展。

第一章

教师的心灵——教学中的自身认同和完整

我，曾历经沧海桑田
戴着别人的面具
不断迷失，失去我自己
......
如今，我终于变回我自己！

——萨敦（Sarton，M.）《如今，我终于变回我自己》①

教学方法和技巧之背后

着手写此书前的那段日子，漫漫夏日悄然而逝，秋天已至。我登上大学讲台，开始我教学生涯的第三十个年头。

那天，我怀着感激的心情走进教室，感激又一个教书的机会，因为教学滋养着我的心灵，在我所知的任何工作中，教学对心灵最有益。但是那天晚上我下班回到家里，却再一次确信自己永远干不好教书这一令人头疼的职业。我既恼怒于某些学生，又为自己束手无策而尴尬。我反复思考脑海中一再浮现的问题：到了我这个年纪，是否可以改行？也许，在教学之外我还可从事一种新的行业，一种我知道怎样做好的工作？

上我的课时，一开始学生们就像修道士一样静默无声。任凭我使出浑身解数，他们就是没有反应。然后我很快就发现自己陷入了由来已久的恐惧中：我的课一定很沉闷！这些年轻人课前在门厅走廊上还生龙活虎、谈天说地，转眼间，一听我讲课就变得如此麻木不仁。

课上到后半段，他们开始说话。但是，交流很快就发展为冲突，只因一个学生认为另一个同学关注的东西太微不足道，不值一提。我掩饰着内心的恼怒，提醒他们要倾听不同的意见。但是整个气氛已经破坏，对话中止了。当然，这样一来，我的老毛病又发作了，我又陷入焦虑中：学生一开口讨论，我就要笨拙地处理他们之间的冲突！

我教过成千上万的学生，参加过很多教学研讨会，观摩过其他老师的教学，阅读了不少教学著作，反思我自己的经验，也积累了一大堆实实在在的方法。但是，每逢走进一个新的班级，好像一切又都要重新开始。我遇到的问题，其他所有教师也都常常遇到，都熟悉。但这些问题仍然使我惊慌，而我对这些问题的反应，尽管随着岁月的磨炼，表面上圆滑老练了，但实际上仍感觉力不从心，像一个初出茅庐的新手一样摸索着。

30年来，我努力探索教学技巧，我上的每一节课都是这样的：我的学生和我，面对面地进行一种古老精深的、被称之为教育的交流。我掌握了的教学技巧虽能应付，但仅仅靠技巧是不够的。与学生面对面交流时，唯一能供我即席利用的资源是：我的自身认同，自我的个性，还有身为人师的"我"的意识——如果我没有这种意识，我就意识不到学习者"你"的地位。

这本书基于这样一个简单的逻辑前提：**真正好的教学不能降低到技术层面，真正好的教学来自教师的自身认同与完整。**②

这个假设十分简单，但含义深远。要详尽阐述我对这些词语的界定很费时，但可以这么说：在我所教的每一堂课里，我与学生建立联系进而引导学生与学科建立联系的能力，比起依赖于我采用的方法，更依赖我了解和相信我自己，并愿意使其在教学中运用，且敏于接受其影响的程度。

支持这一前提假设的依据，部分源于多年来我请学生们讲述他们好老师的故事。通过倾听那些故事，我知道声称所有的好老师都使用相同的教学技巧是不可能的：有的老师整堂课滔滔不绝，有的老师却惜字如金；有的老师紧循材料，有的老师却天马行空驰骋想象；有的老师带鹦鹉上课，有的却带教鞭。软功或硬功，胡萝卜或大棒，各行其是。

然而，在我听到的每一个故事中，好老师有一个共同的特质：一种把他们个人的自身认同融入工作的强烈意识。"A 博士教学的时候，就是原原本本的她站在那儿，"一个学生告诉我，或者"B 先生对他所教的课充满热情"，或者"你可以说这就是 C 教授的真实生活"。

我听一个学生说，她描绘不出好老师是什么样的，因为彼此之间的差异太大，各有千秋。但是她可以描述不好的老师都是什么样的，因为都是一个样："他们说的话在他们面前漂浮，就像卡通书中气泡框里说的话一样。"

她用这样一个突出的形象就说明了一切。不好的老师把自己置身于他正在教的科目之外——在此过程中，也远离了学生。而好老师则在生活中将自己、教学科目和学生联合起来。

好的老师具有联合能力。他们能够将自己、所教学科和他们的学生编织成复杂的联系网，以便学生能够学会去编织一个他们自己的世界。使用的方法不尽相同：讲授法，苏格拉底式的对话，实验室试验，协作解决问题，有创造性的小发明。好老师形成的联合不在于他们的方法，而在于他们的心灵——这里的**心灵**是取它古代的含义，是人类自身中整合智能、情感、精神和意志的所在。

当优秀教师把他们和学生与学科结合在一起编织生活时，他们的心灵就是织布机，针线在这里牵引，力在这里绷紧，线梭子在这里转动，从而生活的方方面面被精密地编织伸展。毫不奇怪，教学牵动着教师的心，打开教师的心，甚至伤了教师的心——越热爱教学的老师，可能就越伤心！教学的勇气就在于有勇气保持心灵的开放，特别是在那些要求超过本人所能的时候仍然能够坚持，那样，教师、学生和学科才能被编织到学习和生活所需的共同体结构中。

教学不可局限于技术层面，这既是好消息，也是坏消息。说它是好消息，在于我们不必再为把教学当作一个"怎样做"的问题而遇到的麻烦所困扰。我们很少在一定深度上彼此交流关于教学的看法——当我们除了"技巧、策略和技能"之外没有东西可以讨论的时候，为什么我们还要这样做呢？那种交流并不能触及教师的经验核心。

良好的教师可以努力成为优秀的教师。如果教学不可局限于技术层面，就不用因要把作为教师的独特天赋才干硬塞进强求一致的方法框框中而痛苦，不用遭受遵循别人开出的、强求一致的标准的痛苦。真的，当今教育中，处处可以感受到这种痛苦：当我们把某种认定的方法技术捧上天的时候，就使得采用不同教法的老师因感到被贬低而痛苦，为被迫屈从不属于他们自己的标准而痛苦。

我将永远不会忘记一位教授，在我要开办教学工作坊之前，是他的一席话使我摆脱了多年来禁锢工作坊的一种倾向："我是一个有机化学家，你想花两天时间告诉我应该通过角色扮演的方式讲授有机化学吗？"我们必须寻求一种尊重教师和学科多样性的教学理念，而这一点是借助方法论上简单处理根本做不到的。

好消息当然好，但坏消息也让人头痛。就优秀教学而言，如果解决教师的自身认同和完整的问题是比技巧更基本的东西，如果我们想要成长，我们必须做一些学术文化以外的事：我们必须彼此交流我们的内心生活——这在惧怕触及个人，从而在技术、距离和抽象中寻找安全感的职业中，确实充满危险。

不久前我听到一场学术争论，再次感受到这种恐惧。这场学术争论，是关于学生在课堂中分享个人经验时教师应该做什么的问题——这些经验与课程主题有关系，但是一些教授认为，经验的分享更适合用于心理治疗，而不是大学课堂。

很快人们就分成了可以预料到的两派，一派以学科为中心，坚持认为学科是首要的，不能为了学生的生活利益而削弱；另一派以学生为中心的学者，他们坚持认为学生们的生活必须一直放在优先考虑的位置，纵然这意味着课堂主题内容教少了。这两派的观点不断走向极端，他们的争论越激烈，对立就越严重——他们从教学工作和对他们自己的认识中学到的东西也就越少。

两种观点之间的分歧看来是不可调和的，直到我们理解到形成这种分歧的原因是什么。从根本上说，这些教授不是就教学方法展开争论，实际上他们揭示了他们自身内部的自身认同和完整是何等不同，可将其归结为一句："当谈到处理学科和学生生活之间的关系的问题时，我们既有自身的局限，也都有潜能。"

假使我们不再向彼此游说自己的教学方法，而相互讨论**我们作为教师的真我和身份到底是什么样**的问题，一件奇妙的、不寻常的事就可能发生：我们不再死守各自的教学观点，为此争论不休，这样，自身认同和完整就会在我们自身内部和我们之间成长起来。

教学与真我

说好的教学来源于教师的自身认同和完整，听起来有点老生常谈的味道，这和另一高论类似：有好的教师，才有好的教学。

但是我说的自身认同，并不是指我们卓越的特色或者伟大的行动，或者为了掩饰自身的困惑和复杂而带上的勇敢的面具。就像与我们现有的能力和潜能有关一样，自身认同也与我们的缺点和局限有关，与我们的伤痛和恐惧有关。

我说的**自身认同**是指一种发展的联系，在这种联系中，自我生命中所有力量汇聚，进而形成神秘的自我：我的基因组成，赋予我生命的父母的性格，我成长的文化环境，支持过我的人，伤害过我的人；我对别人和对我自己做过的有益的或无益的事情，爱的体验和痛苦的感受——还有很多很多。在这个复杂的领域中，自身认同是使我成其为我的内力和外力运动着的交汇，这一切的一切不断聚合在我们成其为人的永恒的奥妙中。

我所说的**自身完整**，就是说，无论怎样我都是一个整体，这种整体特点能够在朝着一定方向形成和再形成我的生活模式时的内在联系中发现。自身完整要求我识别那些所能整合到我的自我个性中的东西，分辨其中哪些适合我，哪些不适合我——我选择的赋予生命活力的方式与汇聚在我内部的各种力量有关：对这些力量我是欢迎它们还是害怕它们，是认同它们还是反对它们，是追随它们还是拒绝它们？通过选择自身完整，我会变得更加完满，但是完整并不意味着变得完美无瑕。承认我原本是的那个整体，意味着变得更加真实了。

自身认同和完整不是用来雕饰栩栩如生的英雄人物的花岗石，而是一个处于复杂的、不断需求的、终生自我发现的过程中的敏感领域。**自身认同**在于构成我生活的多种不同力量的汇聚，**自身完整**与这些力量的联合方式有关，使自身完整协调，生机勃勃，而不是七零八落，死气沉沉。

这就是我对自身认同和完整所下的定义——然而，无论如何努力试图做出更准确、更精练的界定，我总觉得是脱口而出，不能将其含义完全准确地表达出来。任何人都不可能给自身认同和完整做出完全准确的定义和诠释，包括那些自己本身真正拥有自身认同和完整的人。它们是伴着我们一生的、熟悉的奇妙感悟，是只能偶尔在我们视野的边缘捕捉到的、言语难以表述的真实。

故事是描述这种真实的最好方式。这里要讲一个故事，故事的主人公是两位教师。这两位教师我都认识，他们的真实生活比任何一种理论都让我体会到了自身认同和完整的微妙。

艾伦（Alan）和埃里克（Eric）出生于两个不同的熟练工匠之家，他们的父辈都在乡村，没有受过正规教育，但是都有手工技艺的天分。艾伦和埃里克在童年期就表现出这种手工技艺天分。他们在成长过程中都学习了手工技艺，形成了以手工业者出身为荣的自我意识。

两个人还有另一种共同的天赋：在学业上都很优秀，都成为家庭中上大学的第一人。大学期间，两个人的学习仍然很优秀，双双考上研究生，获得博士学位，又都选择了教学这条路。

但是自此两人的经历大不相同。尽管手工业者出身都成为两人自我意识的中心部分，但是艾伦能够将这种才干融入自己的学术事业中，而埃里克所经历的生活却从一开始就分离了。

18岁时，从偏远的乡下一下子跨入著名的私立大学，埃里克心灵上经历了强烈的文化冲击，并且一直没能克服这种文化震惊。因此在同学和伙伴之中，以及后来在他认为文化背景比他"文明"的同事之中，他感到不安，缺乏自信。他学会了像知识分子、学者一样说话和做事，但在内心深处，他总是感觉自己是混进这个层次的群体中的，在他眼中，他们才是天生就属于这个群体的，自己不是。

但是，不安全感既没有改变埃里克所选择的路，也没有引发他进行自我反思。相反，他在学术、专业领域专横霸道，以为主动出击就是对自己最好的保护。他轻易下结论而不探求；他不听别人讲话的优点，而是专挑缺点，吹毛求疵。他对任何人、任何事都挑起争论——对别人的任何反馈都以一种模糊的轻视态度作为回应。

在课堂上，埃里克总是批评别人而且非常武断，动不动就以"愚蠢的问题！"来窒息学生，不让他们提问题。他最擅长编造一些怪问题，把学生带进他设的怪题的陷阱里，然后再对错误答案进行无情的嘲笑。他似乎为一种需要所驱使：学术生涯使他历经痛苦，他要把同样的伤痛加诸于学生——这是对自我本身深感困扰的痛苦。

但当他回到家里坐在工作台前，沉浸在手工制作中时，他又发现了真实的自己。他变得热情而受欢迎，他觉得这个世界挺美好，也乐意对人友善。他与他的根基重新相连，以他的真我为中心，他能够恢复自己的平和与自信的内核——这一切，他一回到学校就立即消失。

艾伦的情形则不同。从偏远乡下到大学的跨越并未引起文化冲击，部分原因可能在于他读的是一所接受政府赠地兴办的大学，很多学生都有和他相同的出身背景。他并没有被迫掩饰自己的出身，反而能够以此为荣，他通过把这种天赋转向学术工作而使其提升转换，并把它融入学习中，后来又融入教学和研究中，并有着与他的用金属和木材从事手工技艺的前辈们一样的认同意识。

观摩艾伦的教学，你会感到你在观看一个手艺人在制作手工艺品——如果你知道他的出身背景，你就会明白这种感受非隐喻所能言表。在艾伦的授课过程中，每一步都是通过关注细节和重视手头材料浑然而成的；他把观点联系渗透于环环相扣的精细教学中，并画龙点睛总结整堂课。

然而，艾伦的教学生命力远远不止于手工技艺的成就。他的学生知道，艾伦会随时慷慨地为任何一个想要师从于他的学生敞开自己，就像艾伦自家的深长辈尽其所能帮助小艾伦开始他最初的手工制作一样。

艾伦的教学基于一个完整的、不分裂的自身认同——这是优秀教学核心的整合状态，也是这本书的核心概念。在完整的、不分裂的自我中，编织一张如此具有凝聚力量的网，用于把学生、学科和自我统统编织到一起，使每个人生活经历的每个重要线索都得到尊重。这样一种内部整合的自我，才能够建立优秀教学所依赖的外部联系。

而埃里克没能将他的自身认同的中心特质融合到他的学术生涯中去。他处于自我分裂状态，内心一直在打内战。内心世界的冲突投射到外部世界中去，使他的教学成了战争，而不是艺术。分裂的自我总是使自己与他人隔离，甚至为了维护那脆弱的自我认同而去伤害他人。

假若埃里克在就读本科的时候没有与别的学生格格不入，或者如果这种格格不入使他能够自我反思而不是自我维护，可能他也会像艾伦一样，在教学生涯中发现自身完整，也会把自身认同的主线与工作融合到一起。但是自我的神秘性，部分地表现为这一事实：一种尺度未必适合所有人，对一个人而言具有整合性的东西，对另一个人却缺乏。在埃里克的整个一生，一直都有一些暗示贯穿其中——对他来说，教学生涯不是富于生命与活力的、有前途的选择，学术生涯并非他可以使真我健康完整地发展的生态环境，也不是能够整合他的独特本性的职业。

自我并非有无限的伸缩性——它既有潜力，也有局限。如果我们所做的工作对我们来说缺乏整合性，那么我们自己、工作以及与我们共事的人都会受到损害。艾伦的自我在教学工作中得到发展，他做的工作也成为大家都乐意见到的快乐；而埃里克的自我被他遇到的学术生涯贬抑了，可能选择别的职业是他恢复已经失去的自身完整的唯一出路。

甘地（Gandhi, M.K.）称他的生活是"体验真理"，我们在生活所承受的复杂的力量场中体验，就是更多地了解自身完整。③我们通过体验学习到，有些东西使我们如沐春风雨露，茁壮成长，有些东西则适得其反。我们通过选择赋予我们生命与活力的那些东西提高我们的自身完整，而不能赋予我们生命与活力的那些东西则摧毁我们的自身完整。

体验是要冒险的。我们很少能预先知道哪些东西会赋予我们生命与活力，哪些东西会削弱我们的生命与活力。但是，如果我们想要加深对我们自身完整的认识，我们就必须体验，然后视体验结果进行选择。

"所有真实的生活在于相遇。"布贝尔（Buber, M.）说，教学就是无止境的相遇。④对新的相遇保持开放的心态，试着去区分自身完整的人和自身不完整的人，这是一件让人厌烦，有时甚至令人恐惧的任务。我时常试图在地位和身份的屏障之后保护自我意识，不让我的自我接近同事、学生或观念，也时常试图让自我躲开我们肯定会遇上的冲突。

当我屈从了这些诱惑时，我的自身认同和完整就削弱了，从而，我失去了教学的心灵。

当教师失去心灵

我们中的很多人，是出于心灵的原因，再加上热衷于某些学科、乐于帮助人们学习等愿望的激励而成为老师的。但年复一年，随着教学生涯的延续，我们中的很多人失去了这种心灵的力量。我们怎样才能在教学中把我们的心灵找回，像优秀老师那样，将真心献给学生？

我们灰心、泄气，部分原因在于，教学是每天都进行的、随时让人挑毛病的工作。其实，我不需透露使人在班上感到尴尬的个人隐私。我只需要在我的学生打瞌睡或传小纸条时在黑板上分析一个句子的语法或者演示算法就行，无论我教的学科多么学术化、专业化，我教的东西是我关心的东西——我关心的东西就是我的自我。

与很多别的职业不同，教学一直都是个人生活与公众生活危险的会合。一个优秀的临床医学家工作的方式是私人性的，从来不是公开的。临床医学家必须为患者保密，仅仅公开患者的名字都会被唾弃。一个优秀的律师在公众法庭工作，但是自己的意见不偏不倚；如果一个律师容许自己对委托人的罪责掺杂个人感情，而不努力为委托人辩护，他就背离了自己的职业道德。

不过一名优秀的教师必须站在个人与公众相遇之处，就像徒步穿行在高速公路上，处理川流不息轰鸣而过的交通车辆，在百川交汇处"编织联系之网"。当我们试图把我们自己及学科与学生相联系时，我们会使得我们自己，还有学科，都容易受到漠视、评判、嘲讽的伤害。

为了减少我们易受到的伤害，我们与学科分离，与学生分离，甚至与我们自己分离。我们在内部真实和外部表现之间建立了一堵墙，我们扮演着教师的角色，我们的话语陈述脱离了我们的心灵，变成了"漫画书中气泡框中的话"，我们自己成了漫画书中的人物。我们远离学生，远离学科，将暴露我们自己的危险降到最低，却忘记了距离使我们的自我封闭，这样的生活更加危险。

这种"自我保护"性的自我与实践的割裂，受到了不信任个性真实性的学术文化的怂恿。学术界尽管声称重视多元认识途径，其实只尊重一种认识途径——一种以"脱离我们的自我"为代价，将我们带入"真实"世界的"客观"认识途径。

在这种文化中，客观的事实被认为是纯粹的，而主观感受是需要怀疑的，是有瑕疵的。在这种文化中，自我不是有待开发的资源，而是需要规避的危险；不是有待实现的潜能，而是需要克服的障碍。在这种文化中，那种脱离自我的病理学报告会被作为学术道德的典范，得到很高的赞誉和奖励。

如果认为我对学术界排斥自我的情景的描述有些过火，一个几年前我在大学授课时课堂上发生的故事，可以说明情况。

我让学生对我们将要学的课文主题做一系列的简要分析，然后相应地安排他们做一些与这些主题有关的自传体小品，以便学生能够看到课本知识与他们自身生活之间的联系。

第一节课下课后，一个学生跑过来问我："在你让我们写的那些自传体小品中，可以用'我'这个词吗？"

我真是哭笑不得，但是我知道，对一个敞开自己准备接受嘲讽的年轻人来说，我的反应会对他有相当大的影响。我告诉他，他不仅仅可以用"我"这个词，而且我希望他经常用，无拘无束地用，然后问他为什么会有这样的问题。

"我学的专业是历史，"他说，"每次我在论文中用'我'这个词，成绩就会降低半个等级。"

学术界对主观的偏见不但迫使学生写作的用语贫乏（用"普遍认为"代替"我认为"），而且使他们对自己和外部世界的认识变形了。单从一方面来说，我们把学生引入思维的歧途，蹩脚的文章可以把主观观念当成事实来写，我们使得学生疏离于他们自己的内心世界。

学校教师常常抱怨学生不重视发展洞察和理解的能力，而这正是接受教育的真正收获——他们只关心"现实"世界中的短期利益。"我学的专业有利于我以后找工作吗？""在'现实'生活中，如何安排才受益良多呢？"

然而这些并不是学生心灵深处想问的问题。他们仅仅是在问询别人所引导的问题，不但有为期望孩子找到好工作而付学费的父母的引导，也有不信任和漠视内在心灵真实性价值的学术文化的误导。理所当然地，我们学生对教育的内化结果极其不满：我们教育他们主观自我是没有价值的，甚至是不真实的。学生们的不满直接说明了：当学术文化贬低内在真实，仅仅赞誉外部世界时，学生和教师就失去了心灵。

　　作为教师，为了我们的学生、我们自己和教育改革，我们怎样才能找回失落的心灵呢？这个简单的问题是对很多推动教育改革前提假设的挑战——有意义的改革变化不是来自人们内心，而是基于我们内心之外的因素，基于教育拨款、方法论、课程以及制度重建。更进一步地来说，这个问题也是对关于推动西方文化发展的现实与力量的前提假设的挑战。

　　任何文化的根基都建立在该文化对"现实和力量归属何处"这一问题的回答上。有的文化的回答是众神，有的认为是自然，还有的文化认为是传统。在我们的文化中，答案很清晰：现实和力量归属于客体和事件构成的客观外部世界，在科学领域则归属于对这个外部世界的研究，而心灵内部因素是荒诞不经、不切实际的，是对严酷现实的一种逃避，理所当然地不能成为影响外部"现实"世界的杠杆力量。

　　我们迷恋于控制外部世界的知识，因为我们相信，关于外部世界的知识会给我们主宰现实的力量，使我们从现实限制中获得自由。我们为一种似乎能够达到这一目标的技术所迷惑，我们抛弃了自己的内心世界。我们把面对的每一个问题都转化为需要解决的外部客观问题，我们相信每一个客观的问题都会有某种技术上的解答。这就解答了为什么我们培养医生来医治我们的身体，而不尊重我们的精神性；牧师成了首席执行官，而非灵魂的指引者；教师只掌握技巧，却不关注学生的灵魂。

　　然而，如今，从历史的高度来看，这一点应该很清楚：外部的"种种固定措施"不足以维持那些人关注教学的最深切热情。体制改革进度缓慢，只要我们一直等待教育制度改革来关注教学所需的深切热情，却忘记了体制中也有"我们"，我们只是在推迟改革，继续慢慢陷入悲观和怀疑，这是太多教师教学生涯的写照啊。

　　除了等待，我们还有另一种选择：我们可以找回对改变我们工作和生活的内部力量的信念。我们成为教师是因为我们一度相信内心的思想和洞察力至少和围绕我们的外部世界一样真实，一样强大有力。现在我们必须提醒我们自己，内部世界的真实性可以给予我们影响客观外部世界的力量。

哈维尔（Havel, V.）的故事可以证明这一点。他是诗人，也是实干家。天鹅绒革命⑤使捷克斯洛伐克从苏联的体制中解放出来，哈维尔就是这次革命的领导人。这场革命取得成功面对的大量阻碍，比教育改革中面临的阻力更令人望而却步。

哈维尔成了捷克共和国的总统。他描述了1968年共产主义政变中，在当时处于"大山压迫"的体制下捷克人民的生活，然后他又谈到，人类意识的内部世界的种子怎样穿破和瓦解极权主义的岩石，仅用20年的时间就生长成改革的花朵："我描述的这些东西使我确信，拯救人类世界的力量不是别的，而是人们的心灵，在于人们思考的力量，在于人性的亲和与人类的责任感。如果人的意识中……没有全球性的革命，这世界就不会变得更加美好，而会不可避免地走向灾难。"⑥

哈维尔通过唤醒捷克人民认清自己是谁而找回他们的心灵。我们所有人都不是外部力量的奴隶，而是拥有不可剥夺的内部力量的人，尽管我们可以而且正在把这种力量闲置一旁。

记住我们自己和我们的力量可以导致革命，但仅仅回想一些事实是不够的。**记住我们是谁**，就是把我们的全部身心放回本位，恢复我们的自身认同和完整，重获我们生活的完整。当我们忘记了我们自己是谁的时候，我们失去的不单单是一些资料，我们**解体**了我们自己（*dismember* ourselves），随之而来的就是可悲的政治后果、可悲的工作后果、可悲的心灵后果。

教师们常常遭受**解体**的痛苦。表面上，这种痛苦是因为那些加入学术群体的人发现自己与同事和学生处于疏远、竞争和冷漠的关系。在更深层次，这种痛苦更多的是精神层面的，而不是社会学层面的：这种痛苦来源于切断了与我们自身真实的联系，切断了与我们投身教学的热情的联系，也切断了与心灵的联系，而心灵才是干好所有工作的源泉。

如果我们已经失去了教学的心灵和勇气，我们怎样才能再鼓起勇气、振作起来？为了我们自己，也为了那些我们服务的对象，我们怎样才能记起我们自己是谁呢？

启发引领我们心灵的导师

如果我们是在我们生活集结的各力量的交汇找到自身认同和完整，重新审视那些当初引导我们走向教学的某些交会点，就可能会找到优秀教学之本源。本节和接下来的一节，我要回顾、反思两类这样的交会——一是与启发、引领我们心灵的导师相遇，二是与选择了我们的学科相遇。

心灵导师的力量不一定在于提供给我们好的教学模式，因为教学模式回答不了教师到底是谁这个问题。心灵导师的力量在于他们能唤醒我们内心的真谛，多年后通过回忆其当初对我们生活的影响，可以重新点燃的真谛。如果与一位伟大导师的相遇，使我们在内心发现了教师的真心，那么，回忆当初相遇的情景可能有助于我们重新建立起教学的信心。

在教师工作坊上，我常常让大家通过描述一位影响过他们生活的老师来做自我介绍。听着那些故事，我们想起很多与优秀教学有关的事实：好的教学有很多形式，好的老师教给我们的知识会淡忘，但对好教师本身却长久铭记。而且感谢我们的老师很重要，再迟的感恩都不晚——一方面是因为我们确实应该感谢他们，另一方面则是与我们自己那些明显忘恩负义的学生进行对照！

我接着问的问题用意更深：我不问"是什么使你的导师如此伟大？"，而是问"你本身具备什么素质，使得伟大的心灵引导得以产生？"心灵引导是一个相互的过程，不仅仅学生要遇上合适的导师，导师也要遇到合适的学生。在这种心灵相遇的过程中，不仅显示出导师的素质，引发出来的学生素质同样发人深省。

给我印象最深的是这样一个导师，他似乎打破了优秀教学的每一条"规则"，他讲课是那样富有激情，讲很多内容，以至于不给学生留一点提问和评论的时间。他博学多才，很少听学生们的想法，不是他看不起学生，而是因为他那样热衷于以他所知的唯一一种方式教学生——分享他的知识和热情。他的课基本上是独角戏，而他的学生只有扮演听众的份儿。

这听起来像教学噩梦，但那时我搞不清是什么原因，我被他的教学强烈地吸引了——真的，他改变了我的一生。直到几年后我才理解了我为何如此被强烈吸引，正是在这种理解中我发现了自己身份认同的某些感悟。

我是我们家庭中第一个上大学的人。虽然我家重视教育，但并没有提供给我知识分子生活的表率，而过知识分子的生活是上天对我的馈赠。在整个高中期间，我一直都把这种天赋密封在盒子里，主修课外活动，毕业时成绩在班里中等偏下。直到大学的第二个学期，我才打开了这个盒子，为盒子里的东西兴奋不已，开始提高学习成绩，继续攻读研究院，接着步入了教学生涯。

在大学里，我那位口若悬河、滔滔不绝的教授使我第一次认识到自己这一方面的天资。听他讲课，我兴奋不已，不在于他讲了什么——尽管他讲的内容令人陶醉——而在于他让我发现了我处于休眠状态的自身认同。我不在乎他违反了良好团体形成程序的许多规则，也不介意他没有考虑周到的人际关系规则。我所在乎的是他慷慨地把他的精神生活向我敞开，是他充分表达思想的天分。我内心的某种呼唤告诉我，我也有这种天分，尽管许多年后我才百分之百确信我真有这种天分。

进入教学生涯的很长一段时间里，我都怀有一种隐秘的想法：想、读和写并不能被称为"真正的工作"，尽管我非常喜欢做这些事情。我教学，我写作，但事实上我是通过管理各类学院和各类项目来"证明"我自己的——那些工作是实际的，因而是有价值的，就像我可敬的家人所做的工作一样。直到我四十几岁的时候，我才最终能够把精神生活作为我职业的支柱，我才最终能够坚信我灵魂的呼唤，当我能够解读我早期被引导的经验时，我的信念又增强了。

当我们回想起我们的导师，并非我们所有的自我洞察都像我上述所描写的那样轻松快乐。当我们年轻和易受他人影响时，有时会从导师那里学到一些错误的经验。

几年前，我应邀去一间大学主持一个教师工作坊，就亲眼见过这种情况。负责接待我的该校负责人煞费苦心地提醒我，X 教授是一个脾气糟糕、不受学生欢迎的老师，尽管在学术领域，他是大名鼎鼎的。他说，参加工作坊的四十人当中，X 教授并非是想学习怎样教学，而是要责难我们在做的事情。

诚惶诚恐中，我尽量使研讨会的开场变得"温和"，我先邀请与会老师通过谈谈引导他们进入教师行列的导师来介绍自己。轮到 X 教授时，六七个人已经讲了，许多都是富于见识、充满感情的肺腑之言，坦诚开放的气氛充满了整个房间。X 教授一开口，我很紧张，害怕这种气氛会被他扼杀。但很快就变得明朗了，原来他也被这样的坦诚交流所打动了。

他踌躇不决地讲了他的导师的故事，那种踌躇不决是因说到神圣的事情——当他讲到他怎样艰难地以导师为样板建立自己的教学生涯时——出乎我们大家的意料，一定也出乎他自己的意料，他竟哽咽了。

后来，与他私下交谈时，我了解到他那么激动的原因。20 年来，X 教授尝试模仿他导师的教学和生存模式，结果是一场灾难。他和他的导师是完全不同类型的人，X 教授试图克隆他的导师的风格，却扭曲了他的自身认同和完整。他把自己迷失于一种不属于自己的自身认同中——这是一种痛苦的、需要勇气去面对的醒悟，但也是一种有着健康成长前景的醒悟。

X 教授的故事让我反观自身，使我自我反省，当我们想要彼此探索内心世界的动态时，这是一个经常发生的相互启发的例子。在我教学生涯早期，我也是拼命模仿我的导师那种滔滔不绝的授课方式，直到我意识到，我那廉价的模仿吸引不了学生，而我的同学依靠自身的原本天分却做得很好。

我开始寻找一种与我自己的本性更契合的教学方式，这种教学方式要与我自己的个性整合，就像我导师的教学方式契合他的个性一样——我的导师之所以有魅力，关键在于在他的教学方式和他自身之间找到了一致性。我开始了一个漫长的过程，试着去理解作为教师我所拥有的个性，并顺着本性去学习可能有帮助的策略。

尽管有时候我需要用讲授的方法，甚至可能喜欢用这种方法，但是如果一直都用单向讲授法，我会感到沉闷：因为通常我都知道接下去要讲什么，而且要讲的都是我以前听过的。然而，对话法能让我保持活力。我要倾听，反馈，做即兴演讲，我更有可能听到来自我自己和来自别人的一些深刻的、让人意料不到的想法。

这并不意味着讲授法是错误的教学方法，这仅仅说明我的身份特质跟我导师的不一样，我更适合用对话法，能充分发挥自己的天性。当我年轻的时候，我不知道自己是谁，我需要有一个人来示范可能会是我自己的智能天资。但是现在，人到中年，我更清楚地认识自己，我的身份认同要求，我在与他人的相互依赖、相互影响的过程中利用自己的天资。

我相信，这就是教学技巧的适当位置和作用。**我们更多地了解了自我独特性，我们就能学到展示而非掩饰自我个性的技巧，优秀教学则从中产生**。我们不需要像专业主义文化鼓励我们去做的那样，用教学技巧来掩盖我们主观本来的面目。相反，我们可以利用教学技巧使自我天资更好地表现出来，从中产生最优秀的教学。

在我的教学中，这些从反思中得来的关于自我的知识起着至关重要的作用，因为它揭示了我和我的学生的内心世界盘缠交错的复杂性。就我而言，作为教师的"我"既受到精神生活的威胁，又受到精神生活的吸引；很长时期困扰我的一个意识是，我感到理智工作所要求做的事情只不过是骗人的玩意儿。这样的"我"，尽管沉迷于思想，但是由于从前如此不确定自己的自我，于是欢迎那种实际阻碍自我参与的导师。可是如今，同一个"我"发现自己的这种行为是让人讨厌的，需要在交流中顺其自然地重塑。

当我忘记了自己内心的多样性，忘记了自己走向个性的漫长持续的过程，我对学生的期望是过分的，是不真实的。如果我能牢记我自己灵魂的内在多样性和我自己的自我展现的缓慢步伐，我就能更好地根据年轻人的生活步调，为他们自我的多样性发展提供服务。通过回想我们的导师，我们想到我们自己，通过回想我们自己，我们会想到我们的学生。

回想起来，我意识到我有幸在年轻的每一个关键阶段，也就是我的身份认同需要成长的每个关键点上，都得到了优秀导师的指引和帮助：在青春期，在大学，在研究生院，在我职业生涯早期皆然。但是在我完全是成年人的时候，可笑的事情发生了：再没有好的导师来帮助我。我徒劳地等了好几年。在那段时期，我的自我成长停滞了。

然后我意识到发生了什么，我不再是一个学徒，所以我不再需要一个师父，现在轮到我去做别人的导师了。我需要转过身来寻找自己潜滋暗长的新生活，把年轻时导师赋予我的厚礼馈赠给年轻人。这样做的时候，我的自身认同和完整才有新的发展机会——在每一次与学生的生命相逢时获得发展。

师徒和师生就是源远流长共舞的舞伴，教学的一个伟大收益就在于它每天都给我们提供重返舞池的机会。这是螺旋上升地发展的代际舞蹈，在此过程中，长辈以他们的经验增强晚辈的能量，年轻人以他们新的生机充实焕发年长者，在接触和交流中重新编织人类社会的结构。

铸造我们的学科

我们许多人都要服从一种要求，就是不仅通过与导师的相遇学习教学，还要求通过与具体研究领域的相遇学习教学。我们被引向这部分知识，因为这些知识对我们的自身认同和外部世界有启发意义。的确，不仅仅是我们找到了我们要教的学科——学科也铸造了我们。在我们与学科的命题概念和学科的生活框架相遇之前，自我意识只是处于潜伏状态，通过回想学科是怎样唤醒自我意识，我们就可以找回教学心灵。

卡普兰（kaplan，A.）是一名法国语言和文学老师，她在《法语课堂》这本书中就展现了这种回想过程。"为什么人们想要适应另外一种文化？"当她总结自己的教学旅程和生活旅程时这样问。"因为在他们的自身文化之中，有一些他们不喜欢的不可名状的东西。"[7]法国文化给了卡普兰一种赢得自身认同和完整的方式，而在她的母语文化中找不到这种方式。

在教学过程中，一个有偏见的年轻人，通过接触使用不同语言的不同的人，学会了感激陌生人。回忆这件事情，卡普兰反思道："在类似的时刻，我就会想到，学一门外语会获得一个成长的机会，获得自由的机会，从自己所接受的观念和精神的丑陋面中获得解放的机会。"[8]

卡普兰也看到假借来的自身认同带来的阴暗面："的确，学习法语有对我不利的一面，法语让我找到了一个藏身的地方。如果生活太混乱，我就会逃到我的第二世界中躲起来。"但是，她又说："写关于法语的东西会让我感受到我的疑惑，我的愤怒和我的渴望，这统统让人感到奇怪。"[9]这个领域帮助她与她生活中的麻烦事情和种种关系重新发生联系、与之抗争，甚至竭力挽回这种联系，通过探究自己为什么被吸引到这个领域中来，她获得了自我的知识，这种自我的知识使她教师的心灵焕然一新。

读卡普兰的反思的文字（远比我的简短的回顾要丰富和清晰），我为其鼓舞，也想从自己的角度反思。我本科读的是哲学和社会学，在这两个领域中所学到的一些细节早就忘得差不多了，但是35年后[10]，我当初发现米尔斯（Mills，C.W.）《社会学的想象力》中的思想的那一刻却依然历历在目。我不仅吸收了这种观点，整个人也被这种思想所迷住。

米尔斯思想实质其实很简单，但对我来说却是激进的：仅仅环顾四周，我们不能看到"外部世界"是什么样的。我们观察世界的每一件事物都依赖于我们观察世界所通过的透镜。如果选用了新的透镜，我们就会看到通过先前的透镜看不到的东西。

米尔斯教会我通过不同的社会学理论透镜来认识世界。当我第一眼看世界时，就像戴上了当年好莱坞兜售的三维电影镜片，这个世界好像猛然跳到我面前。我看到，塑造着我们的社会生活的无形结构和隐蔽信号强有力地影响着我们，我还以为只有在面对面的关系中才存在这种影响呢。以这种新的视角看生活时，我很震惊：人们并不像我以前想象的那样自由地行走，他们其实是被附加在其思想和心灵之上的无形的操纵者控制着。

为什么我被社会学的想象力理论深深吸引？为什么它会成为我世界观中决定性的特征？通过思考这些问题，我想到了我成其为我原本具有的某些重要个性特点。

从智力层面来说，我能接受社会学的想象力理论，这是因为 18 岁那年，我已经懂得看到的东西并不一定是你得到的东西。我生于 20 世纪 50 年代，看了很多社会故事，要花时间才能理解，个人和团体外显的表现仅仅是"前台"部分，而"后台"活跃的现实远比我们在前台看到的行为更有影响力。

然而，我被米尔斯的理论所吸引，远不止智力层面——它还帮我克服了深藏内心的恐惧。作为一个年轻人，我发现，"前台"的世界是富有魅力的，也是让人感到恐惧的。这是我要表现自己、出人头地、引人注目的竞技场，但同时也是考验我的能力，证明我的能力不足的考场。当我明白了社会学的想象力所揭示的后台现实时，我就有能力摆脱一些行为恐惧。

观察后台的景象，看到行为机制是何其像普通人，何其笨拙，何其平常——与充满感染力和魅力的前台行为是多么不同——我问我自己，"如果他们能够做到，为什么我不能？"关于后台的认知让我感到从容，因为我知道所有的英雄都出身平凡；有一句话可以让紧张的演讲者镇定自若，那就是"想象一下你的听众都是初出娘胎一丝不挂的"。

但是，我被社会学的想象力理论吸引还有更深的缘由——不止于理性的兴趣，行为的恐惧，还有我内部灵魂的断裂。米尔斯的关于前台表现与后台现实的区分反映了我内心生活的大分裂。表面上，我已经学会怎样使自己的行为看起来相对流畅和完美，但在内心里，我感到焦虑，笨拙，愚蠢无能。

我感受到的自己与别人眼中的自己永远是矛盾的，这使我陷入痛苦、有时候是自我瓦解的骗人感。但社会学的想象力理论及其所揭示的社会表里不一帮助我认识到这种矛盾是多么普遍，人们的情况大抵如此。欺骗人的感觉不再让我坐立不安。

我花了很长时间才将米尔斯的洞察理论从分析社会的方法转化到我的自我认识上。社会学的想象力理论很快被用作为"揭穿假面具"的工具之一而为社会科学青睐。这无异于让我们冷眼旁观路过的受检阅者，高高在上，超然世外，贬斥其愚昧可笑。

有很长一段时间，我就站在批判家和法官的行列中，现在我明白了原因所在：我把我感受到的所有欺骗性都投射到社会中去，却不能面对自己，我是在把投射当作逃避面对自我分裂的一种方式。我不想再像那样生活下去——这就是我在写作中用心良苦地弥补和归还社会学的想象力理论真实意蕴的原因。

本章一开头，我强调我们内部世界的真实和力量会使我们免于受到环境的伤害，并促使我们对自己的生活担负起责任。事实上我想说明的是，社会结构和信号的世界并不必决定我们的生活。社会学的想象是如此让我入迷（我已经完全被这种理论陶醉），作为一个年轻人，我还没有掌握所有问题的解答。在我写这一章的每一步思考中，我一直在经历着我主观的——和我自己的——不断更新的相遇过程，我仍然尊重社会事实的力量，但我不想借口有社会事实的作用就逃避自己的责任。

作为一名教师，我从上述回忆中获得的关于自身认同的知识，在某种意义上来说也是令我深受鼓舞的：假若我在前台的生活与后台的生活没有达到相当程度一致的话，如今我就不可能成为内心真实力量的倡导者。

但是我也已经认识到我在前台与后台的现实冲突还远没有解决——它不断出现于我的教学中。在这章的开头，我的那些教学故事的主题就是这种冲突，诸如此类的戏剧性故事，展现在我对教学事件的外在反应与我内心不胜任意识之间的紧张中。

我喜欢的教学随笔之一是汤普金斯（Tompkins, J.）的《沮丧者教育学》。[①]似乎是在直接描述我的自我分裂状态。汤普金斯惊人地直白道：作为一名教师，她的困扰在于没能帮助学生学习他们想要和需要了解的东西，而是："（1）向学生显示我有多聪明；（2）向他们显示我知识多渊博；（3）向他们显示我备课多认真。我就是在进行一场演出，其真实目标不是帮助学生学习，而是以此使他们对我有一个好评价。"

接着她问道："作为研究院院士，我们的主要目标怎么就堕落为演出了呢？"她的回答引起了我的共鸣——恐惧："害怕把你的真实面目展现出来，害怕被别人看成骗子，笨蛋，无知者，乡巴佬，傻瓜，低能者，一无是处者。"

这几乎就是在描述某些时候的我，由于怕暴露了自己后台不称职，受到这种恐惧所驱使，我极力使自己在讲台上的行为熟练，巧妙，沉着——在此过程中，除了学会了怎样掩饰，炫耀，我的学生学会某种东西的可能性越来越小。我掩藏了我的内心，无法按照教与学的要求形成有机联系。

还有，当寻找我的自身认同和完整时，我找到的并不都是令人自豪的、光彩的东西。当我回想起相遇于那些形成和揭示我的个性的事物的时刻，才知道发现自我有时是让人尴尬的——但是它们也是真实的。当我承认在我的内心起作用的那些力量，而不是愚笨得任其破坏我的工作，无论在尴尬中要付出什么，我都会更好地认识自己，从而成为更好的教师。

斯科特-马克斯韦尔（Scott-Maxwell, F.），在她80多岁时完成的著述中令人信服地说明了这一点："你仅仅需要申明，你生活中的事件造就了属于你的你自己，当你真正拥抱你自己拥有的一切一切和所做过的一切一切……你就是真正勇敢地面对现实了。"⑫

教师的内心

　　与导师和学科的相遇可以唤起自我意识，获得一些我们是谁的暗示，但是教学的呼唤还不单是来自外部的融合——没有我灵魂的首肯，任何外部的导师和学科都不会对我产生影响。任何真正可信的教学要求最终是来自**教师内心**的呼唤。这种呼唤使我尊重我真实的自我。

　　说到教师的内心世界的呼唤，我指的不是**良心超我**，不是道德权威或内在判断。事实上，良心，按照一般意义理解的良心，会使我深深地陷入职业困扰之中。

　　当我们最初听到生活中我们"应该"做什么的那些要求时，可能会发现，我们被那些外部的期望围困，这些外部的要求扭曲了我们的自身认同和完整。按照抽象的道德要求，我应该去做很多事情。但这是我的天职吗？我有这样的天分应召唤去做吗？我内心呼唤我这样做吗？这是我内心世界与外部世界交汇中特别倾心的天地，还是别人对我生活的应然设想？

　　如果我只是遵循这些应然规则，我发现自己所做的工作只是在伦理意义上值得赞美，但非我心甘情愿所为。对一项非我倾心的工作，无论从外部代表的抽象标准看多有价值，它都会侵犯自我——准确地说，为了符合一些抽象的原则而侵犯我的自身认同和完整。当我侵犯了我自己，不可避免地，我最终会侵犯与我共同工作的人们。到底有多少教师将他们自己的痛苦加诸学生？这种痛苦就是来自于：他们正在做的事从来不是，或不再是他们真正倾心的工作。

　　与这种应然规则的压迫性和损害性的职业概念相反，比克纳（Buechner, F.）提出了一种更宽容、更人性化的天职图景："是你深层愉悦与外部世界深层渴望之间相遇交融的圣地。"⑬

　　在那些有时把工作等同于受苦的文化中，提倡职业的最佳内涵的象征是深层愉悦，这是一场革命——而且是实实在在的革命。如果一项工作是我内心真正想做的，尽管连日辛劳，困难重重，我仍然乐此不倦。甚至这些艰难的日子最终也会使我生活充实快乐，因为这是我真正倾心的工作，其中出现的各种问题正好帮助我成长。

如果一项工作不能以上述这些方式使我感到愉悦，我就要考虑放弃这项工作了。当我投身去做的事情与我的自身认同相悖，与我的天性并不契合，极有可能加剧对外界的渴望，而不是助其减轻。

有时候，我们必须为了钱而非为了工作的意义而工作，我们可能根本没有因为工作不能使我们感到愉悦而辞职的派头，但是，我们不断目睹那些以践踏我们灵魂的方式工作，而对他人和自己造成损害，却无法从中解放出来。保持自我同一性是否是一种奢求？我们也无法从这种困惑中释怀。我该继续干下去还是尊重我的灵魂？从长远看，到底哪一个选择对我才更安全？

教师的内心不是良心的呼唤，而是自身认同和完整的呐喊。教师内心要说的不是应该如何，而是在说对我们而言什么是真实，什么是真我。心声告诉我们，"这工作适合你，或这工作不适合你"；"这是真正的你，这不是真正的你"；"这赋予你活力，或这扼杀你心灵——使你觉得生不如死。"教师的内心有一个警卫，守护着自己的个性，把有损我们自身完整的任何东西拒之门外，把有益于我们自身完整的一切东西拥入怀中。每当我与我的生活圈中的力量周旋协调时，教师内心的声音就提醒我真我的存在。

我意识到教师内心的想法无疑使某些学者觉得是一种浪漫的幻想，但我还是不能彻底了解为什么这只能是幻想。如果我们的生活中根本就不存在这种真实，几百年来西方对教育目标的论述就成了一句空谈。按经典的理解，教育就是试图从自我内部"引出"智慧内核，只有这智慧内核才有力量抵制谬误，用真理启迪生命。教育采用的方式不是靠外部规范，而是靠理智的反思的自明自断。教师的内心是使我们的生命鲜活的核心，而使生命鲜活又是无愧于教育这个词的真正教育所强调和召唤的。

也许这个想法不受人欢迎，因为它迫使我们面对教学中两种最难对付的真相。第一，除非教师把教学与学生生命内部的鲜活内核联系起来，与学生内心世界的导师联系起来，否则永远不会"发生"教学。

我们能够、也确实正在使教育成为纯外部的事业，强迫学生记忆和重复一些知识，却从来不诉求于学生内在的真谛——结果可想而知：学生们一旦离校，再也不想读发人深省的书，再也提不出有独创性的见解。如果我们忽视了学生内心世界的导师，就根本不会有改变人的优秀教学。

第二个真相更让人恐惧：只有我们教师能够与自己的内心对话，我们才有资格说教师深入到学生的内心中。

那位把不好的老师说成像卡通人物的学生，就是把教师描述成对他们的内心向导充耳不闻的人。他们把自己的内心真实与外部活动完全分离，以至于已经失去了与自我意识的联系。心灵深处直对心灵深处才产生共鸣，如果我们不能发出我们内心深处的声音，我们当然听不到学生内心深处的声音。

教师怎样才能注意到来自内心的声音呢？我还不能提出一些特别的方法，还是那些咱们熟悉的老话：独处静思，沉思默读，野外散步，坚持读报刊，找一个可以倾诉的朋友。一个简单的建议是，要尽可能多地学些"自言自语"的方式。

当然，我们一般用"自言自语"这个词语来描述精神失调症状——可见我们的文化是怎样看待内心的声音的！但是那些学会与自己对话的人们很快就会惊喜地发现，教师的内心是他们所遇到的最通达清醒的对话伙伴。

我们需要找到各种可能的方式来倾听来自心灵内部的声音，并认真地接受内心的指引，不只是为了我们的工作，更是为了我们自己的健康。如果外部世界有人要告诉我们重要的事情，而我们当他（她）不存在不予理睬，这个人不是放弃不说了，就是为了引起我们的注意而变得愈来愈粗暴。

同样的道理，如果我们教师不对内心的声音做出反应，它可能不再发出声音，也可能变得粗暴：我相信，我们的某些沮丧就是这样造成的，那些内心世界长期被忽视的教师，拼命地想得到我们对其心声的倾听，威胁要干掉我们。我自己就有这样的经历。只要我们稍微给自己内心的声音一些注意和尊重，它就会以一种更温柔的方式回应，使我们参与到赋予生命活力的灵魂的对话中。

这种对话，不一定非要得出结论才有价值：我们与自己对话，不需要开始于清晰的目的、目标和计划。要从实际效果来衡量内心对话的价值，就好像用和朋友一起解决问题的数量来衡量友谊的价值一样。

朋友之间的对话有它本身的回报：在朋友面前，我们感到放松、安心、平和、快乐，我们能够彼此信任。我们要关照教师内心，使其不会僵化，对深层的自我待之如友，培养一种自身认同和完整的意识，使我们无论在哪里都感到回归了灵魂家园。

聆听教师的内心的声音也回答了教师要面临的最基本问题：我该怎样建立我的教学**威信**？又该怎样在课堂和我内在生命的复杂力量中形成泰然自若的定力？

在以教学技术为中心的文化中，我们常把权威与权力混淆。但两者并不等同。权力是外部赋予的，而威信是发自内心的。如果我们在内心之外寻找威信，以为可以在以下资源中，从微妙的团体管理技巧到不那么微妙的等级控制方法，找到建立威信的答案，那就错了。这种教学观把教师当作警察在岗执行任务——通过准许制，保证一切正常运行，但是很多时候不得不依靠法律的强制力量。

外部强制力量的工具偶尔可以在教学中发挥作用，但是并不能取代威信。权威、威信是来自教师的内在生命。从威信这个词本身的词义来看，**原创**是其核心内涵。权威、威信赋予给那些被认为是原创自己的语言、自己的行动和自己的生活的**原创者**，而不是照本宣科地扮演远远疏离于他们自己心灵的角色。一旦教师靠法律或技术的强制力量过活，他们就无权威、威信可言了。

　　我痛苦地意识到，在我自己的教学过程中，有一段时间，我与内心的导师失去了联系，因此与我自己的权威失去了联系。在那段日子里，把我自己隔离在讲台后面，利用自己可以用成绩来威胁、控制学生的地位，以此获得教师的权力。但是，当我依靠我内心的导师赋予自己威信时，我教学就既不要武器也无需盾牌了。

　　唤回了我的自身认同和完整时，当我牢记我的自我个性和我的天职意识时，威信就树立起来了。这时教学就能够发自我自己真实的内心深处——这是一种有机会在学生们的内心获得默契的回应、共鸣的真实。

注　释

　　①May Sarton, in "Now I Become Myself", Collected Poems, 1930—1973 (New York: Norton, 1974), p. 156. Copyright © 1993, 1988, 1984, 1947 by May Sarton. Reprinted by permission of W. W. Norton & Company, Inc.

　　②Identity 作为学术术语一般翻译成"身份认同"。本书译成"自身认同"，出于以下考虑："身份"在中文中容易理解为出身、性别、职业等浅显身份，而在英文中，Identity 密切联系于东西方深厚的"认识自我""不要迷失在错误的身份认同中"、"要找回错失了的自我真正本质"等文化内涵。Identity 作为本书的核心概念，突出的是对于教师的自我真正本质身份的认同。在荣格的思想中，自身（self）包括理性的意识、非理性的无意识，还包括充当意识和无意识之间门卫的作为观念情结的自我（ego），自身认同突出整个心理主体的畅通意识和无意识通道，各种力量汇聚，使之和谐一致内在认同"自性"。"自性"作为推动人的心理发展力量的象征，作为调节善与恶、光明与黑暗两极张力的中心，是指引复归人的本质的真实存在的内在之光。Identity and integrity 是作者贯穿全书的核心概念，可理解为：对自我真正本质身份的认同和自我生命的完整性。本版将其翻译为突出内心力量汇聚和谐与内在生命完整之间相互作用，译为：自身认同和完整。

　　③Mohandas K. Gandhi, An Autobiography, of the Story of My Experiments with Truth (Ahmedabad, India: Navajivan Press, 1927).

④Cited in Earl Schwartz, "Chronic Life," *Creative Nursing*, Feb. 1992, p. 58.

⑤**译者注**：天鹅绒革命（Velvet Revolution），意即假借天鹅绒的滑顺质感，带出革命主张——和平转移政权。

⑥Válcav Havel, speech delivered to joint meeting of the U. S. Congress, quoted in *Time*, Mar. 5, 1990, pp. 14-15.

⑦Alice Kaplan, *French Lessons: A Memoir* (Chicago: University of Chicago Press, 1993), p. 209.

⑧Kaplan, *French Lessons*, pp. 210-211.

⑨Kaplan, *French Lessons*, p. 216.

⑩C. Wright Mills, *The Socio-logical Imagination* (New York: Oxford University Press, 1959).

⑪Jane Tompkins, "Pedagogy of the Distressed", *College English*, 1991, 52 (6).

⑫Florida Ccott-Maxwell, *The Measure of My Days* (New York: Penguin Book, 1983), p. 42.

⑬Frederick Buechner, *Wishful Thinking: A Seeker's ABC* (San Francisco: Harper-SanFrancisco, 1993), p. 119.

第二章

一种恐惧文化——教育和分离的生活

日复一日，
我振翅寻觅，温恭求真，
却深感难尽人意：
我的心声、呼唤，没人理，
世人啊，
只信实、崇强、斗力！

我雀跃，朝求知之家探求——
拥抱每一过错，像找回久失的孩子，
鼓翼奋飞，
带迷路的孩子家归。

利笔伸正义，
力透纸背。
我为正义伸张；向上面解释——
唉，正义的名堂繁又长。

申辩正义也孤独难当。

——威廉·斯塔福德（Stafford, W.）《受启发的导师》[1]

剖 析 恐 惧

如果想发展和加深对优秀教学起关键作用的联结能力，我们必须先看透这种不合常理但又强势的"分离"生活，并抵制之。学术文化是如何和为何阻挡我们过一种联系性的生活？又是怎样和为什么怂恿我们把自己和我们的学生跟我们的学科相脱离，使得教和学脱离我们自己的心灵？

表面上，答案似乎挺明显：我们被一种隔离教师和学生的等级系统分离，被学科分门别类的知识领域分离，被教师和学生都得提防的同辈竞争分离，被一种使教师和管理者产生意见分歧的官僚主义分离。

当然，教育体制充满了分离的结构，但是把我们的分离都归咎于教育体系，使得所谓外观世界比内心世界更强大有力的神话长期存在下来。假如这种外部的教育结构不是植根于最压迫我们内心世界的特征之一——恐惧，就根本没有力量将我们分离得如此之深。

一旦没有我们的支持，这些教育结构就会崩溃。这表面看来是天鹅绒革命的学术版本，但事实是，我们和教育结构联手，一而再、再而三地为其"改革"操劳烦恼，就是因为它们如此成功地利用了我们的恐惧。恐惧是一种使我们和同事、学生、学科以及我们自己相分离的东西。恐惧关闭了一切"求真试验"，也禁锢了我们教学的能力。恰恰是那些"求真试验"，能让我们编织一张更广泛的关系网。

从小学开始，教育成了恐惧的事。从当学生起，我身处太多充满恐惧的课堂里，这种恐惧导致许多天生热爱学习的孩子产生憎恨学校的念头。作为一个教师，当我让恐惧占上风时，不管是教学时我恐惧学生还是我弄得学生恐惧我，我都处于最糟糕的状态。作为同事，我们的关系常因恐惧而疏远。恐惧几乎渗透所有教师和管理者的关系中，而且恐惧是管理工具袋中的一种权威的管理工具。

我教书教了 30 年，至今仍感到恐惧无处不在。走进教室，恐惧在那里，我直觉得陷入恐惧恶浪中；我问个问题，而我的学生像石头一样保持沉默——恐惧在那里，好像我逼他们去背叛他们的朋友；每当我感到似乎失控，诸如被难题难住、出现非理性冲突，或上课时因我自己不得要领而把学生弄糊涂，恐惧又在那里。当一节上得糟糕的课出现一个顺利结局时，结束后很长时间内我还恐惧——恐惧我不仅仅是一个水平低的教师，还是一个糟糕的人。可见，我的自我意识跟我的教学工作连接得多么紧密。

我恐惧，我的学生一样恐惧，他们的恐惧绝不在我之下，尽管当年刚开始教书时，我想当然地把这一事实丢在脑后。那时我觉得自己站在教室的前面，袒露无遗，随时出丑，惶恐不安，再看我的学生，躲在他们的笔记本后面，匿名隐藏于人群中，安全得令人嫉妒。

据我自己的经验，我应该都记得，学生也是害怕的：害怕失败，害怕不懂，害怕被拖进他们想回避的问题中，害怕暴露了他们的无知或者他们的偏见受到挑战，害怕在同学面前显得自己愚蠢。当学生的恐惧和我的恐惧混合在一起时，恐惧以几何级数递增——这样教育就瘫痪了。

假如我们把致力于外部教育体制的改革家的某些能量转到驱除内心的恐惧恶魔上，我们将在教和学的创新道路上迈出关键的一步。我们不再需要浪费生命空等教育结构的变革。我们能通过解读恐惧，用自我知识的力量去克服种种分离性结构。

使我们无法摆脱教育体制的恐惧到底是什么呢？答案又似乎很明显：如果我不顺从体制权力，我惧怕失去工作，失去形象和地位。但是这样解释还不够深刻。

我们和分离的结构连成一气，因为分离的结构承诺可以保护我们对抗人类内心最深处的恐惧之一——恐惧和异己的他者直接相对，不管他者是学生、同事、学科，还是一种内心自我矛盾的声音。我们恐惧遭遇他者可以自由地成为他自己的情景，恐惧直面他者说出他真实的心声，恐惧面对他者向我直白我可能不希望听到的实话。我们想要的是符合我们开出条件的相遇，以便我们能够控制其结果，以便他们不会威胁到我们关于世界和自我的观点。

学术制度提供许多保护我们免受直接相遇威胁的方法。为了避免与教师正面交锋，学生埋头于笔记本中并保持沉默；为了避免与学生正面交锋，教师可以躲在他们的讲台、资历证书和权力后面；为了避免和同事正面交锋，可以躲在他们的学术专长后面。

为了避免和学习的学科正面交锋，教师和学生同样可以躲在乔装的客观性后面：学生可以说："不要让我去思考这些材料——只给我事实"，教师则说："这些是事实——不用去思考它们，直接记住就行。"为了避免和我们自己的正面交锋，我们可以学习与自我疏离的技艺，学会过一种分裂的生活的本事。

这种对正面交锋的恐惧，实际上是一系列始于对多元性的恐惧。只要我们栖身于这样的世界，即通过让我们不接纳他者而达到单一的世界观，我们就会抱定这种幻想：我们可以把握自己和世界的真相——毕竟，不存在挑战我们的"他者"！但是，只要承认多元主义，我们就不得不承认，我们的观点不是唯一的观点，我们的经历不是唯一的经历，我们的方式不是唯一的方式。这时，那些我们赖以建构我们生活的所谓真理就又开始站不住脚了。

假如我们接受多元性，我们又会发现自己到达下一层恐惧的门阶：当不同的真相相遇时，对冲突的恐惧将随之而来。因为学术文化只相信一种冲突形式，一种被称为竞争的赢-输形式，作为一种竞争者，我们恐惧直接交锋，在这种竞争中，胜者为王，败者为寇。为了逃避与他者公开较量并分出胜负，我们把这些危险的差别秘密藏起来，结果发现差别越来越大，我们也变得愈加分离了。

如果剥掉对直接冲突的恐惧，我们发现第三层恐惧，即恐惧不断地失去自身认同。我们中的许多人如此深地认同自己的思想，以至于进行竞争性的交锋时，我们冒着不仅仅是争辩成败的危险，而是失去自我意识的危险。

当然，比赢-输这种竞争形式更富有创造性的冲突形式是有的，如果能够在冲突中获得自我发展的话，这些冲突的形式就是至关重要的。但是学术文化对这些更富有创意的形式了解有限。例如，多方意愿归一型决策就是富有创意的形式。这里，大家都是赢家，没有人需要输；这里，"赢"意味着更广阔的——而非个人的——自我意识在遇上冲突中涌现；这里，我们体会到自我不是用来自卫的一块草皮，而是不断扩大的能量。

若我们接受了这一事实：多元性会给我们更多空间，创造性冲突、为"赢"而"输"会给我们更多希望，我们仍面对最后一种恐惧，即同他者的生命相遇会挑战我们——甚至迫使我们改变自己的生活。这不是多疑：这个世界真的不那么照顾我们！严肃地说，他者经常引起转变，召唤我们不仅接受新的事实、思想和价值，而且接受新的生活方式——这才是最令人恐惧的。

我们对生命相遇的不同恐惧不单是由师生一个个带入教室的个人情感，也是一种在我们共同生活的每个领域里运行的一种文化特征。我们实践着一种恐惧的政治学，在那里候选人是通过利用选民对种族和阶级问题的焦虑选举出来的。我们在一种恐惧的经济中做生意，在这里，"赚钱与花钱"受消费者担心跟不上邻里的时尚所驱使。我们首肯对恐惧的种种信仰，这些信仰滋生于我们对死亡和诅咒的恐惧。由于我们生活在呼吸恐惧空气的文化中，已很难看出我们的教育是多么可怕——更不用奢谈想象出更多的教与学的方式了。

本章集中分析病态的恐惧，但是恐惧也可以是健康的，记住这一点很重要。如果我们懂得怎样去破解恐惧，恐惧就能帮助我们生存，甚至帮助我们学习和成长。我恐惧我的教学很糟糕，这种恐惧或许不是一种失败的信号，而是关注我的教学技艺的一种证据。我恐惧某个话题在课堂上会突然出现，这种恐惧或许不是警告我逃避这个话题，而是发出一个信号：这个话题必须注意。我恐惧在那危机四伏的个人和公众交接处教学，这种恐惧或许不是懦弱胆小，而是坚定了我的信心去冒这个凡出色教学都需要的风险。

恐惧在学生的生活中也能扮演积极的角色。当加缪（Camus, A.）在书中写到"旅行给人的价值就是恐惧"时，他的话非常适合于描述优秀教师与学生共同穿越陌生的真理景观的尝试活动。②当我们遇到陌生事物，并且被迫挑战去扩展我们的思维、我们的自身认同和我们的生活时，我们感受到加缪提到的恐惧——这种恐惧让我们知道我们处在真正学习的边沿上："事实上，有时，当我们远离自己的国家……我们被一种说不清楚的恐惧控制着，被一种想回到旧的习惯保护下的本能欲望拽住……在那个时刻，我们焦躁不安，但也有所感悟、有所触动，因此稍微一碰就使我们浑身颤抖。我们穿越了一片普洒大地的阳光，那正是永恒圣地。"③

这种能够使得人们对真正的学习有所感悟、有所触动的恐惧是一种健康的恐惧，这种恐惧能强化教育，而且我们必须找到激励它的方法。但是我们首先必须对付那种使得我们自我封闭、无动于衷的恐惧，这种恐惧会割断我们与人密切联系的能力，会破坏我们教与学的能力。

我想检讨发生分离的三个地方：在学生的生活中、在我们自己自我保护的心灵中和在我们主导的认知方式中。要摆脱病态的恐惧，我们既不能靠技术手段也不能靠结构改革，而是要深入了解恐惧主宰我们生活的方式和原因。

"有问题背景"的学生

恐惧常发生在我们跟学生的关系上，这种恐惧割断我们与人密切联系的能力。假如我们能清楚和始终如一地看到这一事实——并且学着坦诚面对我们学生的恐惧而不是利用这种恐惧——我们将朝着更好的教学方向前进。但是洞悉这种恐惧绝不是一件简单的事情，现在教师透过镜片看年轻人，往往歪曲了学生的真实面目，无法认清学生到底怎么了。

当我让老师们说出对优秀教学最大的障碍是什么时，我经常听到的答案是"我的学生"。当我问为什么会是这样的时候，我听到的是一连串的抱怨："我的学生沉默寡言、郁闷孤僻；他们没有社交会话能力；他们注意力持续的时间太短；他们不能很好地理解、交流观点；他们死抱着狭义的'重要'和'有用'的观念不放，而无视思想领域。"

如果认为我说得似乎有些夸张，这里有一段标题文，来自最近刊登全国教与学研讨会的宣传册上：

这是一个事实

很多学生没有方向，缺乏动机。这些学生对团队合作和协商所必需的社交技巧所知甚微。

他们在需要行动的情景下表现沉闷和被动，而在需要反思的情景下，却表现出具有攻击性和破坏性。

当追问这些所谓过错的因由时，我听见了又一连串的常规抱怨——抱怨社会弊病。双亲缺失，家庭破碎，公共教育不到位，电视和大众文化的平庸之极，毒品和酒精造成危害，所有这些都是使得我们学生的精神和生活处于低迷状态的罪因。

与所列举的上述罪因同样令人痛心的残酷现实是：有些教师坚持认为当今的学生远不如他们自己那一代人。这种残酷的说法产生了另一个令人困惑的问题，是否仅仅以社会的变化就能解释这种学生精神和生活状态迅速下降的原因呢？难道遗传因子本身在过去的 25 年里急剧退化了？

无论责备学生的陈词滥调在多少程度上确有其事，它们都严重歪曲了事实，而且它们扩大了学生和教师之间相分离的程度。这些夸张性的描述不仅使得我们的生活和这些粗野的学生生活相比显得更加高贵，而且用分离于学生生命状态的视角归因学生的问题根源。在任何受困扰的职业中，责备当事人是惯有的防卫手段，而且这些陈词滥调方便地减轻了我们对学生问题应负的一切责任——或者说减轻了解决学生问题的责任。

几年前，我遇见了一位实验学院的主任，他正在指导一所知名大学的校园项目，已经进行到第二年。他刚和教师们开完会回来，其表情表明工作进展并不顺利。

"出什么事儿了？"我问。

"全体人员花费了大半个上午的时间抱怨学生的质量太差。他们说如果我们不招收基础好的年轻人，我们这个项目就绝不能取得成果。"

"你对他们的抱怨回应了什么呢？"

"我尽最大的努力去听，"他说，"但是他们只顾一个劲儿地责怪学生。最后我说，他们的话听上去像医院的医生在说，'不要再把有病的病人往我们这儿送——我们不知道拿他们怎么办。给我健康的病人，以便使我们看上去像好医生。'"

他打的比方帮助我理解了教学的一些重要东西：**我们诊断学生健康状况的方式决定我们提供治疗的方法**。但是老师们很少花时间共同思考学生的状况，以及我们的教学能够治疗的弊病。我们没有什么东西能够和医院里常见的大会诊相比：在医院里，医生、护士、治疗师和其他专家联合起来诊断一个病人的病情。相反，我们却允许不假思索地凭着充斥在教师文化中的偏见来形成我们的"治疗方式"。

直言不讳地说，这种诊断结果无疑是宣告我们的"病人"大脑死亡了。接下来，毫不奇怪，主要的治疗方法自然就是把琐碎的资料点点滴入我们学生的血管中，推着他们麻木昏睡的躯体，从一种信息源到下一种信息源，直到预定的治疗程序结束，指望他们吸收足够的智力营养来维持生命迹象，直到毕业——而且全部交足了学费。

以上夸张的描述突出了这样一个真理：我们假定学生大脑是死的，这种假定导致了一种使他们的大脑麻木的教学。当我们采用把信息注入学生被动的躯体的方式教学时，这些入学时本来朝气蓬勃、充满活力的学生，变成了知识的消费者；等他们毕业离开时，已经变得死气沉沉、麻木迟钝了。而我们似乎对这种自我应验的教训总不记取：我们很少考虑到学生在教室里可能会死气沉沉，因为我们用一种不当他们是活生生的人的方法来教他们。

我曾经主持过一个教师工作坊，话题又转向了学生，而且许多参加者都抱怨学生是多么沉闷和冷漠。研讨是在位于新教学楼中心的玻璃墙会议室举行的，而且用来遮挡走廊视线的窗帘是拉开的。在一片声讨学生的声音中，铃响了，围绕会议室的教室空无一人。大厅里立刻挤满了年轻人，他们谈笑风生，神采奕奕。

我请这些工作坊的教师观察在我们面前的这一事实，并且让他们解释他们描述的学生和我们现在看到的学生的差别："可能你的学生大脑并不麻木迟钝吧？可能他们在课堂里呆滞是上课状况导致的吧？还可能一旦他们越过这个门槛进入另一个世界，他们就仍然生机勃勃吧？"

我们需要一种新的对学生内部状态的诊断：多设身处地理解他们的需要，少推卸我们对学生困境的责任，则更有可能带来创造性的教学模式。我想告诉大家一个我自己经历过的故事，提出这样一种新的诊断。

我刚刚在中西大学校园结束一个为期两天的教师工作坊。在一片对我们一起做的工作的高度赞扬声中——他们告诉我，研讨使大家对教学技巧有了更深刻的认识——我被人请进了一个上政治课的班上，先前我同意来这里"上一个小时的课"。

我本应见好就收，早该离场。

那堂课有 30 名学生，可能有 29 位是想学的吧，但我无从得知。在最后一排的远远的角落里，有一位"来自地狱的学生"没精打采地坐着，像个幽灵。

"来自地狱的学生"是公认的一类"问题学生"的原型，有男生也有女生，我遇到的这位是男生。他的帽子被拉下来，遮住了眼睛，因此我不能分辨出他的眼睛是睁着还是闭着。他的笔记本和文具不知道在哪里。那天是个晴朗的春日，但是他的外衣却扣得紧紧的，看得出他随时准备逃课。

我记得最清楚的是他的坐相。虽然让他坐在教室里，坐在那种折磨人的附有小桌的椅子上，都令他受罪，但是他却可以不管横插中间的小桌的阻碍，摆出一般解剖学上不可能的造型：他的身体能和地面平行。我尽力寻找我面前这个幽灵的特点，哪怕是一点点可取之处。我认为他肯定是在练习瑜伽功，让他的身体完全扭曲。

此刻，我已经有 25 年的教龄了，然而，面对"来自地狱的学生"，我犯了一个没有经验的新手才会犯的最基本的错误：我完全被他困住了，这个教室中的其他人在我的视线中都不存在了。

在漫长又痛苦的一个小时里，我把所有的注意力都投向了这个年轻人，竭尽全力想把他从僵化的麻木状态唤醒。但是我越努力，他好像越向后退。在我被"来自地狱的学生"困住的同时，我忽视了其他学生的需要，使得他们成了可有可无的人。那天我知道了什么是黑洞："黑洞就是物质的密度太大以至于光线都消失了的地方。"

我心乱如麻，带着沉重的心情离开了那个教室：自怜、欺骗和气愤。在一片吹捧教学工作坊成就的喝彩声中，我表现出令人惊讶的无能。普通教师忽略他们自己班上的这类问题，会从我的表现中找到忽略的理由。虽然我笨拙的表现没有被其他的同仁所察觉，但我的自尊受到了严重的伤害，我明白谁该受责备：那是"来自地狱的学生"的错。自怜，归咎于他人——这就是心安理得混日子的灵丹妙药！

我急于离开那个城镇，但是我不得不忍受最后一个应酬：在校长家里与一些教师进餐。这回，工作坊又受到赞扬，但是现在这种赞扬却是令人痛苦的，使我陷入更深的欺骗感中。当校长告知送我到机场的车来了时，我一下子轻松了许多。

我走出去，把行李往车的后座一丢，爬上车的前座，转过脸跟司机打招呼。

这个司机竟然就是那位"来自地狱的学生"。

作为一个有信仰的人，我开始祈祷："我有罪，我作孽了，而且只要诱惑出现，我可能还会再作孽，但是我从来没有做过或者想做任何事情该遭受如此的惩罚——和'来自'地狱'的学生'在车里呆上一个半小时啊。"

我们沉默地盯着前方，车驶出了公路车道，绕过一片住宅区。当我们上了高速公路的时候，司机突然说话了："帕尔·默博士，我们聊聊天好吗？"

我身上的每一个细胞都在大喊："不！"但是我那张训练有素的嘴，却说："当然，好，可以，你说。"

我会永远记得接下来的对话。这个学生的父亲是一个失业工人、酒鬼，认为他的儿子想大学毕业成为专业人才是完全不可能的。

这个年轻人和他父亲住在一起，他父亲每天都在训斥他："这个世界就是愚弄我们这样的人。大学是向我们要的一个骗局。不要去上学了，找份快餐店的工作，存点钱，凑合着过吧。从来都是如此，将来也都是如此。"

于是这个年轻人上大学的动机日益减弱。"你有过像我这样的情况吗？"他问，"你认为我应该怎么办？"

我们一直聊到我的飞机要起飞。自那以后我们通了一段时间的信。我不知道我是否帮了他一把——但是我知道他帮助了我。他让我懂得，课堂上沉默和表面上忧郁的学生，他们的大脑不是死的：他们充满了恐惧。

"来自地狱的学生"不是天生就是那种样子的，而是被他或她所不能控制的环境造成的。当然，也不排除他们当中可能有一两个是魔鬼撒旦直接送到这里来破坏我们所了解和热爱的西方文明的。但是这种特定类型的学生——他们的处境代表了很多其他学生——迫使我对学生状况有了一个深刻的理解，慢慢转变了我的教学。

这些学生是被忽视的、处于社会边缘的人。课堂上教师所面对的沉默是社会边缘人经常采用的一种沉默——这些人因为恐惧那些有权力的人，懂得不说话比较安全。

多年来，非裔美国人在白人面前是沉默的——沉默，那是他们一种真正的思想和感情。多年来，妇女同样在男人面前沉默。如今，随着黑人和妇女从社会的边缘移到中心，一切在悄悄地改变，他们说出像我这样的人需要听的实话了。

但是年轻人仍处在我们社会的边缘——20 世纪 60 年代以来，我们越来越恐惧和拒绝这些年轻人，他们的处境也越来越恶劣。年轻人受到暗示或明示，他们没有任何有价值的经验，没有任何值得一提的观点，没有任何前景，不能担当重要任务。

学生收到的这类信息铺天盖地，于是在教室里宁愿保持沉默，也不愿冒被开除和指责的危险，这有何奇怪？他们的沉默不是由于天生的愚蠢或者平庸，而是出于一种想保护他们自己生存的愿望。那是一种对成人世界的恐惧所驱使的沉默，在这个成人世界里，他们感到疏离、无力。

当然，有些学生并不年轻，他们是在中年时返回学校的，或许比他们的老师年龄都大。但是年轻学生的恐惧，在这些年长的学生身上同样存在。这些成年学生常因被推到边缘境地而返回学校——离婚、事业失败和丧偶。我们往往以为他们比年轻的同学更善于表达，更有自信，但是，或许岁月仅仅是给了他们更多的磨炼，教会他们把自己的恐惧隐藏起来。在内心，这些学生仍把老师视为"长者"，而且他们可能和年轻学生一样，容易担心我们对他们的反应如何。

面对学生的恐惧，如果还想教好书的话，我需要毫不含糊地分辨出这些恐惧究竟是什么。没有任何教学技术能够挽回我课堂上处理"来自地狱的学生"的失败，因为问题根植于一种更内在的、不易处理的地方，根植于我不能敏锐地读懂他和他的行为。我不是按照他们的状况来解读他们，而是以自己的观点（我很快将回到这一点）来解读他们，而且我的自以为是的误读使我进入了教学生涯中最低落的时刻。

由于恐惧产生的行为——沉默、退缩和玩世不恭——常与因无知产生的行为相似，因此，对我来说，在观察一些学生的时候，相信自己看到的是焦虑而不是平庸，并不是那么容易。不管学生的外在表现给我什么样的误导，我都需要不断更新对学生真实状况的认知。

尽管这不容易做到，但却是值得的。当我开始理解学生的恐惧时，我的教学朝着一个新的方向发展起来。我不再当学生无知，不再不准确地、自私地评价学生。相反，我体谅他们恐惧的心灵因而倾心教学。而且，当我做到这一点时，学生的心灵也能健康地成长。

现在我懂得墨顿（Morton, N.）这句话的涵义了：我们现在最重要的任务之一是"倾听人们说话"。[④]我们的学生在恐惧、沉默的背后，是想去发现他们自己的声音，想去发出他们的声音，想让人们听见他们的声音的。一个好老师能够倾听学生，甚至尚未发出的声音——这样，有一天，学生才能够真实而又自信地说话。

倾听学生尚未发出的声音意味着什么？意味着不断地宽容他人，关注他人，关心他人，尊重他人；意味着不能匆忙地用我们可怕的言语去填塞学生的沉默，并且不要迫使他们说我们想听的话；意味着充满深情地走入学生的世界，以便他或她把你看成是能一直倾听真话的言而有信者。

"来自地狱的学生"的故事中有一个强烈、深刻的影像，这影像启示我们如何倾听学生说话：当年轻人真正开始在掌舵、有了发言权的时候，他就能够发现自己的声音。当我在课堂上滔滔不绝地讲课的时候，他被动地坐在那里，被迫沉默。但是一旦他真正被赋予责任，得以照管我的日程和安全，他就有了发言权，并且言之有物。

随着发现更多放手让学生做主的方法，我会鼓励越来越多的学生发出自己的声音，说出自己的真心话。我将在本书的后面探讨这些行之有效的方法。但是在能够运用这些方法之前，我必须理解我的学生心中的恐惧——还有我心中的恐惧。

教师内心的恐惧

为什么我们那么难于了解学生的真实状态？为什么我们以一种会导致僵化的教学模式来诊断学生的状态呢？为什么我们不能看到他们内心的恐惧并帮助他们找到克服的方法，而是责备他们的无知和平庸呢？

在某种层面上，答案是显而易见的：我们习以为常的诊断方法容许我们靠责备受害者来忽视我们的弱点和无能。然而，我们对学生的恐惧视而不见还有更深层的原因。这个原因更令人畏缩不前：我们只有认清了自己的恐惧才能够洞察学生的恐惧。否认自己的状态的时候，我们就会抵制在别人身上看见的任何东西——尽管这些东西能让我们知道自己的真实状态。

"客观地"看，很难相信我害怕前面说的那位年轻人——这论证了客观性的局限。我，任教于中西部的一所小规模大学，50岁出头，事业上处于鼎盛时期，发现工作充实而有意义，幸福地拥有健康、家庭和朋友。此时此刻，我和一个20岁出头的孤僻年轻人面对面，他没有任何明显强于我的力量——然而我是如此害怕他，以至于我失去了方向，失去了教学的能力，失去了自我和自我价值的意识。

和亲密朋友在一起、在毋需戒备的情况下，担任教职的我们会承认许多恐惧：我们的工作不受赏识，没有足够的报酬，在一个不错的早上突然发现我们选择了错了职业，把生命都耗费在琐事上，到最后感觉自己像骗子。但是我们还有另外一种自己极少意识到的恐惧：我们对来自年轻人的评判的恐惧。

日复一日，年复一年，我们走入教室，看着年轻的面孔似乎粗鲁而诡秘地向你发信号："你是老朽了。不管你看重的是什么，我们可不看重——既然你不可能理解我们所看重的东西，我们就懒得费工夫去试图告诉你它们是什么。我们呆在这里只是被迫无奈。因此不管你要做什么，快点结束，好让我们继续自己的生活。"

我们有时候就是这样**解释**学生发出的信号，事实上，学生发出的经常是恐惧而非鄙夷的信号。我还没有学会解读这个信息，就草率地把太多学生打入"来自地狱"的另册——而直到我理解了自己对于来自年轻人评判的恐惧，我才学会去重新解释它。

研究人的社会心理发展问题的埃里克森（Erikson, E.）认为，我们在中年时会面临一个"停滞"还是"生成产出"⑤（stagnation VS. generativity）的选择。即使你是年轻教师，埃里克森的观点也是有用的，一旦你理解了教师是按几何学的速度变老，就会同意这个说法。我敢肯定大部分教师在29岁之前就进入了中年期！一旦一个人每年秋季新学年开始返回工作岗位，觉得他的学生仍跟去年一般大，他的中年就早早地提前到来了。

那些对学生如此恐惧的教师选择了停滞状态。他们把自己关在他们的资格、他们的讲台、他们的身份、他们的研究之内，不许别人接近。讽刺的是，这种对停滞的选择反映了一种教师与他所害怕的学生的分离：因受到充满恐惧的学生制约而彷徨的教师，惶恐地防范着他们的学生，这样就陷入了恐惧的恶性循环。

常见处于职业生涯中期的教师，用怀疑的态度来防备学生、教育和任何希望的迹象，当一个人曾经抱有的对教学的高期望受到经验的打击——或准确地说，因为不能正确理解已往的经验，提出了过高的期望，愤世嫉俗的态度就产生了。我总是被这种愤世嫉俗所触动，因为我在它的背后感觉到了把这些教师引入教学殿堂的巨大可能。或许曾经的期望能够被重新点燃：只要正确地理解它，这种愤世嫉俗的感情里可能包含了自我更新的种子。

按照埃里克森的说法，更新的途径是由"生成产出力"（generativity）而来的。"生成产出力"是一个可爱而准确的词，因为它指出了一个心理健康的成年人自我同一性的两个方面。

一方面它意味着创造力。不管是在什么年纪，我们都可以帮助共同创造这个世界，创造力就是指这样一种持续进行着的可能性。另一方面，它意味着一代又一代层出不穷，带着其蕴含的必然性：年长者培育年轻人，帮助年轻人寻求年长者看不见的未来前景。把这两个意思放在一起，生成"产出力"就成了"为年轻人服务的创造力"——一种年长者不仅为年轻人也为他们自己的幸福尽责的方式。

面对来自年轻人肤浅的评判，教师必须加以面对而不是掉头离开他们。其实就是说："我们之间存在很大的代沟，但是不管这沟多宽多险，我都有责任跨过去——不仅因为你们在成长道路上需要我的帮助，还因为我也需要你们的洞察力与活力来帮助我更新我自己的生命。"

关于我对"来自地狱的学生的"恐惧，我已经想了很多，它似乎分为两部分。其中一部分，希望有一天能够丢掉，而另一部分我希望一直带在身上。

我想要铲除的那部分恐惧源自被年轻人喜爱的需要——这种需要可能在教师中很常见，却会阻止我们很好地为学生服务。它使我去迎合学生，使我丢掉了我的尊严和我的方式，使我如此担心最后一排那个无精打采的学生不喜欢我，以至于没能对他和教室中其他所有人进行教学。这种恐惧是病态的。

但是我希望永远别丢掉我恐惧的另一部分——当我没有与年轻人产生那种赋予教师生命力的亲密联系时所感到的恐惧。我希望永远不要遇到那种冷淡的学生，坐在教室最后一排，就好像他或她不存在一样；当"来自地狱的学生"不再与我相关，我的生活也变得与世界越来越脱离。

反思我与"来自地狱的学生"相处的那段经历，我责备自己那天没能教好。但是，也确实因为我在那个教室中做了**一些事**，使得那个年轻人几小时后接近我，说出他所陷入的生活困境。**这些事**把那个年轻人拉进一种关系中，在那里他能够讲出他的真实情况。

尽管我恐惧和无能，但我对生成关系的渴望，我对"不要分离"的呼唤，还是感召了他。认识到这一点，让我对自己没能关照好其他学生的内疚感减轻了一些：我与一个学生相连的热情以某种方式到达了他那里，并且最终使他能够开口讲话。他讲话的时候，不仅在表达他自己的需要，也在表达我的需要——我与成长中的一代学生的生活保持联系的需要。

好的教学是对学生的一种亲切款待，而亲切的款待往往让主人比客人受益更多。款待的概念出现在远古时代，那时候更容易看到这种互惠互利：在游牧文化中，一个人昨天提供给陌生人的食物与住所，就是他希望明天从陌生人那里所得到的。通过提供款待，一个人就参与了所有人可依赖的社会结构的无穷尽再编织。这样，给客人的礼物变成了主人的希望。教学也是如此：教师对学生的亲切款待产生一个更亲切地款待教师的世界。

教学中令人高兴的事情之一是它提供给我们的不断与年轻人相遇的机会，但是，任何在最后带给我们幸福的东西可能最初都感觉像个祸害！如果我们明白了我们会像学生害怕我们一样害怕他们，我们会更有可能走过灾祸到达幸福——然后会为服务于年轻人的创造力而学会解读他们的恐惧，以及我们自己的恐惧。

令我们恐惧的认识方式

有一个事实滋长学生和教师们带入教室的个人恐惧，那就是教育深深植根于恐惧的土壤。我心目中的恐惧土壤是我们很少提到的：它是我们占支配地位的认识方式，这种认识方式被如此强大的傲慢所推动，以至于人们很难看到在它背后的恐惧，除非人们能记起傲慢经常掩盖着恐惧。

这种认识方式的形成源自我们对关于教育使命的两个核心问题的回答：我们以何种方式获得知识？我们根据什么说我们的知识是真实的？我们的回答可能在很大程度上是默认的，甚至是无意识的，但它们总是表现在我们教和学的方式中。

如果我们认为真理是来自高高在上的某种权威，教室看起来就会像专制政府。如果我们认为真理是由个人突发奇想而确定的虚构故事，教室看起来就会像无政府的混乱状态。如果我们认为真理产生于相互问询的复杂过程，教室看起来就会像一个资源丰富且相辅相成的共同体。我们关于认识的假设可以打开也可以关闭建立联系的能力。而建立联系的能力正是良好的教学所依赖的基础。

支配着教育的这种认识方式在教师、他们的学科和他们的学生之间制造出分裂，因为这种认识方式植根于恐惧之中。所谓"**客观主义**"的模式这样描绘真理：真理是只有通过把我们自己，把我们的身心与我们要认识的事物相分离才能获得的东西。

为什么呢？因为如果我们离它太近，我们主观生命中不纯洁的成分会污染那个事物和与其相关的知识。不管"它"是什么——历史上的一个片断，大自然中的一种生物，伟大文学作品中的一段情节，或者人类行为中的一种现象——客观主义宣称我们只有保持距离才能真正地、很好地认识世界中的事物。

在客观主义看来，主观本身是最令人恐惧的敌人——一个装着信念、偏见和无知的潘多拉盒子，一旦它的盖子弹开，这些东西就会扭曲我们的知识。我们完全依赖那些不会被主观欲求（或理论倡导）所影响的理由和事实、逻辑和资料，而保持潘多拉盒子密闭，在这个系统中，头脑和心智的角色不是把我们与世界联系起来，而是让我们远离世界，以免我们相关的知识被污染。

在客观主义看来，主观可怕不仅因为它污染事物，还因为它在那些事物和我们之间创造了联系——而且联系也具有污染性。当一个事物不再是一个客体，而成为充满活力的，与我们的生命互动的部分——不管它是一件艺术品、一个土生土长的民族，还是一个生态系统——它就可能开始控制我们了，使我们对它产生偏见，这对我们知识的纯度再次产生威胁。

所以，在恐惧的驱使下，客观主义阻止我们与外界事物建立联系。它的操作模式很简单：当我们与某事物保持距离时，它成为一个客体；当它成为一个客体，它就不再有生命；当它没有生命时，它就不能接触或改变我们，这样我们关于那个事物的知识就能保持纯洁。

在客观主义者看来，在知者和已知事物之间任何要求主观介入的求知方式都是简单的、不可信的，甚至是危险的：把直觉当作没有理性加以嘲笑，把真实感情当作多愁善感而不加理睬，把想象看作混乱的、难控制的，把讲故事贴上个人化和无意义的标签。

这就是在学科排序中音乐、艺术和舞蹈处于底部而"硬"学科处于顶部的原因。也正因为如此，每门"软"学科都有了一些不懈探索的实践者：他们更为客观：文学家不去探寻意义而去计算副词的数量；心理学家只顾分析人类行为的资料，好像人类除了如泡沫塑料般的有形物质外没有内在的生命。

多年前，怀特海（Whitehead, A. N.）曾指出，"无活力的观念"

是高等教育的一大忧患，它使得师生的教和学的过程都死气沉沉。⑥但在客观主义看来，只有无活力的观念才是好的，就像研究者的不再拍打翅膀的捕获品蝴蝶一样，已经被氯仿处理，用别针固定住，装进盒子里制成标本。这种求知方式可能会使世界变得没有生气——但是，在倡议者们眼里，那只是为了他们所谓的客观真理而付出的一点小的代价。

我没有忘记，客观主义产生的原因部分是要把我们从鲁莽的主观主义罪恶中拯救出来。黑死病的受害者原本应该受益于这种客观知识：他们的苦难是由来自受感染老鼠身上的跳蚤造成的，而不是因为触犯上帝引起的。无数妇女因被人诬称巫婆而死于火刑，这为主观主义的残忍提供了无声的证据。

客观主义打算把真理建立在更为坚实的基础上，而不是国君和牧师的随心所欲。对这一点，我们可以心存感激。但是历史充满了讽刺，其中之一是，客观主义方法滋养了罪恶的新版本，而这些罪恶跟他们试图纠正的罪恶一样，我马上想到两个例子：现代独裁政治的兴起和当代战争的特性。

可以举出的一个很好的例子是，试图使人们从主观武断力量的控制下解脱出来的客观主义，有时候与其他的力量共同起作用，把现代人送入极权主义的控制之下。当人们相信所有的问题都可能有客观答案，当乐意提供这些答案的专家们出现，人们便开始不信任自己的知识，而去权威那里寻找真理。这样，舞台就是为这些"权威"设置的：他们用一个行政议程在社会岌岌可危的时刻攫取权力，并宣称"只有我知道能够拯救你的真理！集合，跟我走。"

残暴的现代战争是客观主义横行的另一个产物，就像焚烧巫婆的残酷举动是疯狂的主观主义的结果一样。很多美国人认为海湾战争是可以接受的，甚至是受欢迎的，因为战争采用的技术可以使我们对遥远的人施加暴力，而这个距离足以保证我们自身的安全。我们在海湾战争中杀死了成千上万的伊拉克人，但是我们看到的全是模糊的被摧毁的形象，全国上下都为出现在电视中的这些形象喝彩，我们为了远距离的屠杀能力而如此高兴。

把它与越南战争相比，在越南战争中我们被迫近距离地、主观地战斗，与客观的波斯湾战争相比，这场战争在美国人民中相当不受欢迎。在越南战争中，我们的战士与敌人面对面，我们的平民与五万美国人的死亡面对面，我们陷入全国性的罪恶与悲痛的深渊。当布什总统宣布我们在波斯湾的胜利使我们终于能够"踢开越南综合征"的时候，他是在庆祝客观主义的分离相对于主观主义近距离接触的胜利。

为什么客观主义会和极权主义、暴力同流合污呢？从一开始，冲动的客观主义就不仅仅是要探寻真理：主观主义曾使得前现代的世界变得危险，客观主义是在恐惧驱使下的对这种主观主义的过度杀伤。客观主义永远不满足于为了阻止主观主义的扩散而对它进行的检疫隔离。客观主义的目标在于消除"自我"的发端以保护客观真理——就像独裁者消除反对者以保证"公共秩序"，战士杀死敌人以保障"和平"。

"消灭自我"不是我所发明的概念。实际上我们可以在客观主义著作的核心部分找到它。一个世纪前，客观主义处于它的鼎盛阶段时，哲学家皮尔逊（Pearson, K.）写了一本很有影响的书——《科学的语法》，在这本书中他举了一个客观主义知识的经典案例，并认为"依据不带个人情感偏见的事实形成判断的习惯是科学的思想框架的特征"[⑦]。

遗憾的是，为皮尔逊的经典案例伴唱的却是经典的弗洛伊德式失言："科学人士最为重要的事就是在他的判断中努力消除自我。"[⑧]可能有人认为这只是玩弄模糊的辞藻，但我认为这是预言：在皮尔逊写作后的100年里，当一个学生问他能否在自传中用"我"时，客观主义已经相当成功地实现了这一目标。

我反对客观主义基于以下这点：对认识自我和已知事物都充满恐惧的客观主义，使自我与世界的关系疏远，使我们与我们的学科、我们的学生和我们自己的关系畸形。但还有一个更有说服力的事实反对这种认识方式：这种认识方式不能够令人信服地说明认识过程实际上是如何发生的，即使对科学本身的核心内容也是如此。

没有科学家通过跟世界保持距离、离开世界来认识世界的；如果我们总是在求知者与己知事物间修建那堵客观主义的墙，那么我们除了那堵墙本身以外将一无所知。科学要求与世界的接触，要求求知者与己知事物真实的相遇。这种相遇有保持距离的时候，也有亲密无间的时候。

任何一种认识都是形成某种联系，都是依靠与我们认识的事物形成更深交融的愿望所驱动的。为什么一个史学家要研究"死的"过去？是为了揭示它在当今还有多大生命力。为什么一个生物学家要研究"沉默"的自然世界？是为了让我们能够倾听它的声音，这个声音在讲述我们如何被环抱于生态系统中。为什么文学学者要研究"虚构"的世界？是为了向我们表明只有与想象相沟通才能理解那些事实。

认识就是我们如何跟未及的他者建立关系，与我们未接触的缺乏知识结构的客观现实建立联系。认识是人们寻找联系的一种方式，在这个过程中会有相遇和交融，这些相遇和交融会不可避免地改变我们。在最深层次，认识总是共同分享相互联系的。

当时著名的生物学家麦克林托克（McClintock,B.）的故事点明了这个事实：我们通过与世界连接而不是通过与它割裂来获得知识。于1992年去世、享年90岁的麦克林托克在她工作生涯的早期就被基因转位的奥秘吸引住了。虽然她的研究曾被当作疯狂的异端不予理睬，但她仍然从事，她的发现改变了现代遗传学图景，她荣获了1983年的诺贝尔奖。

麦克林托克没有把她的主观客观化，她没有按照教科书的意见把基因材料分析为资料片断，而是在这样一个假设的基础上对它进行处理：把它当作一个共生现象（communal phenomenon）能够最好地了解它。就像一位作者所说的，麦克林托克"承认了活的有机体中的基因比任何人所认为的更加复杂、更加相互依赖，在此基础上产生了至关重要的发现。观察基因在它们的环境中如何运转，而不仅仅把它们看作孤立的实体，这样她发现有些基因能够在染色体上四处移动。"[⑨]

当凯勒（Keller,E.F.）为了写麦克林托克的传记而采访她的时候，还明确了一点：使麦克林托克工作中的共生的假设远超出了基因间的联系，它还包括基因和研究它们的科学家之间的联系。

凯勒想知道，"是什么使麦克林托克在基因的奥秘问题上比她的同事看得更深远?"凯勒告诉我们，麦克林托克的回答很简单："她再三地告诉我们一个人必须有时间去看，有耐心去'听那些材料有什么要告诉你'，有开放性'让它走进你'。最重要的是，一个人必须有'体谅有机体的情怀'。"⑩

当然，麦克林托克的科学研究也因精确的分析思考和完善的资料而出色，没有这些是不能获得诺贝尔奖的。但是资料、逻辑和它们所带来的分离只是伟大科学悖论之一极。按说，麦克林托克是我们这个世纪最伟大的生物学家，被要求指出认识过程的核心时，她毫不例外地用到了关系、连接、交融等词语。就像一个评论家指出的那样，麦克林托克"把自己的感情移入她的玉米中，使自己沉浸于它们的世界，消解了客体和观察者之间的界限，这样，她获得了有价值的知识。"⑪

凯勒把麦克林托克的才华，也是所有伟大的求知过程中的才华总结为一句简单明了的话：麦克林托克在与玉米的联系中，达到了"最高形式的爱，是允许差异与亲密关系共存的爱"⑫。

这些醒目的词语不仅描述麦克林托克的科学研究的实质，而且刻画了每一种真实关系的实质，这些关系可能是一个人与历史、与自然、与其他人或有灵万物之间的。它们描述了一种认识和生活的方式，这种方式超越了对他者的恐惧，而进入了对他者的尊重甚至需要之中。

驱动客观主义的真正议程不是讲出关于求知的真理，而是支持我们自我吹捧的神话：知识就是力量，有了知识我们就能管理世界。人们经常为了否认他们的恐惧而说谎；客观主义在我们的知识和我们的力量两方面都在说谎，企图回避摆在我们眼前的可悲证据：我们在毁坏而非管理世界。

现代知识使得我们能够操作世界，而不是主宰它的命运（更不用说我们自己的命运了），这是伴随着生态系统的消失和我们人类系统的衰退而日益清楚的事实。确实，通过切断我们与世界的联系，客观主义把我们引入与现实如此不和谐的行动中，以至于如果我们还不悬崖勒马，灾难看来不可避免。客观主义不仅远远解答不了我们如何认识的真相，而且是一个神话，一个意在继续维持我们关于科学、技术、力量和控制的日渐破灭的幻想神话。

如果我们敢于走出我们的恐惧，把认识作为一种爱的形式，我们就可能放弃我们控制的幻想，而与世间万物形成伙伴关系。通过找到我们在现实的生态系统中的位置，对于哪些行动赋予生命活力，哪些行动不能，我们可能会看得更清楚。在这个过程中，我们会更充分地关怀、参与我们自己的命运和世界的命运，而不是受控制欲望的驱动去行动。这种联系性的认识方式——其中爱取代了恐惧，共同创造取代了控制——是一种可以帮我们恢复相互联系能力的认识方式，而相互联系的能力是良好的教学所依赖的基础。

不 要 害 怕

恐惧无处不在，它存在于我们的文化、我们的制度中、我们的学生和我们自身，它把我们与一切阻隔开。被恐惧包围和侵害的我们，为了教与学的目的，如何才能超越它并重新与现实建立联系呢？我所知道的、能把我们引向重建联系方向的唯一途径，是标明为"精神性的"东西。

恐惧对人类的状态有着如此根本的作用，以至于所有伟大的精神性传统都起源于这样的努力：克服恐惧在我们生活中的影响。换句话说，它们都在强调同样的核心教旨："不要害怕"。尽管这些传统教旨使我们超越恐惧的方式各不相同，但都坚持同样的希望：我们能够逃脱恐惧造成的无能为力的状态而进入福地，在这里与他者的邂逅不再是对我们的威胁，而会丰富我们的工作和生活。

细心留意这个核心教旨所表达的确切含义很重要。"不要害怕"

不是说我们不应该**有**恐惧，如果它是这个意思，我们会把它当作华而不实的告诫而不屑一顾。它不是说我们不该有恐惧，而是说我们不必**置身心于**其中，两者是截然不同的论点。

当我是年轻教师的时候，我热切地盼望这么一天：我对教学了如指掌，我如此称职、如此有经验、如此有力量，所以我走进任何教室的时候都不再有害怕的感觉。可是现在，年近60，我才明白那一天永远不会到来。我总会有恐惧，但我不必置身心于我的恐惧之中——因为在我的内心世界景观中还有我表达和行动的天地。

每次走进教室，我都能够从我的内心世界景观中选择我教学的天地，就像我也能从我的学生的内心世界景观中选择我会达致教学目标的教学天地一样。我不必处于恐惧中进行教学：我可以在好奇、希望、同感、诚实这些与我内心的恐惧一样真实的感受中教学。我可以有恐惧，但我不必置身心于恐惧——只要我愿意立足于我的内心世界景观中的其他天地而教学。

我们渴望有多姿多彩的景点供我们安身立命，我所知道的、对这种渴望最好的描写莫过于本书导言开篇引用的里尔克的诗歌了[13]：

啊，别分离，

亲密无间，

与繁星相聚在天际。

何为心，

若非与繁星聚一起？

与众鸟齐飞，

乘风，驾云，

齐归。

"分离"是我们习惯的生存状态。但是我们的内心不断地有对联系的渴望，一种强烈的渴望，对我们的心灵和远方的星辰、我们自身和世界的他者亲密无间地生活这一状态的渴望。我们向往与他者联系为共同体，因为我们知道，依靠这个共同体，我们在生活中会感觉更自在，相互间不再有陌生人，地球上不再有异乡人。

但是里尔克所说的"齐归"意在返回精神家园，有两个特性使这里的家与我们传统的对家的想象有很大区别。首先，它是内在的，不是外在的。这个家不是我们能够拥有的地方——而且，我们也不会被它拒绝，它也不会被偷走。不管我们在哪里，不管我们处于什么状况，不管我们面前有多少障碍，我们总能简单地通过内心世界的转变返回精神性家园。

其次，内心世界转变后，我们所找到的家园不是一个封闭的、狭隘的地方，不是一个我们可以躲藏、既看不到外界也不被外界看到的地方。相反，这个家就像天空一样开放和广阔。我们聚居同一家园，可以容纳不同的思想和想法的不同人们。我们置身于兼容"我"之小天地和所有"非我"之广袤宇宙的地方，自由自在。在这个精神家园里，我们不把我们自己看作是受到他者威胁的孤立的"原子"，而是把自己整合为伟大生命网络的一部分。在这种认识中，我们超越了恐惧走向了整体。

在回答"我们如何才能超越破坏联系的恐惧？"这个问题时，我说："恢复消除恐惧的联系。"我能意识到我论证中的循环性——但清晰地表明，精神性生活就是这样在无始无终的圆环中运动。就像埃略特（Eliot，T.S.）写的那样，我们"到达了出发的地方然后才第一次认识它"[14]。唯一的问题是我们选择站在哪里，是在圆环的外边还是在里边。

我们是如何进入那个圆环的？恐惧使我们保持分离状态，当我们被这种恐惧牢牢抓住的时候，是什么能够促使我们与别人拉起手呢？事实是那个圆环已经存在于我们中。

在人类的精神世界中，明显相对的东西总是在圆环中相互追逐：爱和恨，笑和哭，恐惧和渴望。我们对联系及其所带来的挑战，又渴望联系及其所带来的舒适。惧怕与渴望的情绪相互追随，同样强烈。我们付出了种种努力，通过切断联系来保护自己。人类的灵魂在不断地呼唤联系："啊，别分离……"通过把我们自己沉浸在这呼唤中——这呼唤正徘徊在我们恐惧的前前后后——我们就能够进入那个本来就存在于我们之中的圆环。

有时候，所有这些需要的只是简单的一步。在一个由有经验的从幼儿园到 12 年级的教师组成的、与我一起工作两年的小组中，有一位中学职业技术教师，他身高 6 英尺 6 英寸，体重 240 磅，身体强壮，声音低沉。从来没人相信这样的男人也会害怕，连他自己也不相信。

有好几年，他所在学校的校长一直要求他去一所暑期技术学院进修。那位校长说职业技术课程必须现代化，而且要快，否则学生们会落后，迷失于过时的东西。

"胡说。"这位无畏的教师这样回答。那所暑期技术学院提供的技术可能只是一种流行的时尚。即使不是，中学生需要学的是基础的东西——运用材料和工具的实际操作。以后会有足够的时间对他们的技术进行精致的改进。

这个职业技术教师与他的校长因要求与拒绝而陷入了令人沮丧的、彼此激怒对方的循环。他们的关系变得敌对、不自然。当这个职业技术教师参加我们小组的时候，这个问题沉重地压在他心上。

有一天，这个职业技术教师来参加小组聚会，他告诉我们那个循环已经被打破了。他的校长把他叫过去再一次说明他的要求。这一次，这位教师没有争辩传统职业技术课程的价值，而是看着他的校长说："我仍然不想去那里进修，但我现在知道原因了。我害怕——害怕我不能理解它，害怕我的领域与我形同陌路，害怕作为教师我成了过时的人。"

一段时间的沉默后，校长开口了："我也害怕。"他说："我们一起去那里进修吧。"

他们去了，而且重新获得并加深了友谊。这位教师感觉到，在使这个课程现代化和使他的职业才能获得新生方面，他正在取得进步。

这位教师的突破不是要直接介入采用新的教学技术，它根本不是要直接介入**做**任何事。他的突破是进入了一种新的**生存**方式，是进入到一种意识状态：他可以有恐惧而不必置身心于恐惧——他的言行可以以真诚对待存在的恐惧为出发点，而不是以恐惧本身为出发点。

这位职业技术教师尊重了来自他内心的一种渴望，这渴望恰恰环绕在他的恐惧的前前后后，就是不要切断他与他的校长、与他的学生、与他的工作世界、与他的教师心灵之间联系的渴望。有时候，超越恐惧的方式就是这么简单。

注　释

①William Stafford, "Lit Instructor", in *Traveling Through the Dark* (New York: HarperCollins, 1962), pp. 77-78. Reprinted by permission of the Estate of William Stafford.

②Albert Camus, *Notebooks*, 1935-1942 (New York: Marlowe, 1996), p. 13.

③Albert Camus, *Notebooks*, pp. 13-14.

④Nelle Morton, *The journey Is Home* (Boston: Beacon Press, 1985), pp. 55-56.

⑤Erik H. Erikson, *Identity and the Life Cycle* (New York: Norton, 1964).

⑥Alfred North Whitehead, *The Aims of Education* (New York: New American Library/Mentor Books, 1961), p. 13.

⑦Karl Pearson, *The Grammar of Science* (London: Dent, 1937) p. 11. My thanks to Mark Schwehn, dean of Christ College at Valparaiso University, for alerting me to this source.

⑧Pearson, *The Grammar of Science*, p. 11.

⑨Sue V. Rosser, "The Gender equation", *Science*, Sept. -Oct. 1992, p. 46.

⑩Evelyn Fox Keller, *A Feeling for the Organism: The Life and Work of Barbara McClintock* (New York: Freeman, 1983), p. 198.

⑪Rosser, "The Gender Equation", p. 46.

⑫Evelyn Fox Keller, *Reflections on Gender and Science* (New Haven, Conn.: Yale University Press, 1985), p. 164.

⑬Stephen Mitchell (ed.), "Ah, Not to Be Cut Off", in *Ahead of All Parting: The Selected Poetry and Prose of Rainer Maria Rilke* (New York: Modern Library, 1995), p. 191.

⑭T. S. Eliot, "Little Gidding", in *T. S. Eliot: The Complete Poems and Plays*, 1909-1950 (Orlando, Fla.: Harcourt Brace, 1958), p. 145.

第三章

潜藏的整体——教与学的悖论

一切可见的事物，
都蕴藏着：
看不见的富足，
黯淡了的光，
谦恭的无名，
隐性的完整。
这神妙谐美的凝聚和完整，
是智慧、是万物之母，
是创造万物之灵。

——默顿（Merton，T.）《圣索菲亚大教堂》[①]

全面认识世界

损害教与学的分离文化在一定程度上受恐惧的驱使，但也是受西方信奉的极端思维方式的驱策。这种思维方式将分离提升到了理智美德的高度，在我们的文化中是如此根深蒂固，以至于我们就算试图也难以摆脱掉。我自己的言论会证明这一点。

在前几章里，我尝试纠正我们对待教学的一些不平衡。为了更正我们对教学技术的过分重视，我强调教师的自身认同和完整；为了纠正我们对于客观知识的痴迷，我强调主观契合；为了纠正我们对智力过多地关注，我重视情感对于禁锢或解放思维的重要性。

我的目的是为了获得重新平衡的尺度。但是，在走极端的文化中，如果不抨击反方的尺度，是很难达成平衡的。由于为被忽视的一方争辩，我可能被人误解为这样一种人：他宽恕低劣教学技术并为其找开脱的理由，怂恿教师只要"成为他们自己"；他不相信有真理标准，只讲"你想是什么就是什么"；他不管你的思想内容是什么，只要你"分享你的感受"。

很明显（天晓得！），这是对我所说的话的歪曲。可是，我们从来都是这样歪曲事物的，因为我们已经习惯了既不去表达事物的两面，也不用两只耳朵来倾听。这一问题比竞争性交谈的坏习惯更加严重。我们中一些人惯于这样：告诉我你那方的观点，我就可以找到任何方式，管它公平不公平，就以反方跟你争论。这种坏习惯根植于这一事实，我们通过分析透镜看待这个世界。我们用非此即彼的观点看待每一件事情。不是加就是减，不是开就是关，不是黑的就是白，而且把现实分离，陷入无止境的非此即彼的争论中。简言之，我们分离地认识世界。

分离地认识世界，跟远距离地认识世界一样，都曾经给我们以巨大的力量。我既尊重理解正确的客观力量，也尊重合理定位的分析力量。在本书中我就用了分析的工具形成论题，我写作的机器就是无数非此即彼的思维所驱动的产物，如果没有二元的逻辑，我们就既不会有计算机，也不会拥有现代科学送给我们的许多礼物。

非此即彼的思维方式虽然在科技领域赋予我们力量，但也给了我们一个支离破碎的现实观，摧毁了生活的完整和奇妙。当把这种非此即彼的思维方式滥用到人类长期面对的非逻辑所能及的问题领域时，即使这种认识方式在误导和背叛我们，但它差不多在每一个领域都成为规范，这就使我们的问题更加复杂了。

我们怎么样才能摆脱非此即彼思维方式的控制呢？怎样才是"全面地看待事物"，不是放弃那些曾有益于我们的、有辨别力的逻辑，而是去发展一个更广阔的、支持着优秀教学所依赖的联系能力的心智习性呢？

　　诺贝尔奖获得者、物理学家玻尔（Bohr, N.）提出一个基本原理："与真命题相反的是假命题，但是与一个深刻真理相对立的，可能是另一深刻的真理。"②我试图以此命题为基础建构我的理论。

　　玻尔以极为恰当的话语，界定了对整体地思考世界很重要的悖论概念，在一定的情况下，发现真理不是靠非此即彼地割裂世界，而是靠即此即彼地拥抱世界，在一定的情况下，真理是表面对立事物的似非而是的联系。如果我们想认识那一真理，我们必须学会把对立事物作为整体来拥抱。

　　正如玻尔所指出的，在经验主义的世界里，在对与错之间一定要依据事实和理智做出抉择。如果我们面前的问题是去识别一棵特定的树是橡树还是枫树，我们能够以十足的信心验证它的系谱。它绝不可能既是橡树又是枫树，某些根据经验做事的人就可以揭示出它属于何种树了。

　　但是，玻尔也同样肯定了另一认识领域，这就是深刻的真理领域。在这一领域里，分离的逻辑会误导我们。如果我们想了解什么是本质的，我们就必须放弃那种割裂地、片面地思考问题的方式，重新开始全面地思考问题。

　　深刻的真理——而非经验主义的事实——才是构成悖论的原料。但是深刻的不一定是异己的或深奥难懂的。我们每天都遇到似非而是的深刻真理，仅仅因为我们是人，因为我们自身就是悖论。事实上，呼吸本身就是一种悖论的形式，它需要通过不断地吸和呼来构成整体。

　　本书的头两章都只能被表述为悖论式的有关教学的普通原理：

　　●我从30年教学生涯中获得的知识，就是每一节新课开始，我都觉得自己还是个新手。

　　●我的内在的、隐形的自身认同感，也只有在与外部可见的"他者"相遇，从而证明其自身时，才被人知晓——甚至被我自己认识。

　　●好的教学来自自身认同而不是教学技术，但是，如果允许我的自身认同指引我完成一个完整的技巧，技巧能够帮助我更充分地表达我的自身认同。

● 教学总是发生在个人和公众交汇的地方，而且，如果我想要搞好教学，我必须学会站在对立事物的交汇点。

● 智力工作伴随感情同时存在，所以，如果希望开启学生的思想，我必须同时开启他们的情感。

在这些真实的悖论关系中，没有一样可以用简单的非此即彼的方式进行教学。然而在学术文化里，我们仍然竭力地这样非此即彼。当我与全体教员谈论学生们把恐惧带入教室的事，这种恐惧是怎样麻痹了他们的学习能力时，通常一些批评家就会说："因此，你就希望我们不做教授，而是成为临床治疗专家？"

不，那并不是我所期望的。我所期望的是比二元的思维允许的更丰富、更似非而是的教与学的模式，一种揭示了思维与感情的悖论是如何被契合的模式——不管悖论是否令我们感觉不自在。

上述批评家评论的潜台词是，我们被训练得没有能力把我们的学生和我们自己的心灵与思想视为一个整体。作为教授和作为治疗专家这两者不能被分离看待。一个人是健康的、完整的，他的头脑和心灵就是一个整体，而不是非此即彼、相互分离的，在教学中尊重这种对立的统一可能促使我们更完整。

当事物陷于分离

我们带着天生的对立统一的本能来到这个世界，后天才被训练得分离认识事物。观察一个幼儿一天的生活，你会看到，活动和休息、思考和感觉、流泪和欢笑怎样成了他亲密的、不可分离的伙伴。

在一个小孩子身上，对立面伴随着动物性的呼出与吸入的运动，从而彼此融合与联手创造，但是，对悖论的轻松接受不久就被轰走，在尚未成人的人生旅途的早期阶段，我们受到的教育是，生存依赖于我们肢解生活并辨别其中各部分的能力。

区分的能力是很重要的——但只有在不会让我们陷入困境的时

候。一个小孩必须学会区分冷与热以防受伤害；区分对与错以防伤害他人。但是，在区分会使我们陷入困境的领域——当我们步入成年，在思维与情感、自我与专业、阴暗与光明之间进行区分而陷入各种困境时，同样重要的是我们必须保持、恢复这种接受悖论的能力。

我们如此本能地分裂悖论，以至于我们无法理解为习惯所付出的代价。悖论的两极与电池的两极相似：把它们组合在一起，它们就会产生生活的能量；把它们分离，电流就会停止。当我们分离了生活当中涵义深刻的相对立实体中的任一方，实体双方本身都会变为没有生气的幽灵——我们也变得毫无生气。把生活深层的悖论相分离，同样会影响到我们的智力、情感、精神性的幸福，就像只吸气不呼气会影响我们的身体健康一样。

想想我们既要和群体在一起，也要独处的自相矛盾的需要吧。人类本性就适合于建立各种关系。没有一个丰富的、滋养我们的关系网，我们就会枯萎和死亡。我不是打比喻性。缺乏关系的人比被家庭、朋友环绕的人更容易得病，而且恢复得更慢，这是临床事实。

与此同时，我们天性也需要独处。在各种关系中我们的生活可能是丰富充实的，但是人的内心保留着封存的秘密，没有其他人可以进入或者了解。如果我们未能拥抱我们最终的孤独，而只是在与其他人的交流中找寻生活的意义，我们就会枯萎、死亡。他人的导向在某些生活阶段以某种角色出现可能对我们很有用，但是，我们向内心隐秘的本质探索越深，就越熟知我们必不可少的孤独而处之泰然，以保持身心健康、完整。

我们对孤独和群体的需求是一样的，这两种需求彼此对立，构成了一对很大的矛盾，一旦被拆开分离，原本都赋予生命活力的两种存在状态就蜕变为无生气的幽灵。与群体相分离的孤独不再是丰富的、有满足感的内在体验，而是变成了寂寞，一种可怕的与世隔绝。与孤独相脱离的群体也不再能滋养一种联系网，而是变成人群，变成聚集了很多人发出众多噪音的疏离的人群。

正如潘霍华（Bonhoeffer, D.）所言，"让不能孤独的人提防群体；

让不合群的人提防孤独"③。在一种把一对矛盾相分离的文化中，许多人对于孤独与群体之间丰富的辩证关系一无所知；他们仅仅知道日复一日地挣扎于寂寞与人群之间。

我们甚至还有训练人格的技术使这种挣扎更激烈！我在思考我们自己正在使用或者误用的、把我们自己区分为不同的人格"类型"的心理学测验。我是"内向型的"还是"外向型的"，"内部定向型的"还是"他人定向型的"，"直觉型的"还是"感觉型的"，"适合群体型的"还是"适合竞争型的"呢？我们把自己放在非此即彼的盒子当中，或者被其他人放在那里，却未能拥抱人类自身的辩证的本性。

我们所认识的教育世界充满了被分离的悖论——还有毫无生命的结果：

• 我们把头脑和心灵分离，其结果是：头脑不知道如何去感知，而心灵不知道如何去思考。

• 我们把事实与感觉分离，其结果是：如今使世界冷漠和疏远的冷酷事实和把事实降低成跟着感觉走的盲目情感。

• 我们把理论和实践分离，其结果是：理论跟生活无关，而实践也未得益于理论。

• 我们把教与学分离，结果是：老师只说不听，学生只听不说。

辩证式的思考需要我们接受与对立面相联系的世界观，以便我们能够清晰完整地看待世界。这一观点既不带有冷眼旁观的现实主义也不带有天真的浪漫主义特征，而是两者创造性的综合。

结果是，相比由非此即彼的思考方式所塑造的简单——一种造成毁灭性迟钝的简单，世界要更复杂和更易混淆。当我们整体地思考世界，我们在世界中开拓了生命力，也在我们的学生和自己身上开拓了生命力。

自我的局限和潜能

悖论原理不仅仅是一种抽象的认识方式。它是一面透镜，透过它，我们可以对促成优良教学的个性与人格有更多的认识。

在教师工作坊中，我请全体教师通过悖论的透镜观察他们自己的课堂教学实践。我请每一位教师写一篇短文，简要描述最近的两个教学片断：一个是课上得如此精彩，以至于你认为你天生就适合教学；另一个是课上得如此糟糕，以至于你希望你根本不曾降生。

铭记这些片断是探索真实的教与学的悖论的第一步：同一个人可能在第一天课上得很精彩，第二天却教得一败涂地！尽管我们通常都是以一种宿命论的、自嘲的方式接受这种悖论，在这种练习当中，我们要求把它作为认识自己的源泉来认真对待。

接下来，我请老师们三人一组，集中讨论正面的例子，协助每组成员挨个找出他/她的才干和强项——也就是说，成功的课例是真实的学习经验，让老师从成功的课例中找出自身有助成功的长处和能力。

正像我打算尝试的那样，以书面形式进行这种练习，并不像面对面交流那样动人。因为，无论什么道理，都比不上教师彼此之间确认的机会，而我们平时又很少这样尝试，因此，我希望为老师们提供彼此确认的机会。这个练习不仅帮助我们把自己当作悖论来理解，而且也同样能够加深同事间合作的感觉。

这里有一个我自己教学经验的片断，那时我在阿巴拉契亚的一个小学院，这个学院的同学们基本上都来自经济萧条的地区：

> 在下午一点的四年级研讨班上，我们阅读了贝拉（Bellah, R.）和他的同事合写的《心灵的习性》④一书，在阅读这本书之前，我已经在课堂上概括了其要点。这次阅读，我想要大家理解这本书的主旨，即表现个人主义已经取代了群体和传统这一现实——这一论点很大程度上是根据北部城市的数据，我也想用阿巴拉契亚学生们的经验来验证这一论点。
>
> 我要求他们，首先在小组中，由焦点问题引导，然后在大组中，由我来引导——去探索他们已经被教授的，以及他们确信的"自由"（这是在《心灵的习性》一书中探索的个人主义的关键

要素之一），尤其是"摆脱……获得自由"和"做……的自由"的问题。小组讨论看上去非常活跃，而在大组当中，超过四分之三的学生参与了一场坦率而生动的讨论。

他们大多数都讲述了同一种情形：关于"摆脱……获得自由"的问题，他们希望摆脱诸如不健康的家庭联系、狭隘的宗教信仰，以及有偏见的团体等而获得自由。关于"做……的自由"的问题，他们希望有成为他们自己的自由，有为他们自身作选择、表达他们自己甚至"自私"的自由。他们的评论似乎跟《心灵的习性》的主旨完全吻合——然而我觉察到，他们生活中有更多的东西，非他们能够或愿意说清楚的。

然后，其中一个学生——一位颇受欢迎的年轻人，以宗教信仰和仁慈的精神而著称于校园——找了个理由来讲述（我没有记住是什么理由）一件事：他在那一学期初曾经被错误逮捕，警方说他贩毒，其实是弄错身份抓错了人。由于他的为人，再加上那令人啼笑皆非的逮捕，故事非常滑稽，人人捧腹大笑，直到我提出一个问题："你怎么不去告警察局抓错人？说不定你一下子发财了！"

这个学生解释的时候，整个课室都安静下来。他说，他决不会去控告，他只是为他被弄错的身份最终得到澄清而感到庆幸。然后，他为警察局辩护和辩解道："每一个人都会犯错误的"。几乎所有学生立刻表明，他们赞同他的道德立场。

对这一探究，我穷追不舍："让我们真实地剖析一下你。你说你认同个人主义和利己主义，但是在内心、在这一切表象的后面你有如此强烈的群体成员意识，那使你情愿原谅警察局所犯的错误，而不想法从中捞钱。《习性》的作者所提到的利己主义观点被群体观念所感化。如果你是典型的个人主义者，那天晚上就会雇佣一个律师，而且在第二天早上就会提出指控。"

讨论当中，班级成员们看起来都感到这是有趣而富于真知灼见的，而且他们同意个人主义和集体主义的这种混合是对他们很好的描述。我深有感触地总结，我们一起完成了两件事情：更深入地理解了这本书和更深入地认识了学员们的生活。我还意识到了下一步该努力探索什么：为什么他们宣称自己是个人主义者，实际上却本能地实施集体主义行为？

我究竟拥有哪些才能，从而帮助我实现了上述过程？在这里，回答这一问题看上去可能有一点自我表功。我仅请求你在读了我的第二个例子之后再进行判断。其后就会清楚地看到，这一切不是归功于我，而是归功于我的才能！

下面就是其他老师在工作坊中听完我的例子后认为我拥有的能力和强项：

• 在计划和引导工作坊两方面都具有灵活地把组织结构与意图结合起来的能力：阐明我的目的同时又开放地接纳各种达到目的的方式。

• 让我的学生彻底了解我分派的素材，并承诺我也会帮助他们掌握素材。

• 我有诚意帮助我的学生在学术性文本和他们自己的生活之间建立起一座桥梁，以及为达到这一目的探讨策略。

• 对于学生们的故事和我分派的学术性文本同等地尊重。

• 我具有比学生自己更加清晰地认清他们生活的能力，有超越他们最初的自我陈述看清事物的能力，还有一种帮助他们更加深入地看清他们自己的渴望。

• 提出好的问题以及仔细倾听学生反映的才能——不仅对他们所说的，而且对他们忘记说的都能够做出反应。

• 愿意冒险，尤其是愿冒开放性对话的风险，尽管我根本不知道这种开放性对话将把我们带向何方。

得到如此的肯定，就好像得到这种信息：这些就是足以使我受欢迎的原因。但是，产生这种效果的还有另外两个重要原因。首先，意识到我们的才干和能力可能帮助我们更始终如一地出自我们的自身认同和完整进行教学。对于我们当中的许多人来说，承认我们的能力是困难的，或者是因为我们的谦虚，或者是因为不愿冒"枪打出头鸟"的风险。但是当我们注入教学中的能力没有被认识到，而且不受尊重时，我们就很容易倒回到占主流的教学中去，即使这种教学几乎不能和我们本来是什么样的特性相联系。

第二，当我们连和别人一起反省教学都觉得痛苦、毫无乐趣时，我们就需要消除恐惧、恢复信心去进行下一步。面对失败总会感到难受，但是，有了我们才能和优势的背景支撑，这一切就变得容易了，甚至可以很有收获，希望正如一会儿我将展示给你们看的那样：我们利用对矛盾事物的认识，把一连串的失败转化为对自身认同的更深入理解，而自身认同是优秀教学之源泉。

现在说我的第二个例子。它来自同一所学院，同一个学期，而且是同一课程，但不是同一节课，——这正好验证了这一真理：你不可能两次踏入同样的河流之中！

对于我下午三点的四年级研究课，从一开始我就有不安的感觉：有相当多的学生对我们正在做的事情表现了怀疑、冷漠的态度，抱定了要得过且过。无论我怎样努力，他们全部的情感状况都似乎是从无聊到闷闷不乐再到沉默，每况愈下。

特别是三个女孩做出初中生的行为，来回传纸条，完全不理会我派发的讨论材料，无论我讲课还是讨论，她们只顾聊天，对我和其他同学的批评只是滴溜溜转动眼睛，以及诸如此类的小动作。整堂课都让我烦恼，这三位成了我的眼中钉。

几节课以后，我对全班说，我不满意上课状况，我指出我感觉分散上课注意力的行为，请大家告诉我，我需要做什么改变，如果不需要我改变，那么大家就参与、投入我们正在进行的活动中。没有人就改变提任何建议，而随着时间的推移，有些学生勉强地较多参与到课堂活动中，但三人帮继续我行我素。

于是，一天下午，正巧在校园遇上她们，我在教室外和她们面对面顶起来了，用"顶起来"描述我说话时的愤怒并不过分，她们回应我的是告知三件事情：（1）我不该"如此针对个人地上课"；（2）我犯的错误是强行不同意她们中的一位在班上说的某些事而惹得她发怒；（3）她们是毕业班学生，厌倦了学院的必修课，我那门课就是其中之一，她们甚至开学前就决定不修这门课了。

所有这些更增添了我的愤怒，所以我坚持要她们向我道歉，直到有一位道歉了。这时，我为我的愤怒抱歉（我意识到那是过分的，因为我已经对她们三个人耿耿于怀了），我提议我们尝试恢复正常关系。这几个女孩同意试试——或许是为了使我不再发脾气。

那次交锋之后，三位女孩中有一位确实对这门课做了一些实在的贡献，但是其他的两位——尽管她们停止了不良行为——仍然表现闲散。整门课是枯燥的和令人心烦意乱的，而我只是想完成整个过程。我已经发现我在这组人中头晕脑涨，而且不再有任何希望恢复正常，仅仅是因为我已经降低了对任何一次课的期望：我在课堂上靠放弃来维持平安无事。我憎恨以这种方式教学或生活，但对付这个班似乎只能这样。

我已经多次重新回味和体验这一痛苦的插曲。它引起我如此多的痛苦和困窘，以至于我总是想快点跳过这场惨败，问询一个自然而然的问题："我能够做些什么不同的事情使结果更好些呢？"然而，在工作坊中指导这个练习时，我坚持让参与者避开这个问题，就像躲避瘟神一样。

这一问题之所以是自然的，仅仅是因为我们在自然地以这种方式逃避：通过太快地提出这种问题，总想尽快跳出痛苦，进入到技术性"修整"中。带着诸如这般痛苦的经验并且立即跨入"实际的解决办法"，这是在逃避对一个人自身认同的反思，这种反思在我们敏感、脆弱的时候总是袭上心头。然而，只有当我们愿意更深入地反省那些易使我们受伤害的动态过程，我们才会对我们的身份有深刻的认识。

诚然，最终总是要提出实际解决方案，但是，理解我自身的独特身份却是找到新的教学方式前的关键一步。如果教师不是扎根于自己的本性，对任何人采用任何不同的方式，都是新瓶装旧酒而已。

所以我请小组把第二个案例当作一对特殊的矛盾看待，一个人拥有的每种才能都伴随某种缺憾。每一个优点也是自身独特性的一个缺点，一种局限，或是自身认同的独特景观。这个优点或强项在某些环境条件下对我们和他人都有用，但不是永远都有用。如果我的天赋是有很强的分析头脑，这明显有利于我处理理性问题；但如果面对的问题是与他人情感的纠缠，又用分析天赋去分析化解情感问题，这时，与分析能力相伴随的缺点很快就暴露出来了。

对于我们所找出的才能局限该怎么办呢？要点是不要"修修补补"，而是更深入地理解天赋和缺陷的悖论，更深入地认识我们自身混合体的本质，从而在我们自然本性的完整中更体面地教学和生活。

当我和教师们一起研究我的第二个案例时，只要他们能够避免把它视为"修补"模式，我总会从我的教学中学习到重要的事情。最重要的是，我了解到我作为老师的天赋是与我的学生共舞的能力，是共同创造我们大家都能够亦教亦学的脉络情境，而且，只要我对学生本性保持开放、信任和期望的态度，就可长久发挥这种天赋的作用。

但是，当我的学生们拒绝与我共舞时，我的优点就变成弱点了。我变得愤怒，尽管出于情面我能控制住自己，没让这种情绪一股脑爆发。我对他们的不配合心怀怨恨，而且开始踏我的不情愿的舞伴的脚趾，偶尔还会踢到他们的脚踝。我很快变得封闭、不信任和绝望，仅仅因为他们拒绝了我的才能。

我不愿去学习那种陌生的、纯粹是为迎合那些不想跟我联系的学生的教学方法：分离的教学违背我自己的自身认同和完整，只会使得情况更加糟糕。于是，我想学习如何整体把握我自己独特身份中相矛盾的两极，拥抱那深层对立的真理——我的自我意识深深依赖于我的舞伴，同时，即使没有人想与我共舞，我也仍然拥有自我。

上述句子中，使用"**同时**"比用"**但是**"更准确，因为它表达了一个真实的悖论。我的自我意识如此深深地依存于他人，而且我总是在被别人拒绝与我联系时感到有些难受，没有什么途径能够绕过这简单的事实。但是，同时，关系失败时我仍然拥有我自己——我经受的痛苦就是其明证。

我需要记住，我有时在教学中经历的痛苦和顺利与学生共舞时感到的喜悦一样，都是自我活跃和完满的一种迹象。如果我记住了这简单而深刻的真理，我可能更靠近我的才能，更进一步远离了强压愤怒的状态，更可能以对我和我的学生双方都适合的方式教学。

我在教学中出现这种低谷的根源不是技术的失败——尽管此刻有技术可以帮助我，而是自我否定感，甚至是自我毁灭感。当我的学生不愿意帮助我实现我的本性时，这种自我否定或自我毁灭感就来临了。

我知道，从理性上说，如此露骨地剖析教师的自我是令人尴尬的。让他人，尤其是学生来帮助我充分认识和发挥我自己，这种设想是多么天真——说得好听一点是天真，说得不好听就是傲慢。但是，当时，随着课堂状况的化解改善，这样设想的确解决了我的问题。而且，作为自我成长的教师，我要直面这类难堪的事实。

要成为一名更好的老师，我必须养成一种既依赖又不依赖于他人反应的自我感——这是一对真实的矛盾。要学好这一课，我必须进行一次孤独的旅行，深入探索我自己的本性。同时，我寻求他人的帮助去认识真正的我自己——这是充溢在内心世界的许多悖论中的又一对矛盾。

悖论与教学设计

悖论原理不仅对自我的复杂性以及自我的潜能具有指导意义，在考虑课堂动态的过程中，在把握课堂教学环节的教学空间设计中，悖论原理也都起着指导作用。

我用"空间"这个概念表达了综合许多因素的复杂含义：物质的空间安排和我们对它的感受。围绕学生和我正在探索的主题所建构的概念框架，我期望达到的情感气氛，引导我们进行探究的基本规则。

最适合我工作的空间就是由一系列悖论所形成的那种，而且我认为我知其所以然。教学需要我们拥有比一般意识水平更高的意识水平——当我们被一种创造性的张力感染时，这种意识水平总会被提高。悖论就是这种张力的别称，是整体把握对立面的一种方式，是创造某种保持我们警觉的电荷。不是所有优秀的教师都使用同样的技术，但无论他们使用什么技术，总是在寻找途径引导这种创造性张力。

进行课堂教学环节的教学设计时，我意识到有六种我想融入到教与学的空间中去的悖论张力。这六个悖论既不规范也不详尽，仅仅是我个人的观点，提出它们是要说明悖论原理如何有助于教与学的设计：

1. 这个空间应该既有界限又是开放的。

2. 这个空间应该既令人愉快又有紧张的气氛。

3. 这个空间应该既鼓励个人表达意见，也欢迎团体的意见。

4. 这个空间应该既尊重学生们琐碎的"小故事"，也重视传统与纪律的"大故事"。

5. 这个空间应该既支持独处又随时有群体的资源支持。

6. 这个空间应该沉默和争论并存。

我想就每对悖论的涵义解释几句。然后，为了把悖论和读者都从抽象的僵死观念中解救出来，我想探索一些实际的方法，以便上课的教师把这些观念带入生命之中。

1. 这个空间应该既有界限又是开放的。围绕教与学空间的界限是由我们经常关注的教材中的问题、文本、资料包等确立的。在这个界限内，学生们可以畅所欲言，但是他们的发言总是被老师以及相关的资料引向主题。那些资料必须是清晰的、激发兴趣的和有强烈吸引力的，以至于学生们很难游离主题——即使这些资料使学生们感到混乱、恐惧以致想逃避的时候也这样。没有界限的空间不是空间，只是一种无序的空旷，在这种空旷里不容易出现真正的学习。

但是，空间之所以成为空间，是因为它在有界限的同时必须又是开放的——向与真正的学习相伴随的探索精神开放，向很可能导向发现和惊喜的许多路径敞开。如果说界限是让我们意识到我们的旅程有个目的地，开放则提醒我们：有多条路可以让我们到达终点。再深入一点，学习空间的开放提醒我们，将要到达的终点可能不是我们在行程之初计划要到达，因此，对于共同行进过程中显现的真正目的地的线索，我们必须保持敏感。

2. 这个空间应该既令人愉快又有紧张的气氛。开放的空间是一种解放，但同时又增加了在未知方向中迷失的恐惧，所以学习空间一定要令人愉快——既开放又吸引人，既自由又安全、可信赖。空间的界限为此提供了一定的保障，但是，当这些界限使我们逗留在困难的论题上，就需要更多的保障。所以学习空间必须有这些特征：有休息的空间，有补给营养品的空间，甚至还有当某人感到锋芒过露时可以藏身的空间，以便帮助学生们处理教育探险行程中的危险。

但是，如果这种探险把我们带到某个地方，这个空间就会有紧张的气氛。如果学生们愿意在最深入的层次上学习，他们即使睡觉也不会那么安神，他们需要感受在探索世界和内心的深层奥秘时固有的风险。这种紧张的气氛不需要任何特技去营造，它是伴随我们的研究领域而来的。我们只需要捍卫这个空间，用重要的论题填充它，拒绝让任何人逃避它或使它变得肤浅。

3. 这个空间应该既鼓励个人表达意见，也欢迎团体的意见。如果一个空间要有利于学习，它必须鼓励学生们找到自己真正的表达机会，无论他们表达意见的方式是否被别人认可。当学生们不能表达自己的想法、情感、困惑、甚至是偏见的时候，学习是不会存在的。实际上，只有人们能够说出自己的想法，教育才有机会产生。

但是，教学空间应该不只是个人表达意见的论坛，还应该是一个团体意见被综合、被完善的地方。团体可以肯定、质疑、挑战、纠正个人的意见。教师的任务就是倾听，并且一次次地把团体形成的智慧思想回馈给团体，以便大家都可以听到甚至改变团体已有的思想。

有关个人意见和团体意见的悖论，可以在一致赞同型决策的课外例子中得到清楚说明。在这个例子里，只要有一个人有不同意见，就不能做出决定，所以团体必须学会仔细地倾听个人意见。如果一个团体意见是通过诚实的对话得来的，团体会对每一个人声明，让大家既不要随波逐流也不要目中无人，而是仔细地寻求并在深思熟虑后说出我们的真实想法。在这种由悖论形成的学习空间里，学生们不仅学会了课程，也学会了表达他们自己有关课程的思想，学会倾听新出现的、可能影响他们的观念和信仰的团体智慧。

4. 这个空间应该既尊重学生们琐碎的"小故事"，也重视传统与纪律的"大故事"。一个学习空间不应该只是被抽象的概念充斥，以至于没有空间留给那些充满灵气的真实故事，这些故事虽小，但却伴随着学生们的成长。学习空间应该有足够的位置容纳一些个人的小故事，容纳学生个人体验到的、内在的心灵导师发挥了作用的故事。

但是，当你的或我的小故事成为我们唯一的参考点，我们就很容易在自我陶醉中迷失。所以在学习空间中也必须强调有关准则的"大故事"——这些故事在广度上涵盖一切，在深度上揭示规律，这些故事给个人的故事限定了理解框架，帮助我们理解个人小故事的含义。我们应该帮助学生学习用尊重的态度留心聆听这些"大故事"，就像我们尊重他们向我们讲述自己生活中的故事时一样。

5. 这个空间应该既支持独处又随时有群体的资源支持。学习需要独处——这不仅是在学生需要时间单独思考和吸收学习内容的意义上提出的，而且是在应该尊重和不干扰他们内心自我真实完整的更深层意义上提出的，如果我们希望学生们学习，就要提供学生独处的空间。学习也需要共同体交流——在对话的交流中，我们可以发现我们不知道的地方，我们的想法可以被检验，我们的偏见也会受到挑战，同时我们的知识面也会拓展，通过交流，我们不再只是独自思考自己的想法。

但是，现在对于团体存在着一些只讲外表形式、有悖常情的曲解，那是有损深思独处的，是不尊重个人的内心世界并且侵犯精神领域的。如果团体的标准设定为（无论多么巧妙地设定）每个人都必须说话，或者必须用同样的声音说话，意见和分歧都会被抑制，个人的独处也会受到侵犯，也就不会出现任何学习了。

一个值得信赖的学习共同体不止是能够容纳独处，让学生们充分实现内心的导师所教导的东西才是最基本的。我们在这个敬重灵魂奥秘的共同体中互相帮助，超越障碍，明察辨别。教师给予我们滋养和保护，再加上一定的感悟力和安全保障，一个学习共同体就能帮助我们发现通往我们生命内部真理的通道或障碍。

6. 这个空间应该沉默和争论并存。文字在教与学中不是唯一的交流媒介——我们也可以用沉默教学。沉默为我们提供了一个机会，反思我们说过的话和听到的信息，而且沉默自身也是一种表达，是从我们自己、从其他人、从这个世界的最深处呈现出来的表达。

心理学家指出，一个典型的群体可以忍受 15 秒钟的沉默，然后才会有人觉得需要通过讲话来打破紧张的气氛。这是我们的老毛病恐惧在作祟：以为出了错大家才沉默，认为打破沉默也无济于事。但是，在真正的教育中，沉默是学生需要内心世界工作时值得信赖的母体，是适合更深层次学习的一种媒介。

这六对悖论加在一起就是完整的教育学——是理论上完整的教育学。但是，为什么看起来像是实践中的教育学？我想就这个问题再做一点补充：在教学中我们所遵从的不是一个固定的模式，而是教师考虑怎样以自己的工作方式将这六对悖论结合在一起。

悖论原理有助于任何教师领悟自己的自我和构建所有教与学的空间。但是，我将要描述的个性教育学显现在这种能包容不同于你自己独特性的自我中。对我们所遵从的原则说"是""不是"或"可能"，你会发现一些适合自己的真实可靠的教育源泉。

课堂教学中的实践悖论

为了说明这六对矛盾是怎样在课堂教学中贯彻实施的，我想详细研究刚才描述的第一个案例——第二个个案要求我充分意识到必须谦逊！当我坐下来计划如第一个个案所描述的教学环节时，我是以第一个悖论开始的：学习空间应该既有界限又开放。为了说明这个原则，我翻到了当时在课堂上阅读的文本——《心灵的习性》。

一篇好的课文既包含开放性也包含界限——界限是由一系列清晰又引人入胜的论题构成的，而开放性来自于以反省思维的方式探索这些论题。通过选择这样一篇文本并使自己沉浸其中，我经常能够获得一种我想在课堂中营造某种学习空间的意识。所以我回顾这些围绕着《心灵的习性》的论题，最终选定美国人信仰自由作为我开始进行的论题。

但是，从文本中寻找教育的线索并不意味着对它盲从；我听过（或上过）如此拘泥于文本的、最索然无味的课，使人觉得我们还不如待在家里。我认为一篇好的文本是那样一种，从根本上说是完好的，但又有着足够的未阐明的缺口——又一个悖论——它不能像菜谱一样被遵从。

学生们不会从一篇完美无瑕的、只提出正确问题并且都给了正确答案的文本中学会学习，但是一篇断断续续、含糊不清的文本却需要我们投入，提供给学生进入到他们自己的思想中去讨论和思考的空间，真正的学习就发生了。从一篇文本中提取教育线索，这就意味着不仅要寻找这篇文本能教给我们什么，而且要寻找我们能教给这篇文本什么。

对我而言，《心灵的习性》似乎是因它自身资料的某些缺口而让我青睐的。作者在与一小部分美国人访谈的基础上得出大范围上的结论。从我们阿巴拉契亚学院的角度来看，我意识到《心灵的习性》很少论及生活在贫穷中的美国人，对阿巴拉契亚贫穷的独特体验更是只字未提。

为了实践第一对悖论——学习空间应该即开放又有界限——我决定通过请学生把焦点集中在《心灵的习性》的自由画像上以确定界限，然后在学生们自己的体验基础上提出问题："这幅画有什么不对的地方？"使这个空间开放。（当然，当学生们围绕主题畅所欲言时又产生了清晰的边界，这使得提问方式本身就肯定了第一个悖论。）

　　凭着从学生们活跃的交谈中获得的生动数据，我肯定了第二个悖论中所提到的学习空间应该是令人愉快的这一论点。教室里宜人的环境不仅需要我们礼貌并关切地对待学生，还需要我们引领他们进行交谈，并使他们在交谈中有所领悟。好的主人不是只要礼貌待客就行——好的主人会设想客人有故事要讲。

　　第二个悖论要求学习空间既有紧张的气氛又令人愉快，在这里学生们既接受挑战又受到欢迎。我希望通过把自由提升为一个我想让学生反省的观念来营造这种紧张氛围，我知道自由是他们的生活中的一件大事：一些学生还在反叛家庭，还有学生觉得学校过度地约束了他们的生活。

　　所以我选择的核心问题——"关于自由，以往你接受的教育是什么，特别是'摆脱……获得自由'和'做……的自由'，以及现在你对自由怀有怎样的信念？"——我想这些问题可能会令学生们感兴趣，事实证明的确如此。它们引起了学生们的注意，在这个学习空间里，学生们从认知和情感上被如此深地引入学习空间，以至于他们逃避不了思索真正思想的挑战。

　　为了证明第三个悖论——学习空间应该既欢迎集体的意见，也鼓励个人表达意见，我是这样开始的：我给学生几分钟时间静静思考这个问题，大多数学生都需要安静地思考他们最好的想法。由于对大多数人而言，光是沉默使人尴尬不安，所以我让学生们把他们所想到的记录下来，让他们有事可做。然后，我尝试用含蓄而果断的方法把他们的思路集中到我们要做的事情上，对他们说："我一会儿告诉你们这些记录是用来做什么的。"

　　因为我的学生们不知道我是否会把他们的记录收上来并且给分评级（我永远不会这么做），或者要求他们在小组里使用他们自己的记录进行说明（最终我这么做了），所以，他们全都做了记录，"以防万一"。这只是个小小的但非常有意思的倒叙情节，闪现营造紧张的教育价值！

　　接着，我引导学生从个人意见逐渐转向集体意见。个人思考时间过后，我要求学生们用 10 分钟的时间在自己选择组成的三人小组中分享他们的想法，然后才进行大组间的对话。在小组中，每个人都有机会在一个相对可靠的环境中发言，经过小组认可的筛选，学生们在大组中更有可能说出一些有价值的想法。

当大组集合讨论时，支持第三对悖论的张力——即引导学生从个人意见转向集体意见——在很大程度上取决于教师促进而非指挥讨论的能力。一方面，教师要欢迎并肯定每一个人的意见，这并不意味着同意每个人所说的话，无论他们的话多么偏激，就像那些愤世嫉俗的人有时说的那样。通过留心听、澄清问题，以及在学生因抽象而迷惑时提供例子说明，可以帮助彼此最好地理解他或她正在表达的意思。

另一方面，这个**悖论**需要教师对可能在团体中出现的任何思维模式给予意见：直到教师给出意见之前，团体不会有统一的意见。这意味着仔细地倾听并留心掌握交谈的所有要点、头绪，最终能提出思考和询问的一个框架，"这是不是你说的意思？"当我向学生们提出前文案例中的问题时，我就是这样做的：在他们被问及自由理论时，他们声称的是自我中心；而在现实中面对两难困境时，他们又表现出集体精神和公共道德。

第四个悖论——我们应该既尊重我们生活中琐碎的"小故事"，也重视原则的"大故事"——这一悖论交织了我所描述过的所有教育活动。这个张力很难把握——不仅因为学术界不相信这些琐碎的小事，还因为这些小事都是学生们最感亲切的事情。如果给予放任，他们会躲藏到自己的小世界而逃避大的纪律约束。

尽管我们的小故事里包含了能够检验并纠正大故事的真理（就像我的学生们在阿巴拉契亚的体验纠正了《心灵的习性》里的大故事），教师也必须用大故事对小故事进行再构造。我用《心灵的习性》中的一些观念指出，我的学生们反对控告警察误捕，表明了公共的道德规范比他们自己主张的自由要强大许多，此时我便是用大故事对小故事进行再构造。

把握这个悖论的关键在于认识这一点：尽管学生们都能讲述自己

的故事，但是他们很少能意识到他们讲述的故事的意义。也难怪，当教育不把他们的生活当作知识的源泉时，他们怎能意识到他们讲述的生活故事的意义呢？想在所有的大大小小的故事交汇之处教学的教师，必须不断就学生不懂得如何做的地方做解释———一直到学生已经会"听了以后去表述"，且要常常这样做，直到他们学会解读自己的故事。

第五个悖论，即教学空间应该支持独处并用集体的资源作充分的支撑，通常是用在比喻的意义上。在大多数教育背景中，我们不能让学生在课堂上孤独地沉思。我们能做的是在我们围绕一个给定的命题逐渐形成一个集体的意见时，也尊重集体内部需要独处的心灵需要。

例如，我告诉我的学生们尽管我重视对话，我也肯定他们有权利表面上不参与讨论和交流———只要我能感觉到或偶尔向我口头保证，他们在内心参与了。默许不发表意见似乎是想召唤正常沉默的人们发表意见：当我们被赋予沉默的自由时，我们更可能选择参与。

尊重我的学生们心灵的孤独也意味着，当我听他们说话时，我得清楚我的问题把他们引进主题有多深的程度。有一些地方是人的心灵不想去的———至少是不想在众目睽睽之下。

在第一个案例里，当那个年轻人告诉我他被错误地逮捕的时候，我立刻知道我想问他什么问题，这个问题涉及自由与责任，在我们的讨论中肯定会出现："你为什么不因为被错误地拘捕而起诉警察？你可能会在一夜之间成为富人。"

但是这个问题很敏感，特别是针对贫困的背景。这很容易被听成这种话："你怎么这么傻呀？你白白错过了一个致富的机会。"所以在我提出问题之前，我先要问自己：这个学生能应付这个问题吗？我和他的关系达到了能使他不受伤害的程度吗？这隐喻了对学生独处的保护：在引出整件事真相的同时，不侵犯他或她灵魂的敏感处。

第六个悖论包含了创建一个既欢迎沉默也鼓励表达的空间。在我研究的那节课上，讨论很多，但只有一小阵沉默，即当我要求学生们对我提出的问题集中他们的想法并做记录那一小段的沉默。这是一个很有价值的间歇。但是我最感兴趣的沉默却出现在讨论过程中的沉默、观点形成时的沉默，或一个问题提出但没有引起即刻回应的那种沉静。

时间一分一秒地过去，空间愈发寂静，我对于沉静的价值的信念也在经受考验。正如大多数人一样，我习惯于将沉默视为某处出了错的征兆。我是拿薪水的课堂教学事业的领导，我靠职业责任的操守而过活，所以在沉默中我的价值观和能力都面临着考验：我是一个有错必纠的人——通过说话来纠正错误。恐慌使我贸然下结论：是我刚才提出的观点或问题把学生吓呆了，或者让他们感到厌烦，我应当使他们活跃起来，开口说话。

但是，也许我的惊慌误导了我，使我太快地得出错误的结论；也可能我的学生们既没给吓呆也非不屑一顾，而是向深层挖掘；还可能他们不是无知或者愤世嫉俗，而是有足够的智慧认识到这是需要思考的时刻；更可能他们并非在浪费时间，而是更深刻地思考、学习。然而，事实是，我把他们的沉默当作出了问题，从我自己的控制需要、而非学生的学习需要出发对其沉默做出反应，我错失了所有这些可能的机会。

即使我乐观的解释是错误的，有一点是不争的事实：在我打破沉默的那一刻，我阻止了所有真实学习的机会。当我的学生们知道我总是把自己的想法灌输给他们的时候，他们怎么会静心思考他们自己的想法呢？

实践我刚刚描述的悖论的具体方式也许跟我的自身认同有关，而不是跟别人有关。但是在课堂上实践悖论并非仅限于我教的各学科或学生。

我曾经在中学的实验室工作过，在学生们挨个观察显微镜，然后集中起来，就他们看见的东西及其意义寻求共识时，对个人意见和集体意见的悖论在这一过程中得到实践的检验。我认识的一些小学数学教师，他们懂得这一悖论：要了解数学神秘的力量，必须营造令人愉快的氛围，特别是一些女孩和少数民族学生处于认为他们数量思维能力差的文化中。我观摩过大学的文学课，在这些文学课上，当教师通过联系学生们耳闻目睹的家庭戏剧性事件帮助学生们理解《李尔王》中家族的戏剧故事时，大故事和小故事就呈现在悖论的张力中。

悖论原理没有提供与教学对应的理论。但如果这个原理适合真正的你，它就能对任何水平的教育以及任何学习领域提供指导。

把握对立的张力

把握好悖论的张力以便学生们能在更深层次学习，是搞好教学最困难的一环，我们应该怎样做呢？

想象你自己在教室里。你问了一个框架很好的问题，随之而来的是一片沉寂，你就等啊等。你知道你应该再等等，不要急，但是最终你觉得无助而失控，于是你怀着焦虑、愤怒、专断等复杂感情回答了自己的问题。带着这些情绪只会使事情变得更糟。然后，你眼睁睁地看着沉默营造出的学习的开放性化为乌有——而且教学越来越像头撞南墙瞎跑。

这一情境对把握任何一种悖论（不只是沉默和表达）都指明了一个简单的真理：整体把握悖论的立足点在教师的心里，我们无力去把握它不是因为技巧的缺乏，而是因为我们内在生命的缺失。如果我们想在悖论的力量下教与学，必须接受心灵的再教育。

当我们被拉向两极、感受到这种紧张时，我们尤其需要教导我们的心灵以一种新的方式去理解它。在舒马赫（Schumacher, E. F.）的经典作品《小即是美》里，我们找到了这种理解的线索：

> 通观我们所有的生活，我们都面临调和对立或矛盾的任务，但是从合乎逻辑的思想来看，这些对立或矛盾又是不可调和的……怎么能够使教育的纪律和自由的要求调和呢？实际上，有无数的母亲和教师都在做着这个工作，但是没有一个人能够写出一个解决办法来。他们的做法是这样的：带入一种更高层次的、超越了对立的力量——即爱的力量……如此，有分歧的问题促使

我们自己努力提升到高于我们自己的层次；它们既要求又激发来自更高境界的力量，从而就给我们的生活中带来了爱、美、善、真。就是因为有这些更高层次力量，对立的事物才能在我们的生活环境中得以调和。⑤

舒马赫的话帮助我理解了这一点，当我们尝试整体把握悖论时，所降临的那种张力并不是要固执地把我们撕裂。相反，它是一种让我们的心胸比自我更广阔地敞开的强大力量。紧张总是难受的，有时甚至具有破坏性。但是如果我能与它欲达之目标配合而不是抗拒，这种紧张就不会让我心力交瘁——反而会使我的心胸更开阔。

舒马赫就这个论点的解释是很棒的，因为它对我们通常的体验而言是真实的：每一个好教师、每一个好父母都在某种程度上学习在自由和纪律的悖论中协调平衡。我们希望我们的孩子们和学生们都成为能够自由地思考和生活的人，然而同时我们也知道，帮助他们成就这种自由需要我们在一定的环境下约束他们的自由。

当然，我们的孩子们和学生们不明白这个道理！当我13岁的孩子宣布他不再参加宗教仪式，或者一个学生提交一篇论文，题目不是我布置的，我立刻进入紧张的状态——没有规则告诉我这时刻是适合自由还是适合纪律的，或者是两者兼而有之的某种魔法。

但是，好教师和好父母每天都在地雷阵中探路，让这种紧张促使自己向越来越广博的爱敞开心胸——这是一种通过超越我们自己内心的紧张、为了学生和孩子们的最大利益来解决这些所罗门式的两难选择的爱。

跟一切深刻真理一样，这种爱深含一对悖论。舒马赫说，好的父母或教师是把爱的超越力量具体表达出来，以解决有分歧的问题产生的紧张。然而他也说解决这种问题需要超越我们自身的爱的支持，这种爱是被这种紧张的状态本身激发出的。如果我们将这些悖论综合在一起，我们自己的爱是绝对必需的——并且我们自己的爱永远都不够。在紧张的状态存在的时候，我们必须忍耐，尽我们所能聚集各种爱，直到真正的紧张把一种更大的爱带入教育情景中。

我们必须体验忍耐的另一种状态，直到一种更大的爱出现：那就是受难。除非我们愿意承受对立事物的张力，除非我们懂得，我们既不能回避受难，也不能仅仅要求幸免于难，而应该积极地拥抱这种开阔我们自己心胸的方式，否则我们不能利用悖论的能量教学。

如果没有这种包容，受难的痛楚总会引导我们过早地消解这种紧张，因为我们没有理由去忍受这种痛苦。我们会在沉静的教室里自问自答（这又造成了更多的沉默）；我们对不同意见居高临下的干预打乱了我们的学习计划（即使我们说我们是欢迎问题的）；我们会惩罚那些跑题的学生（无论多么有创意），把他（她）拉回到预定的主题上来。

当我们忍受不了通往更高境界的磨难时，我们就不能在最深的层次教导我们的学生。我们把握住对立的张力，把探究的大门敞开，吸引学生进入一个我们能共同学习的领域。

具体怎么做不是个可以回答的问题，因为它是教师心领神会并操作的：把握对立事物的张力在于存在的本质，而不在于怎样做。但是里尔克的一些话可能会有帮助。这些话没有为接受磨难提供技巧，因为这种技巧根本不存在。但是，这些话给我们提供了希望，只要我们努力，总有结果。

这些话摘自《给年轻诗人的信》，里尔克像一名教师一样写作。他收到了许多礼貌但苛求的信件，这都是一个仰慕里尔克作品的初学者写的，他想就怎样追随里尔克的事业道路寻求忠告。里尔克不仅花费时间回答他，而且怀着极大的宽容回答他。

在一次通信中，这位年轻的诗人向年长的里尔克提出一个接一个迫切的问题。里尔克用这个忠告回应："要耐心地对待心里所有尚未找到答案的问题，要尝试去喜爱这些问题本身……不要急于得到答案，因为你还没有经历过，所以不能给答案。关键在于去体验一切。现在就去体验问题。渐渐地，不知不觉地，体验了一些日子以后，答案就会出现。"⑥

他的话语能轻易地解释在教室里难以把握对立事物张力的教师的

状况：耐心地对待心中所有尚未找到答案的问题……尝试去喜爱矛盾本身……不要急于做出决定，因为你还没有经历过，所以并不能得到答案——关键在于去经历一切。现在就去经历这些矛盾。也许渐渐地，不知不觉地，一些日子以后，你就会在生活中体验到悖论。

里尔克给我的希望部分在于他的"一些日子"的观念，我经历的生活使我比当时更自信地理解了怎样把握悖论的张力。他的确是对的：现在，经历过一段时间教学的紧张状态后，我能比几年前更好地、整体地把握悖论了。

但是我更深的希望是来自里尔克的"关键在于体验一切"。这当然是个关键！如果我不充分地体验这种我自己生活途中的紧张，那些紧张就不会消失：它们会潜滋暗长、越发厉害。我可能不知道怎样解决这些问题，但是通过环绕这些紧张变换我的生活，努力在生活中寻找解决办法，向着新的可能性开放自己，并且防止这种张力把我撕裂。

其他选择只有一个：把过了的生活抹杀掉，生活在否定教学带来的紧张中，这时，我扮演一个伪装的专业人士，外表上假装我根本没有那些紧张的状态，而内心里，我假装所有这些紧张都没有撕裂我生命的结构。

假装是分离的另一别称，是一种妨碍我们培养优秀教学所依赖的联系能力的状态。当我们假装的时候，我们就放弃了共同体与我们自己、与我们的学生、与我们周围的世界的联系，放弃了与作为教学根基和成果的共同中心的交流。但是当我们理解了那一句"关键在于体验一切"，我们就会重新赢得失去的一切。

我就这一主题用斯科特·马克斯韦尔的一句话作为结束，他在漫长而精彩的一生中一直坚持写作，他令人信服地说："一些未被理解的规律使我们处于矛盾的境地无从选择，在那里，我们并不像我们所喜欢成为的那样，好和坏像不可分离的伙伴不能被截然分开，在那里，我们心灵的破碎与狂喜——这种冲突只有盲目地把它带入到我们的心灵才能够解决。这曾被称为天命。还有人能用更佳的措辞描述它吗?"⑦

注　释

①Thomas p. McDonnell （ed.），"Hagia Sophia"，in *A Thomas Merton Reader* （New York：Doubleeday，1989），p. 506.

②These words are attributed to Bohr in many secondary sources （for example，Avery Dulles，*The Reshaping of Catholicism*，［San Francisco：Harper，1989］，p. 37），though I have been unable to find them in his writings. Their authenticity is substantiated by his son，Hans Bohr，in an essay called "My Father"："One of the favorite maxims of my father was the distinction between the two sorts of truths，profound truths recognized by the face that the opposite is also a profound truth，in contrast to trivialities where opposites are obviously absurd." S. Rozental （ed.），Niels Bozental （ed.），*Niels Bohr：His Life and Work as Seen by His Friends and Colleagues* （New York：Wiley，1976），p. 328.

③Dietrich Bonhoeffer，*Life Together* （NewYork：HarperCollins，1954），p. 78.

④Robert N. Bellah and others，*Habits of the Heart* （BerkeleyUniversity of California Press，1985）.

⑤E. F. Schumacher，*Small is Beautiful：Economics as If People Mattered* （New York：HarperCollins，1973），pp. 97-98.

⑥Rainer Maria Rilke，*Letters to a Young Poet*，M. D. Herter Norton （train.） （New York：Norton，1993），p. 35.

⑦Florida Scott-Maxwell，*The Measure of My Days* （New York：Penguin Book，1983），p. 25.

第四章

认知于共同体中——为伟大事物的魅力所凝聚

不论你是谁，不论你多么孤单，

整个世界任你想象翱翔，

像大雁般朝你呼唤，

声声叫人心动——

一再宣告

你在万物之家的地位。

——奥利弗（Oliver, M.）《大雁》①

共同体掠影

在前三章里，我们一直在检验教与学过程的内在景观。我们审视了一些令我们远离我们的学生、我们的主题和我们自己的内在力量，探讨了一些可以帮助我们缩小这些分离的内在方法：重新认识自我，面对恐惧，并以悖论式的思考方式，全面、完整地认识世界。

在这一章和后两章里，我们转向共同体——探讨那种教与学所需要的、能帮助更新和体现真正教育之本的促成关联的共同体。当我们从教师的内心生活转向教育共同体，表面上看主题变了，其实并没有变。前三章是关于培养造就共同体成长的内在沃土；紧接着的三章就是关于共同体如何从内心世界融入课堂以及更大的世界。

共同体无法在分离的生活中扎根。在共同体形成外在形状和方式之前的一段日子里，它一定要在完整的自我中生根：我们只有充分认识自己后才能与别人和睦共处。共同体是个体内部不可见的魅力的外部可见标志，是自身认同和完整与世界联系中的交融。这正是我一直在探讨的联系性议题，在外观世界显示出来。

在这一章和后两章，我会带着一个重要问题来探讨教育共同体的几个模式：这些模式能提升和改进认知、教学和学习等教育目标吗？一个困扰我很多年的教学理念引领我来探究这个议题，这个理念很少被人提及但极为重要，它是共同体形式的核心：**教学就是要开创一个实践真正的共同体的空间**。

为了开辟通向真正的共同体的道路，我先要排除一些障碍，作为对我们深感疏离的痛苦而渴望"不分离"的回应。共同体模式（而不是共同体本身）在社会上就像野草丛生。我会先考查一下治疗、公民和市场这三个当今十分显赫的模式，希望能为教育所期望的共同体提供更清楚的认识。

每当我们提到**共同体**这个词时，最常见的是治疗模式。由于亲密往往被视为治疗分离带来的痛苦的最佳方法，所以这个模型使亲密在人际关系拥有最高的价值。一段亲密的关系超越了获得联系所暗示的能力：我们在亲密之中明确地彼此分享我们深层的本质，我们确知别人充分了解我们，有被完全接受的信心。运用得好的话，治疗型共同体将会展示出许多形式的爱：配偶之间的爱，父母和孩子之间的爱，朋友之间的爱。

治疗的中心思想在教育中占有很重要的位置，是因为任何没有爱的事业都很可能是病态的：很难想象一所健康的学校找不到任何热爱学习或关爱学生的痕迹。我知道有一所学院有一句十分美妙的格言："与志同道合的朋友一起追求真理。"[②]它的创办者十分了解，追求那个严格的目标需要在团队的成员间建立起爱的契约。

但是，把治疗型共同体习惯地应用于教育领域就显得既不巧妙，也不如引用上述格言那么恰当。相反，这种正威胁着教与学过程的假设误以为人与人之间最优秀和最重要的事物就是亲密，可是它有时令人毛骨悚然，有时在人类潜能运动方面以"不分享就得死！"的公共社会精神特质去极端显示自己。

我们当然不可能要求所有人都彼此亲密——要是我们真的这么做的话，正如很多失败的公共实验所显示的结果，我们只会把大家都吓跑。但是治疗模型在教育中要负上更多责任：当一切关系都以亲密与否为判断基准时，我们的世界会收缩成一个逐渐消失的小点。

我们大部分人在一生之中只能与几个人达成真正的亲密。如果在共同体之中就等于亲密的话，我们再也接触不到共同体之外的其他人和其他事。当亲密变成基准时，我们开始失去与日新月异的事物建立关联的能力，而这正是教育的核心。我们失去了接受他人、接受不同于我们的想法或认同的观念的能力。治疗模式利用对异类的恐惧把共同体降低至家庭或朋友的形式。

作为一个北美的中产阶级人士，我不太可能与贫穷建立起亲密的关系或体验贫穷的滋味，但是最重要的是我能感受到我对穷人和他们的困境应该负起的责任。我不太可能与居住在亚马逊河盆地的人们以及被他们毁掉的热带雨林建立起亲密的关系，但是最重要的是能了解我与他们之间以及他们栖息地的生态体系是相互依存的。身为一名科学界的外行，我不太可能与提出量子力学中的奇妙构造的人建立起亲密的关系，但是最重要的是，我了解他们如何重新塑造了我生活于其中的思想界。

当我们拒绝必要的疏离时，我们的生命就被贬低了。我们需要坚持一个比亲密更具包容性的标准，来证实与人、与自然，或与概念之间的关系更具有意义。当治疗型共同体变成教育基准时，教与学会从根本上受到损害。

共同体的公民模式为治疗模式提供了重要的矫正机会。在这里，不再是窄圈子的亲密交往，而是在本来互不相识的人们之间建立起广阔的关系，形成健全的政治。一个大家不愿意也不能互相分享亲密经验的共同体，仍然需要分享共同的领地和共同的资源，解决相互间的纷争和问题。在那里人们之间虽然不能够经历亲密，然而可以学习分享共同的领土和资源，解决相互的冲突和问题，这表示，共同体的公民期望所追求的是公共的共同利益，而并非个人的敏感点。在公民的共同体中，我们不可能了解彼此的内心，但是我们认识到如果我们不团结人心就会涣散。

治疗型的共同体是一个现代的观念，是心理学时代的人工制品，但是公民型的共同体从远古开始已经生根。从柏拉图开始，学院已经被喻为政治机构的微观世界，它是一个应该并能够陶冶公民习俗的地方。正如巴伯（Barber, B.）所写的，"这个争论表明大学不只**具有**公民的使命，大学本身**就是**公民的使命，本身就是文明，它定下一些规则或举办一些会议令共同体加强对话和各式各样的公开讨论，这些都是知识成长的基本要素。……我本来要说民主政治与教育活动是平行的，或公民的训练和知识的熏陶与判断也拥有一个平行的结构。我们坚持认为他们其实是一致的。"③

共同体的公民模式具备教与学的重要特征。在一个被竞争、种族和性别分化的社会中，在多个场合，我都为高中和大学教室里更多元化群体的共同工作所感动，尽管我们观察到，在很多情况下，这种共同工作伴随着彬彬有礼，相互发表着"决策正确与否"的论争，当我们要重新编织破烂的公民关系网络时，教育机构就是我们最重要的织布机。

但是公民模式也对教育的核心使命存有微妙的威胁。在公民社会中，我们以谈判、交易、妥协等传统的民主政治机制处理差异。目标是为大多数人取得最大的利益，这些就是公民斗兽场中值得尊敬的技艺。虽然为大多数人追求利益很高尚，但是无助于寻求真理：真理不是由民主的方法决定的。

在一个民主社会中我们同意一旦唱完了票，取得最多选票的人或组织就成为领袖或最高准则——而且，只要在良知范围内，我们都愿意追随之。但是在探索真理的过程中我们不能也不应有这种协议，大多数人的规则并不能算是真理。数选票的方法肯定会错失不少真理：假若哥白尼（Copernicus, N.）和伽利略（Galileo, G.）也这么做了的话，太阳可能仍然"围着地球转"。即使公民模式对教与学过程提出了很多合理的诉求，教育中的共同体也必定要找到一种更基本的形式。

在全面质量管理的旗帜下，共同体的市场模式正在全面攻占当代的美国教育。虽然目标和原理与我们以前的探究模型截然不同，它还是巧妙地把治疗型的个人主义和公民型的实用主义结合在一起。

市场模式的基准很简单：教育机构若要改良他们的产品，就一定要加强与消费者的关系而且要对他们更负责。一定要把付出学费的学生和父母看成是消费者，为他们提供充足的机会去批评他们所购买的东西。这些批评一定会传给那些产品的制造者，这样才能帮助他们改革下一代的教育和满足更多消费者。

如果你是一个觉得"消费者"和"产品"这些字眼听起来刺耳的教育工作者，以下这个故事可能会迎合你的情况。一位公立大学的新任校政人员正在谈论，在大城市经常乘坐公共交通工具到学校的人的共同体意识十分薄弱。我问，"假设你有一支魔术棒，要是想加强对共同体的归属感，你第一件事会做什么？"我原来期待他会谈到定位、宿舍生活或辅导。他却回应说，"我将会建立一套有意义的方法测量学生对课程的反应，而且我会用这些信息帮助教得不太优秀的教师教得更好。而且如果他们不能够或不愿意改进，我将会帮助他们找别的工作。"

这位校政人员的观念可能缺乏治疗模式的心理学深度，也缺乏公民模式的崇高政治理念，但是它仍有很多可取之处。商业机构在某种程度上被市场反应牵制的时候，高等教育仍在冷漠地对待它的顾客。付出学费的学生和父母时常被大学视为无知之辈：虽然我们对我们的工作也不完全理解，但仍会相信除了我们的同行以外没有人能够评论我们的工作！

假设在魔术棒的帮助下，真的能建立一个能辨别出优质教学间各种细微差异的评估系统，这位校政人员对于共同体的观念可能为带着傲慢脸孔的高等教育带来一些谦恭。但是很明显，这种市场模式对教与学的过程存有威胁。

首先，这位校政人员所需要的评估系统根本就不存在，他所说的不过是一个危险的赝品。我们缺乏评估教学的有效机制，除非有人相信所有优质教学的多样性都能挤进问卷调查的计量等级之内。

其次，优质教育总是重视过程多于成品。如果一位学生在完成教育时变成一个只会接收信息的内存，这位学生已经受骗了。优质教育会教学生成为知识的创造者，并能洞察别人所宣称的事情是否正确。

再次，优质教育可能至少在一段时期内令学生感到深深不满。我不是指出自对听不见、不连贯或无能的教师的不满，而是指即使是已被优秀教师很好地对待的学生，偏见受到挑战，自我感被动摇时，也可能气冲冲地离开。这种不满可能代表着真正的教育已经产生了。

学生可能要过许多年才会感谢一位曾令他不满的教给他真相的教师。当教育共同体的市场模式假定顾客永远是对的时，无论它的问责伦理标准怎样恰当，它都不能达成优质教育的初衷。

现实是群体共享的

共同体的治疗模式、公民模式和市场模式都具备教育所需的洞察力。但是支持真实教育包罗万象的共同体并不在上述名单中。在这一章余下的篇幅里，我会提供另一个模式。在随后的两章中，我将会探究它对实践教育学的意义。

我们寻求的共同体模式是一个能拥抱、指引和优化教育的核心使命——也就是认知、教学和学习的使命。我们将从最具挑战性的教学概念的核心：教学就是开拓一个实践真正的共同体的空间，来寻找这一概念多方面的线索。

虽然我们并不排除真正的共同体的内在作用，然而它们的特征不是心理学的亲密、政治上的公民性或实用的问责制度。这种共同体模型更深层地进入存在论和认识论的领域，进入有关现实的本质以及我们如何认识它的假设中——一切教育都是以此为依据。真正的共同体的特征体现于这一主张中：**现实是共同联系的关系网，我们只有存在**

于这种共同联系中才能认识现实。

这话说得很大，但一个小故事就能说清楚。我以前曾在一所著名的研究型大学演讲与教育共同体有关的主题。演讲时，我的眼睛不断地被坐在礼堂前面一位一直聆听的高个子听众吸引。他是位庄重的绅士，70岁出头，衣着十分讲究，留着一头引人注目的白发。

当我们开始讨论时，这位先生很快站起来自我介绍："我是史密斯（Smith）博士，曾获得某某杰出奖的生物学荣誉退休教授。"

我知道学术界的横蛮指责往往从虚伪的谦恭开始，也觉察到他的自我介绍有点傲慢，我很快得出一个结论：他想与我共进午餐，不是把我当客人，而是把我当头盘先吃掉。

他继续说道："我实在没法理解大家为什么在高等教育中的共同体这个问题上小题大做。说到底，它不过是点明了生物学的基本原理。"

然后他坐下了。

过了好一会儿才明白，他不是在攻击我，而是在用学术界中的礼仪所规定的简单方式肯定我。了解了他的意思，这位教授和我开始对他评论的意义展开了生动而有益的交流。

在两代或三代人以前，从来都不会有生物学的教授宣称共同体符合科学的基本原理。相反，早期的生物学家会嘲弄我的教育共同体是一个违犯了他们学科主要原则的浪漫谬见：生活是个体之间从不间断的战斗，是一个你死我活的斗兽场。丁尼生（Tennyson, A.）④的名言中自然代表了早期生物学家的观点："动物的牙和爪都染满了鲜血。"而崇尚社会达尔文主义的学者更基于这个自然影像，把人际关系看成是适者生存、物竞天择，而文明只不过是虚饰的外表。

但在今天，我们对于生物学事实的形象已经被转化了。生态学的研究提供了一张聚焦在合作共舞多于恐怖战斗的照片上，这是一张包罗万象的生物网的照片。竞争和死亡没有从自然世界中消失，但是死亡现在被视为共同体生活的一部分，而不是个人生命失败的结果。

从分裂和竞争到共同体和合作，这个现实形象的转变在过去50

年以来不断发生在所有的学术理念中。由于物理学一直被崇敬为最"严格"的科学，而且从最根本的层面上描述了我们的身体和栖息地，它提供了另一个有力的例证。

刚开始时，物理学根据一个比苏格拉底（Socrates）更早的哲学概念，形成物理学中原子的概念，然后，当现代的物理学者分析事实与其构成的部分时，渐渐具有了预言性，甚至具有政治影响力。当持简化论的科学家的概念与社会分化的现代经验结合在一起时，"原子说"变成我们这个时代最具代表性的文化象征：我们和我们所居住的世界只是一个整体的幻影，底下潜伏着分裂的现实。

但是近代物理学研究的现实形象则使这种原子说显得天真。通过一系列的重大实验，物理学家已经证实，即使他们之间"相距太远，在可用的时间内根本无法沟通"，次原子颗粒的举止表现也"好像彼此之间有某些交往和联系。"[5]这些所谓的粒子，不管时空相隔多远，似乎彼此都有联系，使它们更像是互动、互相依存的共同体的参与者，而不像分离的个体。

群体共享的隐喻非常适合物理学家根据实验结果来描述世界。戴维斯（Davies, p.）则说："不论它们最终是否会分开，然而系统之间曾经彼此互相影响，令人惊讶地验证了种族平等者的观点。"[6]斯塔普（Stapp, H.）[7]说得更坚决："一个基本粒子并不是一个独立存在、无法分析的实体。它基本上是一整套不断向外延伸直至跟其他事物发生关系的联系实体。"[8]

当物理学家由描述进入到探讨为何这些粒子并非单独自主地行动，而是有各种关系时，就涌现了群体共享的隐喻。博姆（Bohm, D.）[9]认为，物理世界中的现实与人类的基因组一样，都由一张看不见的信息网组成，它是一个极其复杂且由信息编码组成的共同体，"整体的基本固有秩序的信息分解成某一特殊领域和粒子次序的明确秩序。与之类似……在一张全息摄影的相片中，其中每个部分都能照到关于整个物体的三维空间的信息。如果你把全息摄影的相片分成独立的小块，用激光照在任何一块上都能看到整个影像"[10]。

著名的现代科学诠释者巴伯（Barbour, I.）描述了我们对于现实影像认识的不同阶段，直至如今才用"共同体"这个名字来描述物质世界的重要特征。在中古时代，我们把现实看成是心智和物质的实体或是"东西"。在牛顿（Newton, I.）的时代，我们的影像是原子论，"不把实体视为现实的基本性质，只去关心单独的粒子"[11]。

但是在我们的时代，"自然被认为是有关系的、生态的和相互依赖的。现实是由事件和关系构成的，而不是由分开的物质或分开的粒子所组成的。"按照巴伯的观点，我们现在一定要把自然看成"历史性的相互依赖的生物共同体"[12]。

走向了解真正的共同体的第一步是理解共同体是现实的必然形式，它是一个所有生物共存的矩阵。下一步把我们从现实的本质带到我们怎样去理解它：**只有亲身处于共同体之中，我们才能理解现实**。

现代物理学已经揭示了认知需要或允许知者与被知者之间分离的错误观念。物理学家没法在不改变他们的认知的情况下学习次原子粒子，因此我们不可能像前现代科学的假定那样，维持一个"在那边"的世界和"在这里"的观察者间的客观缝隙。求知者和已知者是连在一起的，所以对于已知世界本质的主张也同样能反映在求知者的本质上。

在宏观的领域中，特别是当我们不再被"真正的"科学一定要分离的神话所约束时，知者和被知者间的共栖性就显而易见。不论是从社会学、心理学还是历史学方面来看，如果不在已知者的身上留下求知者的记号，一个人怎么可能去理解另一个人呢？一位文学批评家怎么可能通览整本小说展开的领域而没有留下个人经验的足迹呢？

但是，关系认知重要且又时常被误解的特征是：关系认知能把人类的联系能力转化为力量。作为知者，我们不再需要因为我们渴望与他者建立联系而遗憾，也不用刻意地为了"克服"这个"义务"而把我们自己和世界分离。

现在，可以庆幸的是，由于我们是人类的成员，我们也确确实实是宇宙共同体中的成员：在最遥远的太空之中，天文学家已经发现了正在爆炸的星球原来有构造你和我身体的最原始的原子温床。倘若我们只待在这里当观察者，而不去做世界的参与者，我们永远也不会具有求知的能力。

化学家波兰尼（Polanyi，M.）在其划时代巨著《个人化的知识》中，展示了科学如何依赖这样的事实：我们由于"生存在"世界之中，我们获得世界的"非言语知识"——这是我们获取清晰的、明确的知识所依靠的含糊或"缄默"的知识形式。⑬

若无缄默的知识，科学家在揭示问题、提出大有可为的假定，以及在真理可能存在的道路上找到成功的直觉和洞察等方面都会感到无所适从。让我们发现任何事情的线索都源自我们与现实的联系，这种联系正如我们身体内和万物中的原子一样深不可测，一直以来都是如此，将来也是这样。

基尔维克（Gelwick，R.）是波兰尼思想的解释者。他指出，大家都认为客观主义是理所当然的，波兰尼对于认知的个人元素的见解时常被人误解，甚至连他的追随者也是如此：

> 在公开演讲中，我多次听到波兰尼纠正站起来支持他的人，人们会说他们同意所有知识里面都有一种个人的元素……然后继续说这种个人的元素很危险，我们应该把它的影响降至最低。波兰尼……就解释说，个人的影响力不应被淡化，而应被理解成重要的元素，它能引发我们的突破和新的发现，这在人类的认识论中根本说不上是什么不幸的缺欠。相反，它是发展文化、文明和进步的基石。⑭

真正的共同体是这样一个认知形象：既拥抱所有事物所依赖的生存巨网，身陷网中，又拥抱那些恰好对我们认知事物有益无害的事实。这个形象不但托起了人类的存在形式中显见的联系——不论亲密性、公民性还是责任性，还包括了我们与非人类的存在形式的隐性联系。它是一种有能力担负认知、教学和学习的教育使命的共同体模式。

重温真理

如今真理一词在教育圈子说得不多了。说真理意味着一个比较早期和天真的年代，当时人们确信他们能找到真理。但是现在我们明白这并不可能，所以我们不再用这个词了，因为担心感到困窘。

当然，撇开真理所具有的指导性不谈，我们不再用这个词并不意味已经完全从观念中解放了。相反，我们越不去谈论真理，我们的认知、教学和学习的过程就越有可能被传统和神话式的真理模式深深地支配，客观主义者模型已深深地埋入我们的集体无意识之中，不理睬它就等于赋予它力量。

因为真正的共同体有可能取代无意识和神话式客观主义，如果我先把客观主义者的神话直观地展示出来，我会更容易描述我的教育共同体的前景和它的运作方式，我把它画在图4.1内。

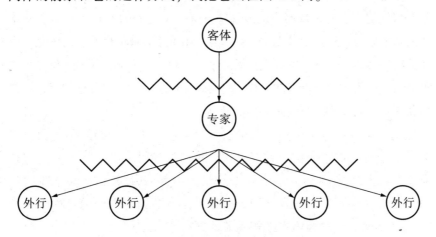

图 4.1 客观主义者关于认知的神话

这个神话式的，但占主导的认知真理和表述真理的模式有四种主要的元素：

1. 知识客体是指"脱出于"某处，在物质和观念空间上纯洁的，为某个既定领域的"事实"所描述的东西。

2. **专家**是一些被训练去认识这些客体的纯洁模式的人，他们不会让他们自己的主观意识玷污这些客体的纯洁。这种训练发生在一个被称为研究所的遥远地方，其目的是彻底地抹去一个人的自我感觉，以致他成为一位世俗的牧师，或是一位纯洁的知识客体的守护者。

3. 外行是指未受教育而且充满偏见的人，他们完全信赖专家为他们提供有疑问的原始物体的客观而纯洁的知识。

4. **障碍波**是指在客体和专家之间以及在专家与外行之间的传输点——让客观的知识向下游动，同时阻止主观性从下向上回流。

障碍波的形象来自于我无意中听到的这样一句话："我们似乎并不介意文明（经排水沟）流失掉，只要排水沟不倒灌就行了！"客观主义一心追求知识的纯洁性，不惜一切代价避免主观性的渗透——就算代价是知识的"非文明化"以至于使我们无法适应真实生活的复杂性，也在所不惜。

在客观主义者的（认知）神话中，真理从上向下流动，从了解真理的合资格的专家（包括那些认为真理只是一个幻影的人）到只有资格接受真理的外行。在这个神话中，真理是一组关于客体的假设；教育是一个把这些假设运送给学生的系统；而一个受过教育的人能记住而且重复专家的建议。该形象是分层级的、线状和有强迫性洁癖的，真理好像经过消毒的传送带的输送而蓄存起来的纯洁产品。

这神话只有两个问题：一是它错误地描写了我们的经验过程；二是它极度地扭曲了我们的教育方式。我知道起码有上千间教室内的教师、学生和主题间的关系看起来这样。但是我从来没听说过任何领域，从天文学到文学到政治学到神学，在不断探索真理的过程中有丝毫与这种神话似的客观主义相关的地方。

真正的共同体代表着相当不一样的认知（见图4.2）。在真正的共同体中，犹如真实的生活，不存在纯粹的知识客体，也没有绝对权威。在真正的共同体中，犹如真实的生活，真理并不生活在假设之中，而教育要远胜于把假设运送给消极的听众。在真正的共同体中，认知、教学和学习的过程看起来并不太像通用汽车的生产线，更像市民大会，不太像官僚机构，更像热闹的市集。

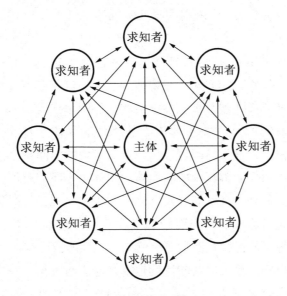

图 4.2　真正的共同体

　　真正的共同体，事实上是许许多多的共同体，遍布在广阔的空间，随着时间推移不断改变。我用一个单数名词去表示，因为在任何一个领域，众多的共同体是由这一事实形成一致性：它们会聚集在一个共同的主体周围，并会遵守让它们以同样的方式去接近这个主体的共同规则和解释。而 20 世纪美国生物学家和 18 世纪瑞典的林奈（Linnaeus, C.）[15]及他的同事，虽然在理论和技术上有巨大的分歧，在聚集于主体周围这点上是一致的，这种一致性令这一形式的共同体长久不衰并发展成为我们之中最有影响力的社会模式之一。

　　在这个共同体的中心总有一个主体与位于客观主义阶梯顶端的客体相对照。这种区别对认知、教学和学习的过程起着决定性的作用：**主体可以用来发展关系；而客体则不能。**当我们把他者看成主体时，我们就不会疏远他；我们就是在关系中，并透过关系认识它，就像麦克林托克和她研究的玉米建立起的关系那样。

　　正如图 4.2 所示，当我们让主体占领我们的注意中心时，这种关系就开始了。这跟把专家摆在我们注意中心的客观主义是截然不同的：根据客观主义，认知的客体离我们如此远不可及，结果只有通过专家来联系了。

当我们让主体成为我们的注意中心时，我们就赋予它通常只会赋予人的尊敬和权威。我们赋予它本体的意义，就像麦克林托克赋予玉米穗的关注和意义那样，承认它独特的身份和完整。[⑯]在真正的共同体中，连接着我们所有的关系的核心是重要的主体本身——不是亲密性，不是公民性，也不是问责性，而是活生生的主体的力量。

当我们试图去了解真正的共同体的主体时，我们就展开各种复杂形式的沟通——分享观察和释义，互相纠正和补充，一时因论争而分开，但接着又因达成了共识而结合。真正的共同体绝对不是线性的、静态的、分等级的，而是圆形的、互动的、动态的。

若运作得好，真正的共同体就是透过论争而不是竞争来推进我们的认知的。竞争是个人为了谋取私利而秘密进行的、得失所系的比赛，而论争是公开的，有时喧闹的，但永远都是群体共享的。在这个公开的、群体的论争中，每个人都有可能在学习和成长的过程中成为胜者。竞争则跟共同体相对立，腐蚀瓦解关系结构。论争是我们公开挑战彼此想法的动力，是彼此考验、更好地认识世界的群体努力。

群体的动力是由观察和解释的规则所支配的。通过引入论争的焦点和原则，这些规则有助于把我们界定为共同体。要成为真正的共同体，我们必须遵守它的原则、标准和程序。而标准和程序又因学科领域不同而不同，从艺术史到化学到哲学，每个领域的标准和程序都不一样。虽然这些标准理据充分，但非刻在石头上一成不变：它们随着我们对主体认识的演进而演进。我们可以挑战并且改变标准，但是我们必须以公开的、大家都接受的方式为任何改变提供充分的理据。

通过对我们认知的探索，一个真理的概念突现出来：**真理是怀着激情和原则就重要事物进行的永恒对话。**

跟客观主义者不同，我不明白真理存在于我们就知识客体所得的结论之中。既然结论不断改变，怎么可能？我所理解的真理是激情和有原则的质疑过程与对话本身，正如不断挑战旧结论和产生新结论的共同体中的动态对话。

我们需要知道目前的结论才能开始对话。但不是因为我们对结论的认识使我们处于求真之中，而是因为我们对对话本身有承诺，我们愿意把我们的观察和解释提请共同体考验，以及对别人的好意作出回报。要处于求真之中，我们一定要知道该如何怀着激情和原则在群体中围绕一个已知的主体进行观察、反思、对话和聆听。

如果真理是永恒的对话，结论和标准又不断改变，客观的知识这个概念怎么办呢？我认为除了客观主义者的神话以外，关于真理的概念并没有改变任何关于客观性的性质。

据我所见，我们所拥有的、唯一的"客观"知识来自于依双方同意的程序规则观察主体，并且就他们观察所得进行辩论的人们构成的共同体。不论是科学还是宗教，我从没有见过任何领域，我们取得的客观知识不是从长期的、复杂的、现在还继续的群体的对话中得出来的，没有任何领域中的事实真相是由上而下传递的。

我们现在所拥有的知识最坚实的基础就是真正的共同体本身。这个共同体永远不能给我们终极的肯定——不是由于它的过程有缺欠，而是终极肯定对我们有限的心智来说是遥不可及的。但是，只要我们愿意把我们的看法、我们的观察和我们的理论——真的，连我们自己本身——都交给共同体验证，共同体仍大有可为，把我们从无知、偏见和自欺中拯救出来。

我否定了客观主义者的模式，也不认同那种把共同体所作的任何决定都说成是真理的相对主义，因为真正的共同体还有认识真理和表述真理的超验性特点，这令我们既超越相对主义也超越绝对主义。在弗罗斯特（Frost, R.）的押韵诗对这个特点有最贴切的、最令人信服的解说："我们围着圆圈起舞，但是秘密就坐在中间且知悉一切。"⑰

弗罗斯特尊重处于真正的共同体中心位置的主体的超验性秘密，这是个被绝对主义混淆的秘密，因为绝对主义宣称我们能知道事物的全部现实；同样，这也是个被相对主义混淆的秘密，因为相对主义宣称，除了我们所知道的事物以外，并不存在现实。而（具有超验性的）主体，了解它本身远胜于我们对它的认识，而且只要它保存自己的秘密，就能永远避开我们。

假若不是这样的话，认知的进程很久以前就完全停止了。为什么我们不满足于前苏格拉底的物质世界观？为什么不满足于中古或早期现代科学的物质世界观？为什么我们甚至到现在还不断挑战我们今天所持的观点？因为我们的注意力的中心是主体，主体不停地呼唤我们去深入发掘它的秘密，主体拒绝被局限于现有的结论。

朝我们呼唤的主体概念不只是个隐喻。在真正的共同体中，求知者并非是唯一的活跃分子——主体本身也参与认知的辩证。当奥利弗说："整个世界任你想象翱翔，像大雁般朝你呼唤……宣告，你在万物之家的地位。"[18]

我们说，认知始于我们被某一个主体迷住，但迷住是主体在我们身上作用的结果：地质学家听到岩石说话，历史学家听到辞世已久的人的声音，作家听到字词的音乐。世界万物向我们呼唤，我们给万物迷住——我们每个人都为不同的事物所吸引，正如我们每个人都为不同的朋友所吸引一样。

一旦我们听到那呼唤并作出回应，主体便把我们从自我中呼唤出来并进入它的自身之内。在最最深处，认知要求我们想象主体的内观——不论是那历史时刻、那文学人物、那石头还是那玉米穗。正如一位从事研究的科学家所言："如果你要真的了解肿瘤，你必须成为肿瘤。"[19]

若不跳出我们自己的框框，我们就不可能很好地认识这个主体。我们必须相信主体的内在生命并全情投入之。若我们既不相信也不培养我们自己的内心世界，就没有全情投入可言。若我们像客观主义者所习惯的那样，否认或蔑视求知者的内心世界，我们就失去了凭直觉获知——更说不上进入——被知者内在生命的能力。

为了深入探索世界的秘密，麦克林托克所从事的那种科学需要人深入探索自己的秘密，成为某位同事所指的麦克林托克那样的人——"这个人知道秘密藏在哪里"而且不会（对自己）"迷惑不清"。⑳

当我们聚集在真正的共同体主体的周围时，就不只是我们纠正彼此的认知尝试、否定模糊的观点和错误的解释。主体本身也纠正我们，以它自己的身份优势抵制我们错误的构想，拒绝被局限于我们自以为是地将其命名为他者。

随着我们的认识日益深入，主体最终得以命名，我们也得出结论，我们认识它了。但是超验性的主体随时会给我们惊奇，呼唤我们开始新的观察、解释、命名，进入永远无法完全说定的神秘世界。

超验的开放性把真正的共同体与绝对主义和相对主义区分开来。在这个共同体里，认识真理和陈述真理的过程既不是独裁式的也不是无政府主义的。反而，它是一场亲和与距离、说话与聆听、知与未知间复杂而永恒的共舞，令求知者和被知者成为合作和共谋的伙伴。

伟大事物的魅力

真正的共同体是承载着教育使命的概念，因为它拥抱这样一个基本事实：我们所归属的现实、我们渴望了解的现实，远远超越了人类彼此间的互动。在真正的共同体中，我们人类也与非人类形式的事物互动，它们与人类同等重要、一样强大，有时甚至比人类更重要、更强大。这个共同体并不只是借着我们个人思想和感觉的力量结合在一起，而是亦因"伟大事物的魅力"㉑的力量结合在一起。

"伟大事物的魅力"的提法来自里尔克写的一篇论文。读后，我明白我们的教育共同体的传统概念忽略了伟大事物与我们间的关系，是伟大事物和我们的关系把我们召集在一起，伟大事物呼唤我们去认知、去教学、去学习。我看到，当排除伟大事物的魅力而全靠我们自己相当有限制的魅力时，教育共同体就变得渺小了。

我所指的**伟大事物**，是求知者永远聚集其周围的主体——不是研究这些主体的学科，也不是关于它们的课本或解释它们的理论，而是这些视为主体的事物本身。

我所指的是生物学的基因和生态系统、哲学和神学的隐喻和参照系、文学素材中背叛与宽恕以及钟爱与失落的原型。我所指的是人类学的人为现象和族裔，工程学的原料的限制和潜能，管理系统学的逻辑，音乐和艺术的形状和颜色，历史的奇特和模式，以及法学领域里难捉摸的正义观等。

诸如此类的伟大事物是教育共同体的重要聚焦点。正如原始人一定曾经聚集在火堆周围，通过聚集在他们周围并尝试去理解他们，我们成为求知者、教师和学习者。若我们处于最高境界，表现出色，那就是因为伟大事物的魅力诱发出我们的美德，赋予教育共同体最佳、最优的状态：

● 我们邀请**多元化**进入我们的共同体之内，不是为了行政上正确，而是因为伟大事物各式各样的奥秘需要多元的观点。

● 我们拥抱**多重含意的解释**，不是因为我们很困惑或不能做出决定，而是因为我们清楚我们的概念不足，不能包含浩瀚的伟大事物。

● 我们欢迎**创见性的论争**，不是因为我们愤怒或怀有敌意，而是因为有必要通过论争来纠正我们对于伟大事物本质的偏见。

● 我们奉行**诚实**，不仅仅是因为我们应该彼此真诚相待，还因为对我们亲眼看到的事物说谎就等于出卖了伟大事物的真理。

● 我们体验**谦卑**，不是因为我们打了败仗、输了，而是因为我们只能通过谦卑这片透镜看到伟大事物，而一旦我们看到了伟大事物，谦卑是我们唯一应有的态度。

● 我们通过教育成为**自由**的人，不是因为我们得到了特殊的信息，而是因为只有被伟大事物的魅力吸引，才能战胜任何形式的暴君。

当然，教育共同体不可能总是处在最佳状态！我们很容易举例证明，真正的共同体有被与上述美德相反的力量驱使的时候。《双螺旋》是一本记载这样的故事的书：詹姆斯·沃森（Watson, J.）和法兰西斯·克里克（Crick, F.）发现脱氧核糖核酸（DNA）的故事，就是一个显示处于学术事业核心的自负与竞争、愚蠢与贪婪的个案。[②]

令我着迷的是，这个故事中的两位主角在接受纪念他们的发现40周年的访问时，谈及自从他们第一次遇上DNA这一伟大事物，他们的美德和品质如何得以升华。

沃森说："分子是如此美丽。它的荣耀照射着我和法兰西斯。我想我的余生都会花在尝试去证明，我差不多等于跟DNA缔合，这工作真不易。"

曾被沃森描述为"我从未见他谦逊过"的克里克面对DNA的回应则是："是个分子抢了咱俩的风头。"[23]

克里克的谦卑也许不很典型，有点勉强，但这使这个例子更能说明真正的共同体的力量——在共同体中我们自己的工作日程有时会被伟大事物的魅力抢尽了风头。当伟大事物消失时，当它们失去了对我们的生命的引力时，我们就会偏离群体的轨道，堕入装模作样、自我陶醉和傲慢的黑洞里。

伟大事物如何消失？当促成（或损害）教育共同体的形象更倾向于建立亲密关系、为多数人服务的规则，或依附市场，而非求知、教学和学习时，即使它们不会一下子全部消失，也会变得暗淡无光。但是伟大事物有更深的隐患威胁：它们会被知识分子的傲慢摧毁，这种傲慢企图把伟大事物降格为我们头脑中的策划。

在绝对主义或相对主义面前，伟大事物皆消失。有了绝对主义，我们宣称精确地知道伟大事物的本质，因此没有必要继续与伟大事物或彼此之间展开对话。专家掌握事实，他们所做的事就是把事实传给那些不知道的人。有了相对主义，我们宣称知识完全依赖一个人的立场，因此除了我们的个人观点以外，不能准确地知道任何事情，所以也没必要继续与伟大事物或彼此之间展开对话：你有你的真理，我有我的另一套真理，不必理会彼此间的差异。

当然，伟大事物绝不会真的消失——它们只会从我们人为的视野中消失。伟大事物本身顶得住所有人类傲慢的攻击，因为它们是生命本身和思想命脉中不能缩减的元素。问题是，我们要不要摒弃那种要不就宣称完全地认识世界，要不就宣称发明世界的随心所欲的傲慢？

我们要不要承认伟大事物的独立性，承认它们改变我们生命的力量？

只有允许它们有自己的生命，我们才能体验伟大事物的力量——令它们拥有区别于物体的本质，拥有自身认同和完整，拥有不依赖我们和我们对它们的想法而存在和转化的品质。

为了更全面地认识这一点，我们只需看一看剥夺伟大事物的完整后会发生什么事。在文学研究中，如今经典作品的通常教法是透过分析把文本批得体无完肤，令作者及其时代的偏见昭然若揭。从这个立场出发，《白鲸》深入探索傲慢和命运这等人类经验的伟大事物变得都不重要了，重要的只是梅尔维尔（Melville）是一个家长式专制而又偏执的人。

登比（Denby, D.）[24]已经显示了这种立场的傲慢：它令教师和学生都有优越感，都比作品优越，结果除了学会我们多么优越外，我们被剥夺了从作品中学到任何东西的机会。[25]当我们已经认定一篇作品或一个人道德败坏时，就不可能与其建立起学习的关系了。当我们把伟大事物贬低到如此地步，将其打入不屑一顾的类别时，我们抢走了它们的自我意识而且剥夺了它们的发言权。

认为所有伟大事物都有内在生命且与我们自己的内在生命对话——如果我们创造这样的机会，并非故弄玄虚。文学作品仅仅是这种声音最鲜明的一个例子，这声音惊人地透亮清晰，穿越巨大时空的间隙来联络我们。纳粹第三德意志帝国的历史，以一种邪恶的声音说话，只要我细心听，会在我自己（天生有瑕疵）的灵魂中找到相似的回声。

一位海洋生物学家能拾起一只贝壳，通过细心聆听，知道很多关于它的寄居者的一生和它的物种进化。每个地质学家都知道岩石也会说话，跨过远比有记载的历史更宽的时间鸿沟向我们诉说它的故事，假若人类的声音是我们可以听到的唯一的声音，我们永远不会知道这些故事。

迪拉德（Dillard, A.）的著作中有一本书的名字叫作《教石头说话》，但是迪拉德想说的真正的议题是教我们去聆听。[26]只有发展和深化了自己的内心世界，才能理解任何伟大事物的内在生命。一个人不可能从别的生命里得知连自己生命里都不认识的事物。

结论似乎很清楚了：在认识到我们自己本身就是伟大事物之前，我们不可能认识宇宙中的伟大事物。绝对主义和相对主义不但摧毁了世界的事物，也摧毁了我们认识自己的意识。我们在傲慢地高估自己和奴性地低估自己之间不断被鞭挞，但是结果总是相同：一个扭曲了的既自卑又自大的人类自我现实，一颗花了天价买回来的似是而非的珍珠。

我曾经听过一个虔敬派㉗的故事："我们需要一件有两个口袋的外套。一个口袋装泥土，另一个口袋装黄金。我们用一件有两个口袋的外套提醒自己：我们是谁。"㉘在伟大事物魅力的凝聚下，认知、教学和学习就会源源来自拥有这种外套并每天穿着它上课的教师们。

认知与神圣

认知的影像是本章的核心——对我来说，像真正的共同体、伟大事物的魅力、超验性的主体、"坐在中间且知之"的"秘密"——这些影像都从神圣的现实体验和真实的神圣经验中浮现出来的。其他人可能从不同的出发点达成相似的理解，但是我相信，认知、教学和学习都植根于神圣的土壤，继续我的教师职业需要培养一种神圣感。

我很清楚地知道认知与神圣联姻并不一定会生下令人羡慕的子孙。但是教育的历史会证实，神圣灵性总要胜于、惯于播散恶种的世俗主义。宗教的病理学研究——从恐惧到固执到刻板的正统学派——我没见过哪种不是以世俗形式，在学术界的小树丛中得到舒适的安身之地的。教育的健康发展依靠我们有能力把神圣与世俗结合在一起，以便彼此间互相纠正、互相充实。

我所说的**神圣**是什么意思呢？这是一个似非而是的概念——就像在探索万物中最深层的真理时我们所期待的那样。一方面，这个词指向一个无法形容的无限超越的观念和定义：即奥托（Otto, R.）在《论

"神圣"》一书中把神圣定义成圣洁的信念，是一种极度神秘的概念，是处于现实的核心中的精神能量。㉙另一方面，简单地说，神圣就是"值得敬重"。体验**极度神秘**不是我日常生活经验中的主要内容，所以我没法靠源源不断的神圣精神能量来振奋我的教学。但是我能做到对世界伟大事物的敬重永远持续不断。

许多评论家注意到我们的社会关系中越来越多的不敬，以及这种不文明的无礼趋势对民主制度的未来的可悲后果。但是太少人注意到我们越来越多的对"伟大事物的魅力"的不敬，以及这种不敬对未来的教与学和心智生命所带来的可悲后果。

在充满不敬的文化中，教育遭受的命运最可悲——教育变得平庸了。当什么都不再神圣、不值得尊敬时，我们最多只能达至平庸。立身于令人赞叹的宇宙之中，将其奇妙都简化过滤掉，用数理逻辑将惊奇除掉，用我们自己头脑的缩尺将其奥秘都缩掉，还有什么能比这些更乏味、更平庸呢？而看不到任何值得我们尊敬的他者就是一切平庸的根源——包括阿伦特（Arendt, H.）所说的"邪恶的平庸"㉚。

世界没有了神圣，内在景观不再丰富多彩，就没有奥秘可言了。漫游世界不再是走过大草原、穿过森林、跨洋过海；不再是走过沙漠、跨过高山、穿过峡谷；不再是从深耕细作的肥美良田到原始荒原。非神圣化的景观是极其单调乏味的，没有了纹理和凌乱，没有了色彩和灵光——穿越的旅程很快就变得说不出的沉闷。

假若这只是美学的失败，那已经够糟糕了。但是非神圣化的乏味景观的影响远远超过了感官的疲累。它产生了一种降低我们认知、教学和学习能力的特定精神病：我们失去了惊喜的能力。

在错综缭绕的神圣的景观里，惊喜是位长长久久的伙伴：它悄悄地等在转弯处，或隐藏在下一道山谷中；虽然它有时让我们吃一惊，但常常给我们喜悦。然而，在非神圣化世界的单调乏味的平地上，我们已经习惯了看到事物在远没到达之前已朝我们而来，所以既没指望惊喜也没迎接惊喜。当它突然不知从何处出现时，我们会感到恐惧，甚至可能以暴力回应。

这样的事就发生在学术文化里。当我们对不符合传统体制的新想法感到吃惊时——例如，主张感觉与事实同等重要这一教学见解，或者麦克林托克的基因会"跳跃"或可转位的科学假设时——就出现了上述的回应。

我们并不总是欢迎这些新奇的观念。相反，我们把它们当成讨厌的无稽之谈予以打压。如果利害攸关，我们甚至可能把它们当作战场上想夺得战略优势的敌人摧毁掉。遗传学家沙比路（Shapiro, J.）[31]对这种典型的抗拒做了很妙的概述：他指出，麦克林托克的可转位元件的新闻是"新的想法如何被科学团体冷淡地对待的例子"。麦克林托克当初宣布这个现象时，人们都称她疯了。"然后他们说那只是玉米特有的；然后他们说那是到处都有的，却没有任何重要性；最后他们终于认识到它的重要性了。"[32]

对于惊讶是可能有不同的回应，使我们由一个新想法产生另一个新想法——这有时叫作思维过程。但是在一个平淡、非神圣化的文化中，当我们碰到了惊讶或被它威胁时，是不会发生任何思考过程的。相反，我们本能地找一件我们会用的武器或我们很久以前已经熟记的旧想法来防护自己。

在这个危险的时刻思考一个新的想法，会令我们无可防范、容易受到伤害，我们不知道暴露以后别人会从哪个方向攻击我们。因此我们抓住一个老观念、一根以前多次使用令我们熟知该如何挥舞的观念棍子，把惊讶打死——不然我们会在它玷污我们的思想之前就逃之夭夭了。给他者吓怕了，出于恐惧做出反应，我们让这种古老的或打或逃的综合征为所欲为，葬送掉所有学习新事物的机会。

这种反应经几百万年的进化变得根深蒂固，因此看来它可能无法改变。然而有些生理学的证据显示并非如此。[33]通常，当惊奇事物突然出现使我们措手不及时，我们的视野范围会突然收窄，加剧那种或打或逃的反应——这是与斗力又斗智形影相随的"利眼"现象中强烈的、充满恐惧和自我防卫的紧缩反应。不过，在日本的合气道[34]自卫术中，这种视野突然收窄的现象被一种称为"柔眼"的功力抵消。靠

"柔眼"的功力，人学会开阔视野，放眼看世界。

如果你向一个毫无准备的人施以突如其来的刺激，他的目光就会变窄，或打或逃的综合征就会接踵而至。但是如果你先训练他的"柔眼"功力，然后给予相同的刺激，其反应往往是超验性的。这个人会转向刺激的方向，接受它，然后做出一个比较真实的回应，例如对这个新的想法做出思考。

我觉得，"柔眼"是在我们注视神圣的现实时能引起感情共鸣的现象。现在我们的眼睛是开放的、善于接纳的，能看到世界的伟大和伟大事物的魅力。我们的眼睛因惊奇而大睁，我们不再因措手不及的惊奇而抵抗或逃跑。现在我们能把自己向伟大的奥秘开放。现在我们能邀请我们的学生进入这个叫作教与学的伟大事物，正如阿克曼（Ackerman, D.）写的生活与学习的妙事："伟大的妙事，爱上了生命，尽情多姿多彩地生活，像悉心培育精神抖擞的良驹那样培育好奇心，天天攀山越岭，奔驰在茂盛的、充满阳光的山林。若没有冒险，情感的地带沉闷而僵硬；虽然也有山谷、山峰、崎岖的地形，生活中没有了壮观宏伟的地理魅力，只留下一段路。它从奥秘开始，又以奥秘终止，啊，其间的景观竟然如此荒凉，又会如此美好！"[35]

注　释

①Mary Oliver, "Wild Geese", in *Dream Work* (New York: Atlantic Monthly Press, 1986), p. 14.

② Page Smith, "To Communication Truth", *Whole Earth Review*, Summer 1987, p. 55.

③Benjamin Barber, "The Civic Mission of the University", in *Higher Education and the Practice of Democratic Politics*, Bernard Murchland (ed.) (Dayton, Ohio: Kettering Foundation, 1991).

④ 译者注：艾弗烈·坦尼森爵士（Lord Alfred Tennyson），英国诗人。

⑤Lan Barbour, *Religion in an Age of Science* (San Francisco: Harper-SanFrancisco, 1990), p. 107.

⑥Barbour，*Religion in an Age of Science*.

⑦**译者注**：美国物理学家亨利·斯塔普（Henry Stapp），1993 年出版了著作《精神，物质和量子力学》（Mind，Matter，and Quantum Mechanics），记录他如何研究这项新的力量——他称之为自我导引的神经可塑性，或简称为心灵力。

⑧Gary Zukav，*The Dancing Wu Li Masters*（New York：Morrow，1979），p. 94.

⑨ **译者注**：英国物理学家戴维·博姆（David Bohm）提出了能够证明东西方神秘传统中存在着令人惊异的相似性的科学理论。

⑩Barbour，*Religion in an Age of Science*，p. 107.

⑪Barbour，*Religion in an Age of Science*，p. 220.

⑫Barbour，*Religion in an Age of Science*，p. 221.

⑬Michael Polanyi，*Personal Knowledge*（Chicago：University of Chicago Press，1960）.

⑭Richard Gelwick，"Polany：An Occasion of Thanks"，*Cross Currrents：Religion and Intellectual Life*，1991，pp. 41，380-381. See also Richard Gelwick，*The Way of Discovery：An Introduction to the Thought of Michael Polanyi*（New York：Oxford University Press，1977）.

⑮**译者注**：林奈（Linnaeus，C），瑞典博物学家，曾发表《林奈分类法》及《林奈式动植物分类法》。

⑯Evelyn Fox Keller，*A Feeling for the Organism：The life and Work of Barbara McClintock*（New York：Freeman，1983），p. 200.

⑰Robert Frost，"The Secret Sits，" from *The Poetry of Robert Frost*，Edward cannery Lathem（ed.）.（New York：Henry Holt，1979），p. 362. Copyright 1942 by Robert Frost，ⓒ 1970 by Lesley Frost Ballantine，ⓒ 1969 by Henry Holt & Co. Rrprinted by Permission of Henry Holt and Co.，Inc.

⑱Olive，*Dream Work*，p. 14.

⑲Keller，*A Feeling for the Organism*，p. 207.

⑳James Shapiro，University of Chicago，quoted in "Dr. Barbara McClintock，90. Gene Reseach Pioneer Dies"，*New York Times*，Sept. 4，1992，p. C16.

㉑Rainer Maria Rilke，*Rodin and Other Prose Pieces*（London：Quatet Books，1986），p. 4.

㉒James D. Watson，*The Double Helix*（New York：Atheneum，1968）.

㉓Leon Jaroff，"Happy Birthday，Double Helix，" *Time*，Mar. 15，1993， pp. 58-59.

㉔**译者注**：美国作家大卫·登比（David Denby）曾着有《伟大的书》，写作者从人文系毕业 30 年后回到哥伦比亚大学重温西方名著的精神漫游。

㉕David Denby, *Great Books* (New York：Simon & Schuster, 1996).

㉖Annie Dillard, *Teaching a Stone to Talk* (New York：HarperCollins, 1982).

㉗**译者注**：虔敬派（Hasidic）是虔诚的犹太教派之一，严格地遵从净洁和独立的祈祷仪式，反对世俗研究和犹太教的唯理论。

㉘A rabbit told me this Hasidic tale. I have not found it in print.

㉙RudolfOtto, *The Idea of the Holy* (London：Oxford University Press, 1952).

㉚Hannah Arendt, *Erichmann in Jerusalem：A Report on the Banality of Evil* (New York：Viking Penguin, 1964).

㉛**译者注**：加拿大科学家詹姆斯·沙比路（James Shapiro）等建立了成功进行胰岛细胞移植的爱德蒙特方案。移植大量的胰岛细胞并采用与以前不同的免疫抑制疗法。

㉜Sharon Bertsch McGrayne, *Nobel Prize Women in Science* (New York：Carol, 1993), p.170.

㉝I am grateful to Dawna Markova, scholar and practitioner in the field of bodily knowing, for information about the fight syndrome, "soft eyes", and the practice to ai-kido. For more on these subjects, see Andy Bryner and Dawna Markova, *An Unused Intelligence* (Berkeley, Calif.：Conari Press. 1996).

㉞**译者注**：一种日本徒手自卫术。

㉟Diane Ackerman, *A Natural History of the Senses* (New York：Vintage Books, 1991), p.309.

第五章

教学于共同体中——以主体① 为中心的教育

要看到一粒沙中的世界，

要看到一朵野花中的天堂，

将无限紧握于你的掌心，

将永恒捉住在片刻之际。②

——布莱克（Blake,W.）《天真的预兆》③

第 三 事 物

我们对世界的认知源自聚集在伟大事物周围的、复杂互动的真正的共同体中。但是优秀的教师所做的，要远超过把共同体中的新知识传递给学生。优秀的教师通过让学生积极参与真正的共同体的动态演变，重复认知的过程。

如前所述，优质教学一直在本质上是群体共享的，我也记得我曾说过教学并不等同于技巧。优质教学的后盾是共同体或联系性原理。然而这并不排除，不同的教师在创造共同体方面有不同的天赋，也使用了截然不同的方法。

让学生参与真正的共同体，并不等于叫学生用椅子围一个圆圈，然后一起讨论。不论是在大的还是小的班级，采用演讲、实验室操作、野外学习、服务、电子媒体等传统或各种实验性的教学法，都可以产生联系感。正如教学本身那样，建造教育共同体一定不能简化为技巧。根据教师自身的认同和完整，可以由一个原则衍生出无穷无尽的变化。

但是我们传统的教学法原理并非是群体共享的。它以教师为中心，教师只把结论传授给学生。它假设教师掌握所有知识，而学生只掌握很少知识，或根本没有掌握任何知识。所以教师一定要传授，而学生一定要收受；教师订定所有标准，而学生一定要达到这些标准。教师与学生在教室中共处的时间里，并没有体验共同体，而只是为了避免教师重复教授同一内容。

为了改变现状，一种反传统的全新教学法已经出现：学生和学习过程比教师和教学过程更为重要。学生蕴藏的知识将会获得释放，鼓励学生互相学习，问责的准则由小组间产生，而教师的角色则在促进者、学习同伴和必要的监控机制间变换。但是我即将论及，虽然这听起来像是一个共同体，但它很容易退化到远逊于真正的共同体的地步。

这场辩论的一方是关注严密性、以教师为中心的模式，另一方是关注主动学习的、以学生为中心的模式，有时我们会被这两极对立的模式弄得无所适从。我们发现两种方式均有启发性和优点，但两者又未能完全解决问题。当然，这使我们又一次陷入非此即彼的境地。我们的内心由于无法在两者间取得平衡而饱受鞭挞，因此也无法把两种模式的优点融会贯通。

也许在真正的共同体形象中，有着融合两种模式的提示，就是主体"坐在中间且知之"。也许课堂既不应以教师为中心，也不应以学生为中心，而应以主体为中心。在真正的共同体模式中，课堂上教师和学生同时专注一件伟大事物，在这样的课堂上，让主体——不是教师或学生——成为我们专注的焦点，以教师为中心和以学生为中心教育的最优特质获得融合和超验升华。

如果我们要把课堂作为真正的共同体，一个让我们彼此坦诚相对的共同体，我们必须在教学的核心范围内，加入一件伟大事物，也就是**第三事物**。当学生和教师是唯一活跃体，共同体很容易自我陶醉，不是教师成为绝对的权威，就是学生永远不会犯错。直到我们建立起一条能同时度量教师和学生的宽松标尺——正如伟大事物所能做的，才能建立一个能同时体验严谨和参与的学习型共同体。

任何情景的真正的共同体都需要一种超验的第三事物，令你、我对超越我们自己的事物问责。这是教育领域外早已广为人知的事实。在宗教生活中，当一个共同体将终极权威赋予其封圣领袖或其成员的主流思想后，除非共同体已经发展成为一个能同时审判信徒和神父的超验性中心，否则只会沦丧成偶像崇拜。在政治生活中，超验性中心能把煽动恐惧的首脑及充满恐惧的追随者都召唤在一起，去从事超越恐惧的努力，所以，一个国家缺少这样的超验性中心，公民的生活就会沦落，有时甚至会沦落为法西斯恶行。

以主体为中心的课堂是以这样的事实为特征的：第三事物真实存在，且生动活泼，有声有色，以至于能令教师和学生都为他们的所做所说负责。在这样的教室中，并不存在惰性事物。伟大的物质如此活跃，教师可以当学生，而学生也可以当教师，彼此都可以伟大事物的名义向对方发表其见解。在这里，教师和学生都拥有一种超越本身的力量——这就是超越了我们的自我专注、拒绝把我们削减为只需要自我关注的主体力量。

我可以用一个谦逊甚至有点令人蒙羞的例子来说明这个核心概念。我想起一个曾令我感到十分困窘的时刻（也许你也有这种经历）：在对某课题做出评论时，一名学生发现这句话与我以前曾经说过的话，或者是书中的某些内容，又或是学生从我或书本以外的地方学到的知识相矛盾。

在一个以教师为中心的课堂上，被学生捉住你的讲课内容矛盾，你会感到失败。你尴尬万分，为应对挑战我会无所不用，其高超拳术足以令拳王阿里（Ali, M.）都难忘："当然，在你听来像是矛盾的，但是，如果你仔细去看看关于这个问题的原文——你可能没看过，因为原文是芬兰文写的——你就会发现……"

但是，在一个以主体为中心的课堂上，由于围绕着伟大事物，捕捉到矛盾的情景可能代表成功：现在我知道伟大事物活生生地、真实地存在于我们之间，所有用心注意它的学生都可检验、纠正我。在这一刻，伟大事物不再局限于我对它所做出的描述：学生未经中介而直接接触主体，他们可以运用他们的知识挑战我的结论。这不是尴尬时刻，而是为卓越教学欢庆的时刻。卓越教学就是这样赋予主体和学生他们自己的生命。

在一个以主体为中心的课堂上，教师的核心任务是要为伟大事物提供一种声音，一种能力，独立地把真理说出来，让学生都能听到和理解，而不仅仅是借助教师的声音说出真理。当伟大事物为自己说话时，教师和学生更可能进入一个真正的学习共同体，这个共同体不会瓦解于学生或教师的自我之中，而且知道要对核心的主体负责。

为了避免以主体为中心的课堂听起来怪异，我们来看一看幼儿园的情况：一位优秀的教师与一群五岁的小孩围坐在地板上，一齐读一个关于大象的故事。透过那些孩子的眼睛，几乎可以看见圆圈中间真的有一只大象！而且以那件伟大事物作为媒介工具，其他的伟大事物也进入房间，例如语言和传达意义的美妙符号。

或者考虑一下在越来越多的校园内开始流行的义务实习计划，这些计划把学生分配去参加与他们的学习领域相关的共同体活动。在一所州立大学的一个规模很大的政治系班级中，四分之三的学生被分配按正常的课程大纲学习，其余的人除了要学这些内容外，还要去参加实习。人们可能认为后者的学业成绩会较差；毕竟，他们必须付出额外的时间和精力去完成实习任务，而且可能有人一开始就不喜欢这个安排。但是这些学生的学业成绩**更好**，而且在个人层面与这个学科建立起更紧密的关系，因为他们参与共同体工作时遇上的伟大事物令他们念的书本知识更加真实。④

或者想想现在学生用数码科技手段学习的情况——如果我自己的经验能说明问题的话，这是一个把我们的注意力集中在伟大事物上的很特别的方式。我一直以来都沉迷于太阳系和它的运行，可是我在大学上的天文学课和我后来看的书都不能使我对理解的渴望得到满足。

但是当我最近坐在计算机前，操作只读光盘上的一个天文学"实验室"时，我已开始消化这门学问的基本原理，并从中取得了巨大的满足。

促进我学习的一个原因，是计算机产生的虚拟实境力量。我能借此制造及操纵行星模型、它们的卫星、它们之间的关系、地心引力的游戏，把我的注意力扩展到无限的宇宙，然后就像在家里一样，绕着它走一圈，而且走进去。（然而，当我更清晰地理解我的概念时，它就是我的家！）同时，我能马上透过相片和技术信息强化我的理解，同时还有图表告诉我晚上应该朝哪里观察天空。许多教室里的学生现在能使用相似的技术，把自己和建筑学及动物学等学科中的伟大事物联系起来。

具有讽刺意义的是，客观主义虽然**貌似**把知识的客体看得高于一切，实际上却造就了一个以教师为中心的课堂。客观主义是如此沉迷于保护知识的纯洁，学生被禁止直接接触学习客体，以免被他们的主观性污染了。无论他们想知道什么，都一定要经过教师的传授，教师代替知识，成为它的代言人，并成为学生注意力的唯一焦点。

在极端的情况下，以一位顽强地抗拒学科教学法改革运动的数学教授所说的话举例，对客体纯洁性的这种探求最具代表性："作为数学家，我们最主要不是要对学生负责，而是要对数学负责：去保护、创造并提升数学的水平，我们是为了未来的几代人来保护这个科目。"他宣称，好学生是命中注定会成为数学家的人，好学生"能在任何教育体制下生存，我们的未来就掌握在这些人的手中"⑤。

由于诸如此类以教师为中心模式的被滥用，产生了以学生为中心的模式，但是它同样被滥用。在一个以学生为中心的环境中，有时产生不经思考的相对主义倾向："你有你的真理，我有我的真理，我们不必去考虑它们之间的差异。"当学生被放在中心位置时，教师可能会放弃太多的领导权；当什么都以学生为圭臬，就很难再去正视个人或团体的无知和偏见了。

看到有可能建立一个以主体为中心的课堂后，我现在重新聆听学生心中伟大教师的故事，"对主体的激情"往往是最常听到的特质（激情不一定嘈杂，但可以无声而强烈），我总是以为激情使一位教师出色，这是因为它把感染力的能量带进教室，但是现在我认识了它更深层的功能。对主体的激情和热衷把主体而非教师推进学习圆圈的中央——而且，当一个伟大事物是学生所思所想时，学生就直接获取学习和生活的能量了。

以主体为中心的课堂中，学生不会被忽略。这样的课堂尊重学生最重要的需要之一：被引进一个比他们的经验和自我世界更大的世界，那是一个能拓展他们个人界限，并扩大他们的共同体归属感的世界。正因为如此，学生常常把伟大的教师描述为能把他们从未听说的东西"讲活了"的人，给他们提供与他者相遇的机会，从而也令学生生龙活虎起来。

以主体为中心的课堂也尊重教师最重要的需要之一：激活我们的主体、我们的学生和我们的心灵之间的关联，令我们一次比一次完整。把弗罗斯特所写的"秘密"放在那个圆圈中央，我们想起当初激励我们走进教师行列的那份激情——若只有我们和学生围着一个欠缺伟大事物的圆圈坐，我们就记不起那份激情了。

微观小宇宙⑥的教学

一想到教学就是要开创一个实践真正的共同体的空间——我就提醒自己尽量少花时间用信息和我自己的想法把空间填满，而要多花点时间营造一个学生与主体及彼此对话的空间——这时，我常听到一种发自内心的不同声音："但是我的领域全是实际的知识，学生必须先掌握了这些知识，方可在这个领域内继续探索。"

这种声音催促我去履行接受教师培训时所被要求的：用我的知识挤满空间，即使这么做会把学生挤出去也在所不惜。我听着这种声音，由于这个错误的理由，此时以学科为中心的课堂模式变得颇有吸引力：我可以以这种声音为借口，滥用它，让学科本身的内容要求填满所有空间。

当我抵挡不住那种诱惑时，那不仅仅是由于我所接受的培训或由于我的自我要霸占中心位置。跟许多其他我认识的教师一样，由于我具有专业操守，所以我把所有的空间都填得满满的，是专业操守使我要为我的学科完全负责，要为我的学生准备好升学就业负责。引述很多受到这种专业操守所驱策的教师的说法，专业操守要求我们"覆盖整个领域"。

这份责任感无可厚非。但我们由此得出的结论——若要覆盖整个领域就非得牺牲空间不可——基于**空间**与**内容**互斥这一错误的假设。要在真正的共同体中教学，我们一定要想办法把这对显性矛盾转变成一组悖论，而这组悖论既尊重一定要学会的内容，亦尊重学习过程所需的空间。

我们可以从一个简单的教学法事实开始：如果课程的目标是去传递很多信息，最差劲的方法就是不停地演讲（虽然演讲能很好地达成其他目标，稍后在我描述的方法中会提到）。人脑根本没法一面听滔滔不绝的演讲，一面把排成一路纵队行军而过的大量事实留住、记住。透过课本或电子版本传递事实更为有效，因为学生所做的事恰恰与大脑的功能相符：找简短但反复出现的部分，先看一遍，然后再看一遍，再检查一次，然后再推敲一次，找出它们之间的相互关系并且应用。

当所有关于某一主题的事实一齐都灌给学生时，学生感到不知所措，对事实的掌握也一闪而过。为此，我们可能要重温那个覆盖整个领域的隐喻，它好比无意识地将教学描写成盖在草原上的巨形油帆布，没有人能看见它盖着什么东西，而油帆布之下很快会变得寸草不生。对那些被塞满了事实的课程所占据的学生，这个比喻并不算过分：他们没有了解主题，记住足够的信息仅仅是因为渴望通过测试，而且他们永远不会重新拾起一本关于那个主题的书。

我们如何才能协调空间和内容之间的需求呢？当我问自己这样的问题："在称为课堂的空间里，怎样最有效地使用我和学生共同分享的短暂时间？"此时，一些方法就开始为我出现了。

我不用这个空间告诉学生一般从业者就这个科目所知道的一切——因为学生既记不住也不懂如何用——反之，我要把他们引进那个领域的实践圆圈里，进入其真正的共同体的版本。为此，我可以呈现少量关于这个领域的重要信息，帮助学生了解这个领域的从业者如何生成信息，检查并修正数据，思考数据，使用并应用资料，并与其他人分享。

这样我就能提高教学效果，同时创造了空间并尊重所探讨问题的内容。但是，怎么才能确保少量的重要信息足以代表任何庞大的领域以及我们试图认识的伟大事物呢？只要我们要记住每个学科的核心都有一个格式塔、一个内在的逻辑、一个与伟大事物相关联的特有模式，答案就随之而来了。

这样，每个学科都像一张全息摄影的照片，在第四章中曾经提过有些物理学家用它来描述隐藏在现实本身后面的逻辑。全息摄影是一连串我们觉得非凡的视觉信息，因为它让我们在二维的平面上看到三维空间。但是一张全息照片有一个更了不起的特征：全息摄影图的每个部分都含有整体所拥有的全部信息。

一位物理学家这样描述它："如果玫瑰的全息摄影先剪成两片，再用激光照射，我们从任何一半仍然能看见整个玫瑰的影像。如果把两等份再次分割的话，我们会发现每一小片都永远包含着一个较小但是和原来的影像完全一样的版本。"[7]拿起全息摄影的任何一部分，你都能完整地重建它。

两个半世纪前，布莱克在《天真的预兆》中已经预见了一个简单的影像，他认为我们能"看到一粒沙中的世界"[8]。所有学术科目都是从"一粒沙"去观察它们自己的世界。所以，为什么我们仍要把满满一车的沙子倒给我们的学生，令他们看不到全部、对所有事物都一知半解，而不是拿起一粒沙子，让他们学着自己去瞧瞧看？对一门学科表示敬意的最佳方法可以是少而精，为什么仍要不断想去覆盖整个领域呢？

每一门学科都有其内在逻辑，这种立即如此精深，以至于每一块关键组件都包含重组整体所需的信息——如果用激光照射，一组有高度组织结构的光就会把所有一切重组。这支激光就是教学行为。

这个理论像是很难转化成实践，可是它正透过一些我们确立已久的教学法在推行。想一想科学实验室。30 位植物学专业的学生透过30 台显微镜正在观察同一植物的茎部。在教师的指导下，或独个儿或集体观察这粒沙中的世界。就是在这个过程中，他们学习这门学科的逻辑、观察和解释的规则和一些实质的事实。他们借着观察发现这个微观小宇宙—— 然后发现一个、一个又一个微观小宇宙——最后就能转变为整个学科的能力。就是通过深入地钻研这个独特的个别，这些学生发展了对整体的全面理解。

无论我们学习哪一个伟大事物，总会有一件等同显微镜下面的茎部的事物。在每一本不朽的文学巨著中都会有一个段落，当你深入理解它时，就能明白作家如何展示人物个性、建立紧张局面，创造戏剧性的场面。理解了这些后，学生能更有见解地看完小说余下的部分。在历史的每个时期，都有一件大事，当你深入理解它时，不但明白历史学家如何工作，而且对那个时代的一般动态有更清楚的认识。在每位哲学家的作品里，都有一个中心思想，当你深入理解它，就能揭露他（她）有系统或无系统地思考的基础。

这样进行教学，我们不但不会遗弃促使我们要教完所有内容的道德规范，反而会更深切地去尊敬它。从微观小宇宙出发的教学中，我们要同时对主体和学生负责任，不会像一间智力的快餐店那样只把"片面"的信息传送学生，而是去帮助学生理解信息是从哪里来的和它的含义是什么。我们同时要尊敬学科和学生，要让他们不是像鹦鹉学舌那样把别人的结论背出来，而是要他们像历史学家、生物学家或文学批评家那样去思考问题。

我想提供两个在有大量事实内容的学科领域中如何运用微观教学的活生生例子。在下一节，我会讲一个关于医学教育改革的大故事。之后，我再讲一个我自己的关于社会研究方法课的小故事。希望通过这些故事，展示使用微观方法来教学不但在真实的世界可行，而且远比善意但错误地覆盖整个领域的教学法更有效率。

医学院里的微观小宇宙教学

在一所很大的研究型大学做完关于教育共同体的演讲后，我被医学院的院长邀请去吃午餐，他说他有一个我可能会感兴趣的故事。

好几年前，他和几位同事已经开始担心他们的学生会变成什么样的医生了。待学生们完成了医学院的学业，当初把他们中许多人吸引进入医学院的怜悯之心大都已经消失了。当初入读医学院课程时学生大都深深地关心病人和他们的健康，但是在四年后，他们很容易把病人视为可以修就修理好，修不好就扔掉的东西。

院长和他的同事也担心已经学会该如何学习的毕业生太少。他们已经掌握了在传统的课程中教的理论和事实，但是那个课程并没有教他们该如何不断与时俱进，跟上与日俱增的知识发展的需要，因为现有的知识和几年后的知识必定会不同。

因此，院长和他的小组开始提倡换一种方式。为了要解释它的重要性，院长向我描述了一个传统医学教育的情景：

> 头两年，学生坐在一个礼堂内，教授则坐在讲台上，手执教鞭，对着一具挂着的骷髅指指点点。学生的任务就是记住所有信息，在测试中把它默写出来，并且能在实验室内使用它。
>
> 然后，从第三年开始，他们跟他们第一位活生生的病人见面。而我们奇怪为什么他们会像对待一具挂着的骷髅那样去对待病人！还用说嘛，这样单向灌输式的学习根本没为学生提供任何自己主动去发现的经验。

但是，把病人物化、把学生当灌输对象还不是院长和他的同事所忧虑的唯一问题。他们也担心一种学术文化——这种学术文化令学生急功近利，学习动机不是治愈疾病，而是为彼此在竞争中击败对方自己胜出——这就导致一些可悲的后果了。

　　偶尔有位教授会把一本载有要求大家阅读的论文的期刊放在图书馆的不外借书架上，但是等第四或第五位学生看过后，就有人为了一己私利用小刀把它剪下来，据为己有。这再次显示，他们对病人的怜悯之心已经消失了，因为那篇文章的信息可能有朝一日会帮助某位医生去医治好一位病人。再次显示，学生并没有学会如何以自我鼓励的方式学习，而只学习了在你死我活的竞争中获胜。

　　所以院长和他的盟友提议了一个新方式，它原来是安大略省哈米尔斯顿麦克马斯特大学①发展出来的。这个新方案的主要特征是学生从他们进医学院的第一天开始，都集聚在一位活生生的病人的周围，围成一个个小圆圈，由他们诊病并为疗程开处方。

　　院长赶紧向我保证在每个圆圈中都配有一位导师，一位负责教学的医生，他会确保这群外行医生不会对病人造成伤害。但是导师的工作是既不告诉学生诊断也不告诉学生处方。导师在那里的目的是引导大家合作探讨研究这个"伟大事物"——即病人和疾病与健康的问题——而这些就是学生注意力的中心。

　　院长解释说：

　　　　从一个角度来看，坐在那个圆圈中的学生所知很有限。由于我们录取各主修学科的人入读医学院，他们当中有些人完全没有接受过医学院预科的教育，即使那些有医学院预科背景的人也没有真正的临床训练。

　　　　但是从另一个角度来看，这些学生其实知道很多东西。作为个体，他们已知道一些事情，因为他们全部曾经生过病，而且曾经认识生了病的人，因此他们对于疾病和健康有亲身的经验。

　　　　作为一个团体，他们的所知则更多。这里坐着一位在观察方面很有天赋的学生，正在注意病人呆滞的目光。那里坐着一位在直觉方面很有天赋的学生，正在从病人的肢体语言上收集信息。而那里坐着一位在发问方面很有天赋的学生，在几分钟之内获得的信息比我们大多数人要花一小时才能获得的信息还要多。

如果你有本事能通过有效的群体程序让所有那些人以及他们的所感所知以指数方式递增的话，有时一群外行人也会有真知灼见的。

在这个医学教育模式中，这一小群围绕在病人周围的学生，这一真正的共同体的小型版本，就是转动更大车轮的轮轴。从这个中心，从这个活的中心，学生向外开拓到其他教育环境中，主动去寻找在中心找不到的真知和灼见——到图书馆去做独立研究，到演讲厅去吸取有关各种不同主题的系统性信息，到研习班、到工作坊、到实验室去实践各种特别技术的应用。但无论身在何处，他们总会回到中心的轮轴，带回帮助他们了解病人和病情的新事实和理论。然后他们又带着新的问题、集中从其他地方吸取的新知识，再次从中心走出去。

院长和他的盟友建议设立这个模式，而且在学院大范围内经过了大规模长期辩论后，它勉强被接纳了。混乱平静下来后，那些持异议的教师做了两个相反的预言：新的教学法的好处是将必然会改善对病人的态度和毕业生的医德；而其坏处是破坏力十足，足以抵消好的方面，使之黯然失色。

持异议的人们说，新的教学法将会把标准化测试的分数拉低：在这个课程中再没有任何人会有系统地覆盖这个领域并把事实强行灌输给学生。不论新的方案多么有人文价值，但它不能"认真地对待客观知识"，将令学生和学校都陷入危机，因为这两者的成功与失败、生死存亡都完全取决于测试成绩。

院长问我想不想猜一猜这个计划被接纳六年后发生了什么事。我想我已经知道答案了，因为我们通常不会只是为了要把失败的经验告诉一个人请他吃午餐。但是我想听院长用自己的话讲完这个故事。

批评者有关对于医德和对病人的态度都会有进步的预言是正确的。过去这几年都没有人把论文从期刊里剪下来，而且我们不断地收到表扬学生如何帮助病人的报告。

然而，他们对于客观测试的判断却错了。测试分数不但没有下降，而且开始上升，而且在我们使用这种方法进行教学的那段时间里，测试分数已经持续地、慢慢地上升。接受了这种医学教育，我们的学生不但变得更关心病人，而且好像还学得比以前更聪明、更敏捷。

为什么会这样呢？我想要简短地调查的原因，恰恰与真正的共同体中从微观小宇宙进行教学的力量有关——这个案例中的微观小宇宙就是处于学习圆圈中心的、被称为病人的伟大事物。那位病人代表着大多数学生想要当医生的原因——就是帮助病人痊愈。从他们接受医学教育的第一天开始，学生以他们最初的动机水平参与教育，在余下的训练之中他们都能保持住这个水平。

这是这些学生现在表现得道德水平提高的一个原因——我们希望这种道德规范将陪伴他们一起进入专业生活之内。院长的报告中提及论文不再被人从期刊中剪掉，代表其行为变得更符合伦理道德规范，这时一个人最关心的是伟大事物，而不再是自我。那些论文依然留在期刊中，表示这些学生在学习怎样去帮助别人痊愈，而不是去击败竞争对手。

但是把伟大事物置于我们的注意力的中央不但对伦理道德有好处，对智力发展也有好处：这些学生变得"更聪明、更敏捷"。这至少有两个原因，而且都与真正的共同体中的教育力量有关。

首先，人类的大脑在面对孤立的、支离破碎的资料信息时并不能充分发挥功能，它善于处理有意义地连接在一起的信息形式，正如一个信息的共同体一样。形式是指当学生通过病人的故事学习医学知识时，那个故事提供了内在和外在的连接：它把关于这位病人的各种不同的事实以相互关系、演绎和解释联系起来，它以典型的人性的意义把病人和学生联系起来。

院长所说的一句话与我们对于人类的大脑如何运作的认知完全相符："20年后，当这些学生中的一个人想起肾是如何运作时，他将不会记得某一本教科书中的某一段事实，而会想起这是史密斯太太的故事。"换句话说，记忆取自群体联系形式，即现实本身的形式。

其次，由于学生一起学习，所以真正的共同体发挥了教育力量。虽然我们依然坚信竞争是提升学习动机的最好方法，但因这些学生的个人学习使他们能够为群体的探讨作出贡献，或至少不想让小组其他成员失望、令自己难堪，他们的学习动机要强得多。一起学习也为他们提供了一个从别人的眼睛看待事实的机会，而不是强迫他们透过他们自己有限的视野去审视每一件事物。他们能检查而且纠正从各种不同的观点所看见的一切，因而有机会得出更趋于正确的结论。

有人说集思广益，我们联合在一起肯定会比我们当中任何一个人单打独斗都要聪明，也许这句格言并不只是我们的主观意愿。这个医学院的故事让我相信，一个以真正的共同体为基础的教学法不是浪漫的幻想，而是对于极迫切的教育需要所作出的实际响应。

社会研究的微观小宇宙教学

我关于从微观小宇宙进行教学的第二个例子要比医学院的教育改革温和得多，所以也许这个方式能更贴近日常的实践。

社会研究方法这门课，由于其典型的教法就是滔滔不绝地把信息灌输给学生，所以是社会科学课程中最令人思想麻木的课程。我也是用那样的方法教了好几年，直到学生都昏昏欲睡，而我不得不寻求其他更具生命力的方式。在我当时任教的那所大学中，方法论是一门必修课，一般班上都会有 150 位学生，因此我需要想办法在一个演讲厅里而不是一个舒适的会议室里模拟真正的共同体。

为了举例说明我所模拟的真正的共同体，我会集中展示课程中期的一段为时两周的经历和体验。在这段日子里，我要求学生学习一些关于社会现象是如何被发现的伟大事物：如何形成观念，发展指标，用指标收集信息，在相互关联的信息中找出规律，并解释那些规律可能代表的意义。在这两个星期内清楚地定义这些目标有助于界定空间，这空间很快就围成创造性的一群。

为了把主体放在注意力的中心，我在黑板上画一个简单的四格统计表，整整两星期我都把它留在黑板上，作为我们探索的"一粒沙"（见图5.1）。四格统计表置于我们探索的圆圈中心，我就统计表不断提问题。教学随之展开：我耐心等待沉默结果，直到学生作出回应；鼓励学生不只跟我对话，也彼此展开对话；当讨论变得纠缠不清、难分难解时，我就来个"小演讲"去理清，紧接着又是新一回合的探索和对话。我希望把这些学生深入地带进方法论的微观小宇宙之中，让他们学到这个领域的实践逻辑，或至少理智地应用于社会研究领域。

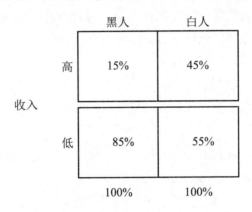

图5.1　收入与种族的关系

要把两个星期里我跟学生所做的每一件事都记述下来，恐怕不仅我没有足够的篇幅写，你们也没有耐性看。但是我可以通过描述我们的**观念形成**方法来说明所发生的事情。

为了使"观念形成"这个抽象的概念更生活化，我选择种族作为我们探究的焦点，因为种族在我们社会明显是一个很敏感的问题，而在我当时执教的大学里更是个极可能引起激烈反应的问题。我相信探讨种族的观念会营造抓住学生注意力所需的张力，结果证明确实如此。

第一节课一开始，我们注意到，制作这张表格的研究者不但把种族作为一个他们要研究的因素，显然也找到了一个把他们访谈过的人分类的方法。

"告诉我，"我问，"你如何决定一个人的种族是什么？"

几个学生瞪着我，惊讶我问的问题竟如此愚蠢。然而他们大部分人别过脸，眼睛望向别处，也是因同一理由！我内心努力保持镇定，忍受着这段死寂、麻木，那时我很想放弃从微观小宇宙进行教学，倒回头光演讲算了。

但总算我够有耐力，一位坐在教室后排的学生举起了手，有点迟疑。"好，请，……"我说。

"哦，你看嘛。"她说，"一看就知道了吧。"

用这种方式教学，当沉默已经变得痛苦难忍，任何反应都无比受欢迎。我感到宽慰，就好像这位学生发现了相对论！我对她的回应表示了感谢，然后紧张地追问下去。

"告诉我，"我说，"你看什么呢？"

现在更多的学生确信我真的疯了，但开始有点劲头了，也许因为他们受到了激励。

"嗯，你看颜色嘛，看皮肤的颜色嘛！"坐在前排的一个学生说，其口吻显示他既恼怒又觉得好笑。

"谢谢你，"我说，"现在让我们周围看一看在这个房间里的脸孔吧。这里有大概 10 到 12 种肤色，从深黑到净白的都有。这是不是代表我们这个房间里有 10 到 12 个种族，还是表示你们当中的一些白人经常去晒太阳？"对话一直延续下去，有时令人感到挫败，有时感到很可笑。但是，一步一步地，笨拙地，我们迈向关于"种族"的基本事实。

经过讨论，学生对种族这个问题更加严肃认真。就算种族是一个确凿的概念，也不是以神或大自然所提供的框框存在的。种族是一个没法区别的基因频率的连续体，我们经过所谓的"概念形成"行为，将其分类。我们人类在遗传基因连续体的各个不同点上做出记号：穿过这个点你就是白种人，穿过那个点你就是非洲人，穿过另一点你就是亚洲人了。

随着我们继续探索下去，学生开始认识一些关于观念形成的重要事实。这个被称为种族的概念是我们思想分配和简化错综复杂的人体信息的人为产物。不论好坏，这个人为产物的形成绝非等闲之辈，我们把种族概念化的方式对这个世界的影响关系重大。

因为种族的概念对社会和科学都关系重大，所以我们一定要知道有没有合理据的分配信息的规则。观念形成只是由社会偏见所左右的随意行为呢，还是存在这种更忠实于数据的基因频率连续体的分解归结方式呢？——或更忠实于人类的？——或其他什么？

当然有合理据的规则，而且学生会更热衷于学习这些规则，因为经过了跟微观小宇宙及其提出的议题的交锋，他们对于界定种族的要素有了更深刻的认识，要比我能给他们的演讲更深刻。

他们的认识超越了种族的特性，一直探索到潜伏在任何观念背后的动态。他们当中有些人可以用他们的知识成为新观念的创建者——因为他们如今学会了自己处理数据、拥有些识别新知识的准则。其他一些人可能成为更精明的聆听者和发言者。既然如今已经明白那么多的因素都取决于我们的头脑"把点连起来"去建构经验现象，他们不接受那种轻率、随意使用像**性别或国籍**等其他观念的做法。

我在采用从微观小宇宙教学的方法之前，我就这些内容的演讲还是挺不错的，而学生也学到了不少东西。但采用从微观小宇宙教学的方法后，我说话的空间少了，开放更多的空间给学生与主体直接对话，他们学得更多，也学得更好，他们不只学到了社科学家所知道的东西，也学会了自己进行社会科学探究。

开放空间与技术手段

无论我们从其他教育家或从我自己的经验中收集了多少个成功故事，每当我尝试创造可以实践真正的共同体的空间来教学时，我都要与我自己曾受过的训练作出强烈的抗争。

和大多数专业人士一样，我一直被教导去占领空间而不是去开放它：毕竟，我们是知者，因此，我们有义务把所知的一切告诉别人！即使我已经拒绝了那个荒谬的常规，但是每当藐视它时我仍会感到内疾。内心一个很大的声音坚称：如果不能用自己的知识填满所有的空间，我就是在混饭吃。

我认识一些医生，内心有类似挣扎。如果他们不是简单地告诉病人哪个部分已经"坏掉了"，以及医学能如何治好它或不可能治好它，而是邀请病人共同诊断他们自己的病情、治疗他们自己的疾病时，问题就出现了。事实上，所有专业人士都给这样一个神话扭曲了：我们以自己努力学来的权威知识占据全部空间，就是在对客户提供最好的服务。

我们对于开放而不是填满空间的抗拒还因如下的事实而加剧：如果我们决定改变我们执业的方式，须花很长的时间去转变，而且当我们处于过渡阶段时，我们往往做得不是很好。因此向一个新的教学法进发的过程中，总有一些日子，我们为学生提供的服务不好，我们的内疚感因此而加深。

为了抵消内疚感，我需要至少两样东西：一样是开放学习空间时我做事的理念（这是我写本章的原因），另一样是认识维持一个开放的空间所需的技术手段。

只要仍把填满空间的能力作为检验我们的专业胜任程度的唯一标准，而认为创造空间只不过是为了顺应潮流，我们就永远都无法把课堂向真正的共同体开放。只要我们仍不明白开放学习空间比填满它需要更多的技巧和权威，我们就会输掉与内疚的抗争，而我们的教学就会开倒车，恢复照本宣科的状况。如果我们要尊敬和发展创造学习空间所需的技巧，我们一定要把它们明确地点出来。

有些技术在上课前就需要了，比如构思学习过程，选择教材，设计作业和练习，以及计划时间。如果不做好符合开放空间的准备和决策，课还没开始，空间就消失了。

我一定把课程设计成这样：让学生全神贯注于互动中而非填鸭，克服总想把信息灌给学生的倾向，让他们直接面对主体、彼此和自己；我一定给学生阅读一些他们需要知道的东西，但要留出学生可自己思考的空间，又因基本教材往往有这个优点，我一定熟读所教领域的文献；我一定要创设一些让他们去探究未知的领域的练习，以及证明他们已经学会了多少内容的作业；我一定要建立一个容许意想不到的事情发生的时间表，同时也有时间掌握计划中必须学会的事实的。

　　准备学习空间所需的能力至少跟准备一节精彩的演讲课所需的能力相仿，当然比蹩脚演讲课所需的能力则有过之而无不及。然而，尽管列出这么长的"一定"要具备的能力清单，可我还没有迈进教室的门呢。一旦走进教室、关上门，就需要用另一组技术来保护这个空间。举例来说，在方法论的课程中，我依赖提问这种技巧，直到我真的尝试去应用它以前，我一直都以为它很容易。然后我才发现竟要在那么多不同的问题类型中作出选择。

　　有些问题关闭空间不给学生思考："在第四章中，教科书就观念和指标是怎么说的？"另外一些问题开放过多的空间以致令学生迷失于无人之地一样："这张四格表格能说明什么问题呢？"能真正帮助学生学习的问题正好处于这两个极端之间："假如你是这些研究人员中的一员，你会如何决定你的主体属于哪个种族？"

　　当然，提问的技巧不只是问正确的问题类型，更要用既不恐吓也不贬低身份的方法来发问，也要以同样的开放性和吸引性对待他们的回应。每位优秀的教师都知道除了某些字眼以外，有时一些轻视的非语言判断也能很快冻结一场讨论。

　　当我们学会问好的问题时，我们发现我们需要具备另一种能力：把一个教师与个别学生之间的一问一答变成能在房间内到处反弹的复杂公共对话。当我把学生的眼睛从只看着我转向彼此互相注视时，学生学到更多。

　　我一定会把向着我发表的意见反弹给这个小组，只需要说，"你们对于刚才桑德拉（Sandra）说的话有什么看法？"最好方式更巧妙些。但不论用什么方式，这种转向是对我心灵的挑战：我一定要学会相信共同体具备所需的智慧去处理手边的议题。

　　当学生说的完全不正确时，我对这种挑战感觉最强烈。我身体内的每个细胞都想站起来以真理之剑击破这个谎言。如果我想要鼓励真正的共同体中需要的对话，我一定要在关键时刻学会问自己一个简单但高要求的问题：要等多久我才去挥舞我的宝剑？我能等 30 秒吗？一分钟？等到这小时结束时？等到下一节课？

当我考虑我的选项时，就变得更清楚了：其实我不需要马上去挥舞这把剑。即使谎言出现在我们面前，几分钟、几小时或几天以后，我们和真理都依然存在。接着，每当我从想要急迫地回应退后一步，就越有可能群体中另有人会迈前一步，挑战刚才发言的那一位。这时，真正的共同体就活跃起来了。但是即使我学会了问好的问题、改变答案的方向和让学生参与对话，任务仍未完成。我一定要学会提升和再构造学生所说的话的技巧，以便衡量我们学习有多少进展、还差多少。

真正的共同体的富有在于它的过程是非线性的。它的轨道通往四面八方，有时围绕自己兜圈子，有时飞跃向前。在创造力的混乱过程之中，教师一定要知道何时和如何在我们的意见之间拉一条直线，显示出验证我们已知的事情和把我们引向新天地的探究轨道。

为了做到这一点，我一定要注意听学生所说的每一句话，能将其刚发表的意见跟 20 分钟前发表的意见联系起来。用心聆听可不容易——它消耗人的心灵力量的速度令我又疲惫又惊讶。但当我抑制自己权威的冲动时，就容易多了。只要我内心那股总想着下一步说什么的冲动一停，只停片刻，我就开放了内心的空间去接收外来的对话。

一旦我聆听并追踪了轨道，我准备好再建构，把我们所学的与我们的过去与未来联系在一起。举例来说，方法论课程的学生，靠他们自己，得出与"种族并非生物学事实而是心理建构"接近的见解，但是他们尚未飞跃到把种族建构为"无差别的，而我们人为将其分类的基因频率连续体"。

学生正缺乏那种语言，因此我的工作是再构造我们对话中的分散零碎片。但是我要等一个恰当的时机去让学生把经历当成他们自己的，正如他们自己做了一项发现，但尚未用语言表达出来。通过再构造，我们完成三件重要的事情：我们把对话的元素聚集起来并使其连贯一体，我们筑起了一座通向下一个主题的桥，而且我们是以学生参与一个微缩版的真正的共同体的方法去达成的。

借着重建真正的共同体中教与学的动态过程，我提醒自己，从事这种教学过程远比随波逐流要付出更多。若要开放这种教育空间，我一定要先磨炼好某些技巧，还要学会其他技巧。

共同体：多变与障碍

让学生参与真正的共同体的动态是优质教学法的原则。但是我研究的创造课堂共同体的各种方法既不是规范也不详尽。用以复现真正的共同体的"正确"方法是发自教师的自身认同和完整。

在探索了许多年后，对我来说，正确的方法似乎是与学生围坐成一个圈（或在演讲厅尝试把我们自己当成学生，和他们围坐在一起），并引导对其间伟大事物的探讨。但是还有别的方法去形成教室中的共同体，其中一些方法看起来并非像共同体这个名目下的互动接触。

我只需要重新提一提我在第一章中写到的导师。在他的社会思想史的课上，他不停地演讲，而我们成排地坐在那儿记笔记。但是那些课并不是以教师为中心的：虽然我们几乎没说话，但他的演讲没有把他自己，而是把主体置于我们的注意力的中心，而且不知何故，我们聚集在那个主体周围，而且开始与它互动了。

我的导师是怎样引起学生对真正的共同体的兴趣的？他的讲授不单呈现了社会理论的信息，同时化身为社会思想的舞台。他除了解释伟大思想家的理念，还把他们的生平故事讲给我们听。我们几乎亲眼看到马克思孤独地坐在大英博物馆的图书馆里写《资本论》。透过动态的想象，我们不单与思想家本人建立了关系，也跟激发他思想的个人和社会背景建立了关系。

但是导师的课的戏剧高潮还在后头。他说一句马克思的主要观点，我们像圣言一样把它一字不漏地抄在笔记本上。然后他的脸上露出迷惑的表情。他停下来，走到另一边，回望他刚离开的空间，然后用黑格尔的观点论证他自己的看法！这并不纯粹是一种刻意的人为举动，而是占据着这位教师的思想和心灵的智能戏剧的真实表现。

当然，**戏剧**不只意味着表演，这一事实帮助我们无需透过面对面的互动就能找到一个可触摸到的强有力的共同体模式。当我看一出好的戏剧，我有时候会觉得和这戏剧之间存在某种联系，好像我的生命被搬上了舞台。但我并没有大声对答台词、越过走廊、跳上舞台和参与演出的冲动。坐在观众席上，我已经有亲临其中的体验，以内在的、无形的、被我们忽略的强有力的共同体形式联系在一起。

正如一套优秀的戏剧一样，我并不要显性的互动才能"融入"共同体中的角色和他们的生活之中。同样，当一节好课把伟大事物的戏剧零星地散布在我们的脑海之中，正如那个医学院课程和我的社会研究方法课中的对话方式一样，它能以其独特的方式完整地显示真正的共同体。

我以前一直都不明白为什么我的导师在与学生面对面时浑身不自然，但仍能在促成真正的共同体方面做得这么好。现在我明白了：他一直生活在没有我们的共同体之中！当你整天和马克思、黑格尔、涂尔干、韦伯和托尔斯泰为伴时，谁还需要一群从城郊来的20岁小伙子？

虽然他与社会思想界的代表人物的关系比与身边的人的关系更为密切，但这个人深切地关怀他的学生。他对教学的热爱不单源自他对这门学科的热爱，也源自希望我们能认识这门学科这一心愿。他希望我们能随时伴随着他的智慧和想象力相遇和学习，而他用一种深切地结合他本身独特气质的方式把这些学问介绍给了我们。

通过这位导师和他的授课，部分学生参加了一个强有力的共同体形式，它的特征是能与逝去的人对话。这不是疯子的特征，而是有教养的人的特征。学会与无形的历史和思想共同体对话和聆听，可以无止境地扩大一个人的世界，同时亦永远地改变他的生命。

但是，对于那些早已关注这些事情的教师来说，无论我们把共同体定义成显性的互动还是戏剧，抑或内在对话，都没有多大的区别。这些教师认为，只要师生仍陷于地位和权力的不平等关系中，教育永远都无法形成任何形式的共同体。教师一定要评价，并为学生的作业评分，这就造成教师对付学生、学生互相争斗的局面。面对这些分裂力量，还有共同体可言吗？

提出这个问题的假定是，只有在没有地位与权力分歧的情况下才能形成共同体——但是世界上并不存在这样的地方。当共同体快出现时，只要有两三个人聚集在一起，在他们之间就一定会有不平等的情况出现。如果要论证取消分数以后才能形成共同体，就等于是在找乌托邦：这就等于把共同体完全放弃了。

当真正的共同体出现时，权力和地位间的虚假差异随之消失，比如那些基于性别或种族的差异。但是真正的差异仍然维持，而且也应该维持这些差异，因为共同体要兴盛，需要执行各种功能而形成差异，例如有的功能是维护界限的领导任务，有的功能是坚持使共同体处于最佳状态的标准，等等。

评价就是教育中的这样一项功能。真正的共同体需要持续地进行辨别：有一些观察正确而另一些则不正确；有一些主张是有效的而另一些则无效；有一些假定可以被验证而另一些则不能。当成绩用于形成这一类的区别时，它们只不过是重复教学方式建基于其上的真实世界的动态过程。

以真实世界的原则为依据，我们能发明一些评价方法，这些方法强化学习而不是审判，强调合作而不是竞争的方法，从而提升成绩在共同体中所作的贡献。举例来说，我给学生重写他们的学期报告的机会，直到学期结束为止，他们愿意重写多少次都可以。我对每个版本都评分，并评论它的优点和缺点。我给最后的成绩时，不是所有版本的平均分，而是最后一个版本的成绩。通过这种方式，我希望向学生表明：评价的目的在于为学习过程提供指引，而不是最终的审判。

我也给学生留作业，要求他们合作完成，大家都明白他们不会因负责不同的部分而取得不同等级的成绩，而最终都会根据最后的成果取得相同的等级。评分代表力量，我们应该问的问题不是该如何耗失我们的力量，而是如何用我们这个力量达至更高的目标。

我不是说字母等级是好的评估形式。跟有些能反应细致差别的、诸如学生档案夹等方法相比，它是一种非常差的评估形式。但是评分制度已存在很久了，而且将来一样存在，因此不能以此为借口逃避课堂上共同体的挑战。

课堂上对共同体的真正威胁不是教师和学生间权力和地位的差别，而是缺乏由这些差异所激励的相互依存的关系。学生依靠教师给分、评成绩——但教师依靠学生获得什么？成绩等级对学生是实实在在的，这个"靠学生获得什么"对我们教师同样实实在在，如果我们回答不了这个问题，共同体就不会实现；当我们不彼此依赖时，共同体就不能存在。

问题是，跟多数专业人士一样，教师接受的培训就是完全自治、独自工作，这种模式令我们和我们的命运都独立于我们的学生。说得露骨点儿，我们不需靠学生获得成功。

我们的优越权力和地位**允许**我们以这种方式工作，但是他们并没有**强迫**我们以这种方式工作。用把我们的一部分命运放在学生手中的方式来教学是有可能的，正如他们把命运的一部分交托在我们手中一样。这样的教学不但能形成更多的共同体，而且会因我们更深地进入真正的共同体而学得更好。

我讲一个故事来说明这个问题。我被人邀请做客席演讲，教授告诉我这节课是一个半小时，当我答复说我只会演讲20到30分钟，然后开放让大家无拘无束地讨论，她要求我千万别这么做。"这是一个很大的班级，"她说，"大约150位学生，而且他们习惯于只听课，不参与讨论。我担心你的方法行不通。"

我坚持按我的原定计划进行。但是演讲那天，面对一张张毫无表情的面孔，差不多讲到一半时，我开始意识到我的主办者的话是对的。我讲完了，然后问谁想带头发表一下意见或问个问题——我紧张到竟然这样向学生发问，违背了我自己定下的具体规则，问问题要明确！这时，我真的希望当初采纳了她的忠告：我感觉越来越不像一场嘉宾演讲，而越来越像一场公开绞刑。

有时候就是这样，有一位看起来和我一样焦急的学生，可能是出于对我的同情，举手问了一个问题，而且我作出了响应。那段交流引起了另外两个人举手，然后又引起了更多的交流。大家的劲头来了，不一会儿，真正的对话出现了，交流的层次也不断提升。

下课的时间到了，我感谢教室里的学生和我一起上了一节好课。他们热烈地拍手，大约 20 个学生走到讲台前与我倾谈。10 分钟后，下一节课的学生开始走进教室，所以我们离开教室走到走廊上，在那里我和 10 多名学生一起又谈了 10 到 15 分钟。很明显，真正的学习已经发生在很多人身上。

接待我的人把我送到停车场时，她说："那可真精彩！我从来没见过这个班这么踊跃。我发现你用了一些挺聪明的技巧激发学生积极参与讨论。"她显然对我不是很了解，否则不会说我使用"技巧"！

但我有点好奇："你的意思是什么呢？"

她说："每一次有人举手，不论那学生多害羞，你都会把身子向前倾，并这样走向这名学生，"她打了一个"说吧！好！"的手势，并继续说，"接下来你说：'请……'然后，不论这个人说些什么，你都会微笑着说一声'谢谢'，就像你当真的！"

接待我的人好像觉得这些举动是刻意设计的，用以操纵这班学生的情绪，实际上并非这样。这不过是一个处于绝境的人的绝望之举。

有一个词可以适当地描绘我说"请……"和做出那些邀请动作的实质：乞求。也有一个词可以适当地描绘我为一点小事说"谢谢"的实质：就是感恩。当你快要饿死时，就会忘记羞愧而去行乞，而你会感谢任何人施予你的小恩小惠。那天早上我教完课以后还剩下一小时，我急需那些学生的帮忙才能把聚会变成有意义的。

当我们愿意放弃自我保护的专业自主，让我们像学生依靠我们那样去依靠我们的学生，我们就会更加走近那个真正的共同体所需的相互依存关系。当我们因需要我们的学生而说"请"，因我们真诚地感谢他们而说"谢谢"时，通往共同体的障碍就开始消失，教师与学生就会展开更有共识和意义的深层对话，而学习会奇迹般地、生气勃勃地发生在所有人身上。

注　释

①Subject 也有学科、主题的含义。此处翻译成"主体"，是相对 Object（客体）而言。"主体"是指真正的共同体中被活化了内在魅力的伟大事物，是求知者共同探究的对象，包括人、事、物等，其和人类同等重要、强大，能够吸引、迷住求知者，激活求知者的创造活力，检验和纠正求知者的错误。作者倡导一种自身认同与完整的、敬畏而谦卑的心灵与宇宙万物生命和谐互动、知者和被知者形成生态联系的真正共同体理念。

②此诗有众多译本，杨秀玲的此译，不同于美学和文学的着力点，是用简练平实的语言激发教师发自内心的沟通和分享。请参考徐志摩的译文："一沙一世界，一花一天堂，无限掌中置，刹那成永恒。"

③David V. Erdman（ed.），"Auguries of Innocence"，in *The Complete Poetry and Prose of Williams Blake*（New York：Doubleday Anchor，1988），p. 489.

④ "Integrating Community Service and Classroom Instruction Enhances Learning：Results from an Experiment"，*Educational Evaluation and Policy Analysis*，1993，pp. 15，410-419.

⑤Judith Axler Turner， "Mathematicians Debate Calculus Reform and Better Teaching." *Chronicle of Higher Education*，Jan. 31，1990，p. A15.

⑥这里翻译为"微观小宇宙"，吻合第四章阐述的全息理论：宇宙是各部分之间紧密关联的整体，任何一个部分都包含整体的信息；也吻合本章开篇诗的隐喻：收缩无限的时间空间于方寸心中，一沙一叶一花的小宇宙能包罗整个宇宙。

⑦ "Does Objective Reality Exist，or Is the Universe a Phantasm？" *World Wide Web Virtural Library*：*Sumeria*［http://www.livelinks.com/sumeria/］.

⑧Erdman，*The Complete Poetry and Prose of William Blake*，p. 489.

⑨**译者注**：McMaster University，加拿大著名大学，以医科院闻名。

第六章

学习于共同体中——共事切磋

"伤心最大的益处," 梅林回答说……"是从中学到一些东西。
这是绝对灵验的。你可能衰老到全身在颤抖,
你可能彻夜不眠,静听你紊乱失调的脉络……
你可能看到你周围的世界被邪恶的疯子蹂躏得面目全非,
也可能得知你的荣耀被更卑劣污浊的小人践踏在阴沟里。
只有一样东西可对付它——学。
学习为何人世如此沧桑,学习什么令它变迁。
只有学习能令你的思维永不枯竭,
永不孤立,永不受折磨,永不恐惧或怀疑,
以及永不会起后悔的念头。
学习这东西最适合你。"

——怀特(White, T.H.)《永恒的国王》[1]

关上门的教学

从脱氧核糖核酸到《黑暗之心》[2]到法国大革命,每当想象聚集在伟大事物周围的真正的共同体时,我都会产生一个疑问:教师也能聚拢在被称为"教与学"这一伟大事物的周围,并且能同样怀着对我们所赋予的、任何值得相识的主体的敬意,去探究伟大事物的秘密吗?

我们需要学习怎么去做,因为聚拢在伟大事物周围是我们成为优

秀教师的几条不多的途径之一。世界上没有优质教学的公式，而且专家的指导也只能是杯水车薪。如果想要在实践中成长，我们有两个去处：一个是达成优质教学的内心世界，一个是由教师同行组成的共同体，从同事那里我们可以更多地了解我们自己和我们的教学。

如果我想教得好，则一定要去探究我的内心世界。但我可能在那里迷失，不断自我蒙蔽和故步自封。因此，我需要一种同事之间相互切磋、对话的共同体的指引——何况这样的共同体可支持我经受住教学的磨炼，给我在任何名副其实的教学单位都能找到的累积的集体智慧。

我们可以从彼此间找到帮助自己教得更好的资源——只要我们能找到互通的门路。但是难就难在这儿。学术文化在同事间所建立的壁垒，甚至比我们与学生间的壁垒更高更宽。这些壁垒部分源自竞争所引至的恐惧感，使我们四分五裂。壁垒也源自这一事实，教学也许是所有公共服务中最个人化的专业。

虽然都是在学生面前进行教学，但是我们的教学几乎总是像独奏一样，永远在同事的眼光以外。相比之下，外科医生或法庭律师经常要在对他们的行业了如指掌的同事的眼皮底下工作。律师在其他的律师面前争论案件，在那里，所有人都能清晰地看见他们的技巧和知识的差距，水平高低一目了然。外科医生在专家的注视之下操作，要是手在做手术时颤抖一下，马上就会被人发现，使这种失当行为不大可能发生。但是教师可以在人体内遗下海绵或错误地切断人的四肢，而除了受害人，并没有别的目击者。

当我们走入这个被称为教室的工作场所时，我们把同事关在门外。离开以后，我们很少去谈论发生过什么或接着会发生什么，这是由于我们并不习惯讨论共同的经验。还有，我们不仅不称其为孤立主义并努力克服之，反而美其名曰"学术自由"：我的教室就是我的城堡，其他封地的君王一概不欢迎。

我们为这种个人化付出高昂的代价。考虑一下教学的评价方式吧。当我们不能观察彼此的教学时，我们采用冷淡疏离的、使人泄气的甚至不光彩的评价方法。缺少彼此工作的第一手资料，我们就让学生问卷做出来的东西取代只有亲身观察才能得知的事实。

评价教学常见的做法是在课程快要结束时给学生发一张标准化的问卷，这份问卷把复杂的教学简化成 10 到 15 个范围，而每个范围都以五分点来量度："提供清晰而简要的指示"，"适当地组织教学"，"建立客观的评分标准"。

教学过程的细微区别是不可能被这种方法捕捉到的，教师肯定会被一个如此过分简单化的方式弄得士气低落。没有任何一组标准问题能同样适用于作为优质教学源泉的千差万别的心灵。但是如果我们依然坚持关上教学的大门，别人除了在学期快结束时从窗外扔进一些问卷以外，还有什么办法来评价我们呢？其实，这样评价并非如有些教师所投诉的那样，仅仅是管理人员渎职的结果，而是因为教师文化令他们别无选择。

可悲的是，这些评价的局限不但被无所顾忌地接受，而且这些结果在有需要时会被选择性地利用，结果这些资料很容易被用于机构中的明争暗斗的欺骗把戏中。如果我们想要开除一个教学评价成绩优异但是发表著作不多的人，我们会说这些问卷只测量受欢迎程度。如果我们想要提拔一个教学评价成绩很差，但发表过很多著作的人，我们又会说这些问卷与他或她所展示出的学术实力完全没有关系。

世上只有一种诚实的方法可以用来精确地评价多元化的优质教学，就是身历其境。我们一定要观察彼此的教学，起码要偶尔做到这点，而且我们一定要花更多的时间讨论彼此的教学。这样，当提出晋升和去留决策议案时，我们不会再单凭可以操纵结果的统计假设，而是能根据真实的资料做出决定。

我明白忙碌的时间表令教师无法经常彼此听课。但是如果我们能定期与其他人就教学问题作一些交流，我们将会对彼此有足够的认识，在评估时能就真实的问题给予真实的答案：

- 从他（她）参与教学对话的表现，这个人对教学认真吗？
- 这位教师设计一个课程时经历了哪些过程？

●这位教师如何确定并响应课程展开后所出现的问题？

●这位教师在设计并日后推行课程时，有没有从以往的错误中学习？

●这位教师有没有尝试帮同事解决他们教学上遇到的问题？

参与教学对话的共同体并不单纯是寻求支持和成长机会的个人的自愿性选择，而是教育机构要求教学人员应尽的专业义务——因为个人化的教学不仅阻碍教师个人的专业成长，也助长机构的无能。个人化的教学使得教育机构很难更好地集中力量完成其使命。

任何行业的成长都依赖于它参与分享经验和进行诚实的对话。诚然，我们从个人的尝试、错误中成长，但是如果没有一个共同体支持我们去冒险，我们个人去尝试和承受失败的意愿就会极度有限。任何功能被个人化后，最可能的结局是大家都保守地做，即使都明白那行不通，仍不肯偏离默认的所谓"行得通"的做法。

这种不愿承受风险的保守主义作风是目前教学状况的极佳写照。与其他专业相比，教学发展得非常缓慢，其原因就是教学的个人化。如果外科手术和法律也像教学一样在个人化的环境下运作，我们仍会用水蛭对大多数病人进行放血治疗，仍会把被告浸在磨坊水池里。

同事的共同体中有着丰富的教师成长所需的资源。我们如何从个人化的框框中跳出来，建立持久不断的教学对话，去好好地利用这些丰富的资源呢？我们所需要的就是展开关于优质教学的真诚对话，既提高我们的专业实践，又从中提高自我认识。我想要探究三种鼓励同事间进行这类对话的重要元素：带领我们超越技术层面进入教学基本议题的主题，在深入谈话之前防止我们击败自己的基本规则，期待并邀请我们参加对话的领导者。

对话的新主题

我们把教学简化成技术问题的倾向，是我们缺乏有广度或深度的同事间对话的一个原因。虽然技术性的谈话有可能提供给我们需要的解决方案，但当技术成为唯一主题时，对话就阻碍了：教学的人性议题被忽略，因而教学的人也感到被忽略。当教学被简化成技术时，我们贬低了教师和他们的专业，而且人们也不愿意再回到贬低他们的对话中。

如果我们不只去谈论方法，那我们谈论什么呢？我们有许多不同的选择，而且已经探讨了其中几个主题。像在第一章中，我们探讨了呼唤教师心灵觉醒的心灵导师和学科。在第二章探讨我们的恐惧时，我们谈论教师和学生的人性状况。在第三章中，运用悖论的观点，我们谈论教的喜与忧、我们自己的天赋和不足，以及学习空间的创造。正如在第四章和第五章中，我们能谈论不同的认识途径及其如何塑造我们的教学方式。

在本章中，我想探究两个能生成优质教学和促进源自教师的自身认同进行优质教学的适当话题：在教与学过程中的关键时刻，以及能丰富我们教学自我感的隐喻和影像。

"关键时刻"是我在教学工作坊中用的一种简单方式，邀请大家开放、诚实地分享他们的经验。我先在黑板上画一个水平的箭头，代表一个课程由开始至结束，然后要求人们在这条代表课程进度的线上指出他们所经历的关键时刻。这里关键时刻是指学生在一个学习机会中可能会开放或封闭起来——而这在一定程度上取决于教师如何处理它。在这里"一定程度"是一项十分重要的条件限制，因为教学面临的挑战之一就是关键时刻并不是完全受制于教师。

大家指出的关键时刻多种多样。我一面听一面根据每一关键时刻在课程进展中通常发生的时间，把一个或多个聚点标在线上，就显示了随课程进展关键时刻发生的分布状况，然后用一两个字说明。这条线上的点很快变成每位教师都熟悉的情节：第一节课和它为整个学期定下的基调；被问的第一个"愚蠢的"问题，第一个让你知道原来那么少学生听懂你的课的评分练习，对你的能力或权威的第一次挑战，学生之间发生的第一次争论，第一个性别或种族歧视的言论。

并不是每个关键时刻都存在紧张或分歧。有些关键时刻是会振奋人心的：当你的学生完全掌握了一个主题，以至你要把原来的课表提前，教授一个新的课题；当你的学生彼此毫无隔膜地讨论，以至你很难插一次嘴；当教室中发生了一件意想不到的重要事情，以至你一定要丢弃你的议程。每一时刻都充满教育的潜在机会，但是每一时刻也可能被教师的一个过失糟蹋掉。

关键时刻的脑激荡持续进行时，一件简单而又非常重要的事情发生了：教师们开始公开地谈论那些令他们感到困惑和挫败的事情，及那些他们能轻易地应付的事情。这样一来，如果我们要帮助彼此成长，就要做一件教师一定要做的事：要像公开而真诚地讨论我们成功的经验一样，公开而真诚地讨论关于我们失败的经验。

如果我一开始就叫别人把他们在教室面临的困境说出来，即使有这个可能性，我们也不会这么快就达到这样坦白的程度。但是这种开放、随意的讨论，引人坦诚，因为它允许我们以自动的、描述性的和非审判的方式识别我们的成功与失败。

在引领这项对话时，我试图令人们明白：大家只谈自己的课堂经验，而非评论别的同事上课应该如何如何。偶尔当某人想这样忠告别人时，我会要求这个人住嘴。在有关关键时刻的对话中，我们有机会像是为了我们自己而把事情说出来，而当我们发现彼此间有那么多共同之处时，共同体观念就形成和发展了。一些年轻教师原以为只有自己面对问题，现在发现，原来资深教师也跟他们一样面对共同的问题，因而如释重负，这时，我会特别感动。

随着时间线不断延伸，它不再像一个箭头，反而看起来更像一张地图。有些线绕起来了，把教室的某一个时刻连接到另外一个时刻，而其他线追溯那些不断给教室造成压力的外在动态因素。（气氛紧张的学生宿舍，校园内的一个悲剧，一场即将进行的重要比赛）。从我们面前的这张复杂地图中，我们了解到一些使我们的工作更艰巨，但也更吸引人的事情：虽然教学有时感觉像是从一节课到下一节课的经验的线形流程，实际上充满了生命形态，具有我们一定要注意的旋律、特征和形状，一种我们可以学会欣赏的创造性混乱。

如何面对复杂性这个问题，把我们引向下一个步骤。通过时间线和我们自己经验的资料，我们把类似的、共同的时刻聚集在一起：这一组是关于课堂上的冲突争执，还有一组是关于教师的权威性，还有另外一组是关于理论与实践结合的问题。

我要求大家选择使他们感兴趣的话题，然后围绕着它组成一个小组，不论是好还是坏，每个成员都有机会就关键时刻谈论自己的经历。我们组成小组的目的不是为了批评彼此的教学法，而是在其他人也在做着同样的事的情况下，真诚地把我们自己的经验公开地说出来，同时持开放的态度去聆听。当我们做这件事时，我们正在以非简化法的方式探究新的技术。并没有一种教学法被认定为**最好的**，然而我们正在同时学习很多种不同的教学方法。

但是在这些小组中进行的探究把我们引向比方法论更深层的地方。当我们聆听彼此的故事时，我们时常会默默反思自己作为一名教师的自身认同和完整。当甲说话时，我明白能令他成功的方法不一定能为我带来成功，因为这种方法未必适合我的独特身份认同。但是当我听到乙说话时，由于觉得适合我的原本特质，我发觉我想学习她用的方法。即使没有任何一个人被指令前往何处，我们间的谈话已经变成了像航海家用的三角测量仪，借其他人所处的位置让我们清晰地发现自己的内心领域。

我现在想提出一个更重要的关于优质教学的主题，它能把我们直接引进谜一样的教师的自我之内：生成和探究我们教得最好时我们的独特身份认同所蕴含的隐喻和影像。

在教师工作坊中，根据这个团体的接受程度，我有时要求人们填空："当我教得最好的时候，我就像＿＿＿＿＿＿＿＿＿＿。"我要求人们尽快完成，马上接受发自内心的影像，抵抗任何去审查或修改它的诱惑。

这个练习的目的是允许一个隐喻从无意识之中浮现，隐喻怎么笨拙或奇怪都无关紧要，而其中包含的洞察力是理性思考永远无法达成的。并不是所有的小组都有丰富的想象力，并能安心地去感觉及承受这样的风险。但是当人们愿意在同事面前自愚一下时，这个自我了解过程的回报可以是相当高的。

我以探究自己隐喻的过程来举例说明风险和回报。大约在20多年前，我已经记不清当时的细节了：我的教学处于最佳水平时，我就像一头牧羊犬，不是那种细致的、毛发蓬松和可爱的类型，而是那种专门在野外赶羊的苏格兰柯利牧羊犬。

我曾经在苏格兰布满石块的田野中见过这样的牧羊犬工作，虽然那一刻教学与我的思想相隔很远，当时的影像在我脑海中留下了深深的烙印。但是当我要求工作坊中的教师寻找自己的隐喻时，我逐渐明白自己隐喻的意义，也开始明白牧羊犬的影像如何为我作为一名教师的自身认同和完整提供了某些线索。

靠真正的专业知识摆脱思想束缚以后，在我的想象之中，牧羊犬有四项重要的功能。它维持一个使羊群能放牧和自己吃草的空间；它把羊群聚集在那个空间之中，不停地把走失的羊找回来；它保护空间的边界并把危险的掠夺者阻拦在外；当放牧的草原上的草吃光了，它和羊一起转移到另外一个可以得到需要的食物的空间。

我想，说到这儿一切都显而易见，虽然我开始探究这个影像时，还不清楚。经过前几个章节的探索，我已经把自我比作牧羊犬这个粗糙、不自在的比喻，发展成一个更凝练的教学影像：教学是创造一个实践真正的共同体的空间。

我明白，我在教室中的任务，相当于所想象的牧羊犬的任务。学生一定要他们自己去喂饱自己——这被称为"主动的学习"。如果他们要这么做，我一定要把他们带到一个可以得到食物的地方：一本好的课本，一个预先计划好的练习，一个引发性的问题，一组纪律良好的对话。然后，当他们已经知道在那个地方能学到什么知识时，我一定要把他们移动到下一个放牧场。我一定要把这个群体聚集在某一个地方，对迷路或逃走的个人要给予特别的注意，在这个时候我还必须保护群体，使他们免受捕猎者带来的恐惧。

是不是别人也应该这样去教呢？我不知道。这种方式产生的隐喻来自我无意识的意向，因此，它以一种纯真原始的方式引出我自己部分的自身认同和完整。在我曾主持的工作坊中，人们为自己提出许多成功的隐喻——教得好的状态就像一个瀑布、一名爬山向导、一名园丁或一个天气系统，可是没有一个是适合我的。优质教学不能够被贬低至技术层面：优质教学来自教师的自身认同和完整。

我们可以在隐喻的领域里向前再迈进两步，更深入地探究自身认同和完整。首先，我们能同时透过它看到自己的阴影部分，以及它所展现的优势。正如我们以前已经看过的一样，自身认同和完整不总是光辉耀眼的事物。

我的隐喻显示的阴影部分也似乎很清楚：我倾向把学生比作羊群，这在字面上颇招人反感。有时我会因学生的盲从、粗心大意，或垂头丧气而气得半死。如果我让这个阴影落在我与学生之间，我不可能教得好。如果这个牧羊犬隐喻只是让我对自己阴影的出现保持高度的警觉而没有别的作用，那对我和学生都大有好处。

其次，在我们教学遇上困难时，我们能在别人的帮助下利用这一隐喻并找到指引方向。想一想我在第三章中提供的第二个个案研究，我在教室中与三人帮对峙的灾难性局面。我能扪心自问（尽量保持着心平气和），"在这种情况下，牧羊犬会做些什么？"——然后试着用尽可能贴近隐喻的方法回答这个问题，就避免在解决问题方面和技术上的生搬硬套。

当我检讨教学过程中令人不快的时刻时，一个源自心灵的影像，令我避免以贪小失大的方式寻找技术性的解决方案。想象中它使我回到自身认同和完整的内心景观，在那里我找到最深层的指引。

对我而言，这种指引是相当明确的。为了不让课堂涣散，牧羊犬早就会对不听劝的羊吠叫、警告，而且常常足以及时阻止它们变得固执顽劣。假若经过反复警告还有顽劣者不服管教，一意孤行，牧羊犬请愿让它面对野狼带来的劫数，也不会牺牲整个群羊。

一只牧羊犬会心慈手辣，而不是扮演老好人的角色，除非局面失控。我能将这些比喻的意义变成各种实际行动，从更直接面对学生的行为，到最终采用评等级的方式来修正学生的某些行为。但是我所需要的指引以及遵循这种指引需要的精神力量，都蕴含在这隐喻本身的精神力量中。

对话的基本规则

新的对话主题能帮助引发一些关于优质教学的有效谈话，但还是远远不够的。与谈论一些离我们很远的技巧不同，这些主题很容易触及我们的敏感之处，因此需要有对话的基本规则来配合——这些规则帮助我们尊敬彼此的弱点，而且避免在开始之前使对话冷场。

在谈全新的基本规则前，我们应该先重温一下彼此对话的基准如何适用于任何一种文化。在我们的文化方面，这些基准包括待人有礼、绝不过问"别人的私隐"，以及在没有确定证据前不妄下判断。在学术圈子中，这些传统的规则被另一组鼓励竞争的规则取代：我们应该质疑对方的论据，对我们所听到的任何事情提出异议，以及随时准备好快速回应。

这样的组合显然是制造混乱。传统的一团和气准则，再调入竞争的专业基准，就产生一个令人觉得说和听都十分危险的社会精神特质。接着混乱加混乱，危险感也不断增加，因为还有传统和学术文化方面固有的第三组标准：我们活在世上就是给人忠告、解决问题和互相拯救，而且无论何时有这样的机会都别放过！

有人打破第一和第二组基准后，并举出一个实际问题（比如教学问题），这种解决它的反应就像条件反射一样自动地出现。某人违反要自我保护和互相竞争的两重基准后，当正处于最易受伤害的时刻，某人一下子会接到数不完的忠告。"我以前也曾面对那个问题，但我是这样解决它的"或"你应该去看某某人的书，它告诉你究竟该如何处理那种情形"。

有时候别人给的忠告是有帮助的，可有时候它只不过令给你忠告的人感觉比别人优越。不论动机是什么，得出来的结果几乎总是相同的：解决它的反应令与别人分享问题的人觉得别人听不到和不理睬他的话。

如果我们想要支持彼此内心的生活，我们一定要记得一个简单的真理：人类的心灵不想要被别人解决，它只是想要被人看到和被人听到。如果我们想要看见而且听到别人的心灵，我们一定要记得另一个事实：心灵就像野生动物，坚强、能迅速复原，可是又有点害羞。当我们冲进森林大声呼喊，叫它快出来好让我们能帮助它时，心灵仍会藏在那里。但是如果我们安静地坐着去等候一会儿，心灵可能会现身。

我们需要设立一些基本规则，让我们安静地、以接纳的心态面对别人的问题，去鼓励别人的心灵走出来，这种方式并不假设我们知道对于别人来说什么是对的，而是允许别人的心灵以它自己的水准和速度去自行发现自己的答案。

我有一些用一种模式去做这些事情的经验。它来自教友派共同体的一个分支，三个多世纪以来这个分支已经不需设立神职人员。为了要做大多数教堂中那些由受任命的宗教领袖所做的事情，比如帮助人处理他们生活中面对的问题，这些教友派信徒发明了为成员间彼此提供服务的社会结构。

他们所发明的每一条基本原则，都必须要尊敬教友派信徒信念中一对强大而自相悖论式的信条：我们每一个人内心深处都有一位潜在的教师，而他就是真理的仲裁者，同时，我们每一个人只有在服务于共同体中的其他人时，才能听到内心教师的话语。因此，教友派信徒的社会结构能提供帮助一个人发现内在指导力量的共同体，同时设立基本原则，防止共同体以外在的议题和忠告入侵个人的内心。

我一直应用在教师身上的教友派信徒机制的名字叫作"明确委员会"。它听起来像一个 60 年代的名称，的确是——是 17 世纪 60 年代。它是一个由来已久的过程，在严格保护心灵的神圣不可侵犯之际，它邀请人们帮助解决彼此的个人问题。

假如我正对教学中的某一个议题感到十分困惑，可能是因为设计下学期的课程，也可能是关于我对教室中闹事的学生感到愤怒。（前者是大多数教师都能一起探究的问题，因为只需要轻微的信赖；而后者只有对彼此已经建立真正信心的人才会冒着危险去探究。）

作为这个过程的焦点人物，我带着我的问题，邀请四五个同事加入我的"明确委员会"成为成员。相遇之前，我会先写下几个关于我面临的问题，让我的同事去看。我可以用任何一种形式来写，但最好能把它组织在三个标题之下：第一，一个陈述得十分清晰的问题；第二，描述相关的背景资料，例如我以前曾经遇过的类似经验；第三，集中描述问题最核心的部分，阐明我对这个问题的观点是怎样的，例如，我曾遇上一个十分令人气馁的问题，足以令我想辞去工作。

人们常说把问题明确化的第一个步骤就是写在纸上。这么做强迫我们识别我们的感觉与事实，允许我们把没有价值的事情除去，并把问题从我们的脑子里拿出来，摆在光天化日之下，这时问题往往看起来跟与恐惧和怀疑反复纠缠在一起时大不一样了。

然后委员会不间断地讨论两三个小时。与焦点人物一起围成一个圆圈，委员会成员严守纪律，同时专心致志地面对一个人和他的问题。在这两三个小时里，焦点人物成为这个微观的真正的共同体中的伟大事物，这是一个神圣和值得尊敬的主题。

集中精神是指让焦点人物和他的议题永远处于圆圈的中心，作为一个委员会成员，是永远不会把自己放在那个位置的。这意味着委员会成员不会在滑稽的事情发生时用哄堂大笑把注意力吸引到他们自己身上，或者假惺惺地说"我完全明白你的感受"。集中精神意味着你完全忘记你自己，在这两小时里，你表现得就像把一切抛到脑后而只关心这个人。

会议一开始由焦点人物简短地重述议题。然后，委员会成员一定要在非得遵从的基准指导下，开始他们的工作：**除了问一个诚实而开放的问题以外，成员禁止以任何其他方式与焦点人物对话**。发问的速度一定要慢——这是一个识别的过程，而非论文答辩或盘问。焦点人物通常回答每个问题，但有权不答，就进入下一个问题，再回答，再下一个问题，以此类推。由于允许在回应和下一个问题间有充足的沉默，小组使这个过程保持尊严和友善。

问题的基本规则其实很简单，但是它背后的含意却很深远。这代表着没有忠告，没有过量的确认（"我也遇过那个问题，而我是这样解决的"），不会把问题转给其他人（"你应该向甲说这件事情"），不用建议去看任何书，使用任何技术，练习任何冥想，去看任何治疗师。共同体的成员只会问焦点人物诚实而开放的问题，这些问题不是出于发问者本身的利益，而是全心全意去帮助焦点人物发现内在的智慧。

一个明确委员会召开之前，由于我有时会不经意地把实质的忠告隐藏在一个问题的背后，我们一定要提醒彼此什么是诚实和开放的问题。如果我问，"你有过想去看心理治疗师的念头吗?"其实依照我的意见，你应该去看心理治疗师。如果我问一个问题时会期待一个标准答案，我的问题不可能是诚实和开放的。但是如果我问，"这种事物曾经在你身上发生过吗?"如果发生过，"你有什么感觉?"我的问题可能是开放和诚实的。若问这一类问题，我不会期望听到任何特定的答案或相信我知道什么是正确答案。

在两小时之内，问题和响应的循环能形成显著的累积效果。当焦点人物说他的事实时，存在于他和心灵教师间的层层隔膜会慢慢剥落，使他更清楚地听到来自心灵深处的指引。

随着过程的展开，我们明白一个简单的事实：因为我们不可能进入另一个人的心灵，我们不可能知道另一个人的问题的答案。真的，我们甚至也可能不知道问题究竟是什么。当我是明确委员会的一员时，我时常提醒自己要注意这个问题。过程开头的 10 分钟，我觉得我肯定知道焦点人物的问题和应该如何解决。但是在细心聆听了两个小时后，我会被起初的傲慢态度吓坏。我明白我真的不了解情况——而且即使我了解，在这个人发自内心领悟他的问题之前，我对问题所持的抽象观念也是没有意义的。

身为许多明确委员会的一员，我有幸目击一件了不起的事情：人类跟他们的心灵导师进行对话。目睹焦点人物的这个情景，我亲眼看到，只要有条件让我们去聆听、去交谈、去学习，我们每个人都有一位活生生的心灵教师。

明确委员会的成员并不提及学到些什么，但却很重要。当我们严格执行只提问这项原则时，我们打开内心的空间去接受另一个人；而当我们只关注如何去解决某人的问题或准备提出下一个意见时，这个空间就会关闭。成员们经常说，他们在一个委员会中发展出来的善于接纳的开放态度，在小组会议结束后带进了他们和配偶、孩子、朋友和学生的关系之中。

在那空间中我们既接受别人也接受我们自己。当我们接近那些帮助焦点人物更深入到他（她）的真实内心中的问题时，我们发现我们自己也被引进自己的真实内心之中。在这个过程完结后，所有忠实地聆听别人的成员都牢记我们生活中重要的方方面面。

离委员会预定的结束时间还有 15 分钟时，有人会问焦点人物他是否想继续遵循只接受提问这项规则，抑或在接受更多的问题之余还乐意接受某种真实反映。

真实反映不是一个给予忠告的机会。它的意思是真实地反映焦点人物不经意地曾经说过的事情："当我们问你一个关于甲的问题，你却说了乙"或"当你说到丙时，你的声音低沉而且看起来很疲累，但是当你说到丁时，你精神抖擞而且眼睛也亮了"。

我们都有一种奇怪的自负：以为我们说了什么，就一定明白什么。事实上并不总是这样。我们可能没有听到自己说，即使听到，可能仍然不知道什么意思。真实反映给我们一个机会，从我们自身的语言和非语言的线索中寻回关于我们自己解决困境的答案。

当明确委员会快要结束时，还要记住两件事。首先这个过程的价值并不是取决于焦点人物的问题是否已被解决。真实的生活不是这样运作的。这是一个播种的过程——像在真实的教育中播种那样——无从确知播下的种子会在何时何地或如何开花结果。

其次，在过程中进行的每件事物要遵守以下两项保密规则：第一项是传统的规则，即在小组中所说的一切都不可外泄。第二项是不寻常的深层机密规则：明确委员会开完会以后，成员不可以接近焦点人物提出意见或提议，因为这么做会违犯这个过程的精神。我们从一开始就明确这些规则，焦点人物感到更安全——而且在委员会结束后很长一段时间内，我们所有其他人都牢记要尊重那人独善其身的精神需求。

每当我在教师工作坊中采用明确委员会制度时，即使解决一个像设计新课程这样常见的问题，许多参加者也宣称，他们从来都不相信他们能在这个层面上聆听同事以及他们自己的话。彼此聆听的能力是帮助我们建立交谈的共同体的关键，这种共同体能够帮助我们扩充深化作为优质教学之源的自身认同和完整。

当然，还有其他相对来讲不这么紧张、要求不那么高的途径去改变对话的基本原则，明确委员会并不是适合任何情形的首选方法！但恰恰由于它的非凡，这种模型能让我们更加注意到为什么需要改变常用的规则，可能会引起哪些改变，以及若故步自封，我们的共同体会白白失去哪些机遇。

需 要 领 导

当我们谈论领导时，一般会与机构来对照：以为**机构**需要领导，而**共同体**不需要。但这论点完全可以颠倒过来：机构即使没有领导者，只按行政规则办事也能生存一阵子，但**共同体**是动态的，每时每刻都需要领导。

共同体不会从自然联系中浮现出来的，尤其不会从多数教师任职其中的那些复杂的、经常冲突的机构中产生。如果我们建立进行教与学对话的共同体——有意追求目标和实践基本原则的共同体——我们就需要能带领大家奔向那个愿景的领袖。

如果校长、院长、系主任和其他不在其位但有影响力的人不**期待**和没有意愿去**引导**形成共同体的话，关于优质教学的诚恳谈话是不太可能发生的。期待和引导这两个动词很重要，因为企图强迫人对话的领袖都会失败。对话一定是自由的选择——但是在被个人化的学院之中，只有当领导引我们走出孤独、创造性地运用我们的自由时，对话才开始。

这种形式的领导可以有一个精确的定义：当人们想要做一件事但不能自己去实现时，它为人们提供理由和许可。我现在以一个学术界以外的事举例说明我的意思。

我曾经在一个原本以白人为主，但正变成种族多元地区的社区从事社区的组织工作。一些住了很久的白人居民抗拒这种变化，而且一些种族歧视的表征明显地出现了。我和我的同事连同其他更多受尊敬的社区领袖需要找个办法引领一个奔向种族多元愿景的社区，使居民对这愿景抱的希望大于受威胁感。

正如其他组织者一样，我所学会的领导风格以把人分成盟友和敌人为基础：找出你的盟友并与他们并肩作战，然后集中全力把敌人边缘化并击败之。但是当我开始了解这个社区时，我发现了希望的曙光：并非所有白人居民都是敌人。

他们中许多人都曾经从多种族居民区逃离过，至少逃离过一次。厌倦了奔波后，他们明白已经再没有地方可逃了。他们正在找寻接受种族多元的途径，并在变迁的形势中找到最好的东西。真的，他们当中一些人对种族多元前景的看法要比所估计的积极得多。

无论他们在表面上似乎多么抗拒——或带着守旧的观念——他们之中许多人仍然希望找到办法使他们的社区成功。他们会出于"开明的自我利益"相信种族多元的可行性。如果能培养这个信念并向积极的目标进发，他们就不再需要把自己弄得精疲力竭，找寻孤立主义的海市蜃楼了。

作为组织者，我们并不需要基于恐惧的非敌即友的策略，因为那只是一个自我实现的预言。我们需要一个基于人类更深层的、不清晰的希望的引导策略，提供他们理由和许可，让他们去做想做但是不知道该怎么做的事情。

在我们提供的所有的理由和许可之中，最有效的方法之一是进行社区调查。我们知道，当人们遇见陌生人，而且了解到不但陌生人的头上没有长角，甚至还会送来礼物时，那些恐惧可能会慢慢消退。因此我们相信，如果原来的居民能去敲敲新居民家的大门，自我介绍一下，问候一声，寒暄几句，他们会减少对未来的忧虑。然而要求大多数人去这样做却比要他们飞去月球还要难。

以搜集关于社区的信息为名，我们从基督教堂和犹太教堂招募一些老居民，让他们拿着夹着硬纸的笔记板和调查表外出。他们的使命是敲开新居民的大门，自我介绍，问候一声，寒暄几句——这个过程全都透过一系列五点量表上的问题来完成！借着硬纸板和调查表，引入研究人员的角色，给了他们去做世界上最常见的事——见他们的邻居——的理由和许可，

当民意调查员回来时，他们传递的信息具有自身的价值。但是他们把更有价值的事情也带回来了：与其他人建立面对面的联络，以及关于他们遇见的人的故事："她有世界上最可爱的小孩"，"他们想要了解更多有关我们的教堂的事情"，"原来他也参加了棒球小联盟"。这些会面和故事为这个宗教性的社区注入了新的动力，他们筹募足够的钱成立一个基金，所开展的计划为这个社区提供了团结在一起的新机会。

我的故事可能与教育没有什么直接的关系，但是它的重点是关于教育需要哪种类型的领导。如果领袖要形成关于优质教学的真诚对话，他们需要辨别出教师的自我表述和他们真正的需要之间的区别，然后一定要提供理由和机会使他们的真正需要得以满足。

有些教师说，他们自己似乎既不重视教学也不重视谈论教学。对他们而言最重要的事情是研究成果及其发表、他们的专业引领，以及与专业领域中的学者对话。他们会说教学只是一个必须有的杂务，它是为了追求学术而付出代价，因这些学者不太可能愿意在改进教学上花太多时间。

虽然有的教师这样说，但我并不相信它能代表全体教师的观点，

正如我不相信我曾经工作过的那个社区的人全都抗拒种族多元一样。我相信许多教师觉得教学工作很有意义，正因为这样，当教学工作做得不是很顺利时，他们采取保护性的自我疏远手段。

的确，许多教师在教室外的专业活动中投放很多时间。但是多数把生命的大部分时间花在教室，因此，他们出于启迪文明的自我满足感会把这个部分做好。他们其中一些人在有意义地与年轻人的生命连接起来的自我满足感的强烈吸引下，选择了成长而非停滞。

学院的领导的涵义是，看透我们戴的假面具并去感受真实的情况。这意味着，正如优秀教师在学生身上看到的事情远比学生看到自己身上的要多，领导在教师身上看到的事情远比教师看到自己身上的事情要多。它意味着为那些想丰富自己的教学经验却不知该如何做的教师提供了教学交流的机会和理由。

今天这些许可机会随处可见。在许多校园内，为了给教师一个谈论教学的理由，领袖在每年都会举行一个关于教与学的工作坊——这是一个好开始，但是仍不足够。在愈来愈多的地方中，领导者已经营造了教与学的中心，虽然目的与每年举办的工作坊都一样，但却能形成更坚固的成效。只要在鼓励真正对话的基本原则下强调有意义的主题，这些机制都能发挥非常好的潜能。

我已经见过其他可能被许多校园所效仿的、不太相同的许可形式。一所学院已经设立了教学顾问这个职位。它由一位受尊敬的教师担任，而他在担任这个职位期间会减少课时。

这个职位的工作有两部分。第一是在同事有需要在教学方面寻求帮助时能找到他们，可能会是完善一个课程大纲，处理一个眼下的危机，或想要一位教师听课并与他们一起反思他们的教学。第二是体会校园中所有跟教与学过程有关的事情，从非正式的课间休息到正式的工作坊，在这些场合里教师与其他教师和学生能一起讨论他们关注的事情。

机构在这个职位的投资相对不多，但是它的回报可能会非常高。当我带着一个关于我的教学的议题走进这位受尊敬的同事的办公室，他只需简单地说一句，"咱们来谈一下吧"，事实上等于已经许可我去做我应该做的事情。

另一所学校找出了一个办法，同事们既能够偶尔以观察者的身份进入彼此的教室之内，又可以不增加这些大忙人的负担。在上课的后半小时，一位我已经选择好的同事进入我的教室。然后，这位已经和我谈论过我所关心和期待的事的同事会引导学生进行一次公开访谈，了解这节课上得怎样，在访谈中他不但问问题、得到答案，而且会仔细地探查详情、复杂性及细节。然后，我的同事会和我坐下，帮我分析学生的反应。

这种方式不但让同事悄悄进入彼此的教学之内，而且让他们有与学生对话的经验。此外，它比问卷更能反映学生生动而细致的意见，因为他们的真实感觉会被敏感的访问引导出来。最后，它需要学生彼此聆听，这是一个可能会影响他们行为的经验：坐在后排不能好好听课的学生，一定会听到前排同学说的有关人生变化经验的发言。

还有一所学院已经发现了一个让学生更深入地就优质教学进行真诚对话的方法。在这里，学生在课堂上被训练成参与观察者，并不拿学分；给予学分和成绩的是一门教育课，学生在其中学习如何观察和评估教室里发生的事情。

每隔一两个星期，学生和教授就坐在被观察的班级中。学生或从个人立场，或引小道消息，谈论他们上这节课的感觉。学生能评论过程（"你的眼睛只看过一小部分学生"），也可能是论及实质的问题（"你可能要再讲一次你今天教的内容，我觉得不是全体同学今天都学会了"）。有些教授发现这些对话很有价值，他们甚至积极地寻求参予观察者的帮助："你对于昨天班级上发生的冲突有什么看法？"或"我怎样才能在不失去还不明白上节课的学生的前提下过度到下一个课题？有何建议吗？"

关于优质教学的真诚对话能改造教学的过程，它有很多形式，能影响很多人。但是只有领导者期待这种对话并发出邀请，而且提供舒适的空间，它才真的会发生。这么做的领导者明白，好的领导常常都与教学过程相关。好的领导从我们一直在探讨的教学本身的模式出发，以被称为教与学的伟大事物为中心，创造着围绕这个中心聚集在一起的真正的共同体空间。

成为一位打开空间而不是占据空间的领导者，需要经历与教师相同的探究内心的旅程。它是一次超越恐惧和进入真实自我的心灵旅程，一次迈向尊敬别人以及理解我们都是如何建立联系和变得机智灵敏的旅程。随着这些内在品质的深化，领导者就更容易打开一个空间，在那里能让人们感到建立一个相互支持的共同体是受欢迎的。

由于很多事情都会令我们分离，所以在学术生涯中建立这样的共同体是不容易的。领导者把我们召回教与学过程的核心，鼓励我们共同工作，分享工作激情，才很可能建立这种共同体。如果我们能创造类似于同事间对话的共同体，这些共同体就不但可以支持对方发展与工作有关的技术，还能治愈许多教师最近承受着的由分离带来的痛苦。

在这一章开头引用的诗文是从《永恒的国王》中摘录出来的，当时亚瑟（Arthur）即将成为国王，身为他的导师，梅林（Merlyn）治疗他的悲哀和痛苦。它值得一读再读，因为所有了解教师生活的人都会熟悉它所提及的病态，而它治疗这种病态的方法恰恰与教育的使命完全一致：

> "伤心最大的益处，"梅林回答说……"是从中学到一些东西。
> 这是绝对灵验的。你可能衰老到全身在颤抖，
> 你可能彻夜不眠，静听你紊乱失调的脉络……
> 你可能看到你周围的世界被邪恶的疯子蹂躏得面目全非，
> 也可能得知你的荣耀被更卑劣污浊的小人践踏在阴沟里。
> 只有一样东西可对付它——学。
> 学习为何人世如此沧桑，学习什么令它变迁。
> 只有学习能令你的思维永不枯竭，
> 永不孤立，永不受折磨，永不恐惧或怀疑，
> 以及永不会起后悔的念头。

学习这东西最适合你。"③

如果我们这些领导者和身为教师的人能用心去领悟这句忠告，所有与教育有关的人，不论是管理者、教师还是学生，都会有痊愈和新生的机会。学习，共同学习，是最适合我们所有人的。

注　释

①T. H. White, *The once and future King*（New York：Ace Books，1987），p. 183. reprinted by permission of The Putnam Publishing Group. Copyright ⓒ 1939，1940 by T. H. White；renewed ⓒ 1958 by T. H. White PROPRIETOR.

② **译者注**：约瑟夫·康拉德（Joseph Conrad）的著名文学经典，讲述主角在非洲探险时的心理成长历程，曾被改编成电影《现代启示录》（Apocalypse Now）。

③T. H. White, *The Once And Future King*，p. 183.

第七章

不再分离——心怀希望教学

它循序渐进，一步一个脚印：

它始于你真心去做，

它始于别人说了"不成"而你继续坚持，

它始于你说"我们"，

而你清楚"我们"是何人，

且你一心要天天壮大"我们"。

——皮尔斯（Piercy, M.）[①]《待垦之路》[②]

停滞、绝望与希望

最后一章的重点将由教学实践转向教育改革的问题，即是否有可能将我们关于教与学感悟最深刻的见解体现在可给教育注入新的活力的社会变革运动中？

对我而言，这不仅仅是个理论问题，还是进退两难的个人选择。当我游历全国和各地的教师们谈论教学实践时，我遇到很多人，他们关心教育，并对教育变革有激动人心的设想。但当我们再将话题深入下去的时候，谈话就常常变得令人沮丧了。

无论我们的谈话是多么充满希望，无论我们的同事中有多少人已经接受了新的愿景，也无论我们已经探索了多少种实践的可能性，总是有人会说："这些都是激动人心的想法，但是单凭我那学校的条件，这些想法一个不剩都会泡汤。"

接着就是连串抱怨影响教改的制度障碍：校长或院长的生意经比教育念得还精；课程负担如此之重，或班级规模如此之大，以至于难以保障教学质量；奖励体制虽然要求重视教学，却只提拔那些发表学术著作的教授；有限的资金从教学流向行政、研究或者校舍建设。

听着他们诉说这些阻力，我能感受到他们难以言表的绝望，并深受感染。我不得不扪心自问：这些悲观诉说是否确有其事？如果确实如此，那么良知就要求我停止兜售更新教与学的不切实际的希望。

暂且认定制度是像悲观主义者所说的那样具有强大的抵制力，随之而来的问题是："面对强大的制度性阻力时，是否曾经有过重大的社会变革？"答案似乎是显然的：**只有**面对和克服这类阻力，才会取得重大的社会变化。假如制度自身能不断演进，那就根本不会有要求改革的危机了。

与制度的阻力相抗衡的是社会改革运动，这也是本章的重点。在这里，我不打算将讨论极端化，陷入改革运动与机构组织相对立的思维陷阱中（从而流于另一种非此即彼的思维误区）。相反，我要大书特书二者既对立又统一的关系，肯定对任何一个健康社会都必不可少的"**既**……**又**……"的相互依存的共生关系。

机构组织和变革运动双方都扮演着创造性的角色，但其目的却大不相同。机构组织代表着秩序和维持的原则，是保存历代来之不易的财富的容器。变革运动代表的是流动与改变，是社会把其能量输送于更新和变迁的过程。一个健康的社会鼓励二者之间的互动。那些具有改革精神的机构组织领导人通常会欢迎变革的活力，虽然这会带来混乱。而变革运动的领导人也必须明白，他们需要有机构组织的结构来维护改革的成果。

但是，当有关机构组织的臆断搬用到要求变革的情感问题上时，由于机构组织被认为限制了社会变革，结果通常是失望。接下来的问题是："如何重新安排或者重新定位那些包含在机构组织结构内部的力量，以实现我们渴望的目标?"当我们联系脉络背景时，这是一个好问题。但如果我们假定机构组织是游戏中唯一的主角的时候，这就是一个糟糕的问题。在这种情形下，少数个人的脆弱且未经验证的改革幻想要与强大的盘根错节的力量构成的牢固模式相对抗，这种变革游戏注定会"出师未捷身先死"。

由于受有关机构组织的臆断所限，抱着变革憧憬的人们竭尽全力去说服当局用另一种方式看待事物。如果奏效，这倒是一个好策略。但往往事与愿违：当局不予支持，这些改革憧憬者们感到枉费心血，接着改革的能量耗尽，只剩下愤愤不平。当结果证明机构组织只想维持现状而不想改革时——这毕竟是人家的事——若改革者们把通过机构组织作为改革的唯一途径的话，那么他们很可能会放弃，并沉没在失望的深渊。

但是还有另外的途径——改革运动的方式。我对改革运动的理解始于这样一种观察和疑问：一些人在面对机构组织的阻力时放弃了努力，而另一些人却在这种阻力中找到了积极投入运动的力量之源，为什么呢?

我开始觉得存在着一种"变革运动的精神力量"，这种精神力量把阻力视为任何事物的始点而非终点。在这种精神力量中，尽管存在制度的阻力，变革仍然发生，而且阻力有助于变革发生。阻力本身就显示了对某种新事物的需要。它鼓励人们去憧憬其他的可能性，并激励那些为之奋斗的人们的斗志。

假若当初让种族主义和性别歧视的组织制度限定交锋的战场和规则，那么无论民权运动还是女权运动还没开始就夭折了。不过一些少数族裔和妇女却成功地对组织制度的抗拒施展了内心攻势，将其由社会的沮丧与挫败转换为个人的感召力与力量。在这两种变革运动中，倡导改革的人们就是利用机构组织的阻力，把这种阻力作为蹦床，借机跳出机构组织的约束。他们在机构组织结构的外部寻找到了制约的力量，然后通过多种途径巩固这些力量，最终能对这些机构组织架构本身施加强有力的影响。

社会运动的天才们是悖论式的：他们摒弃了机构组织的逻辑以便聚集能够改变机构组织逻辑所必需的动力。民权运动者和女权运动者都得使他们自身从种族主义和性别歧视的制度组织中解放出来，以便产生力量。有了这些力量，他们再来改变种族歧视和性别歧视的状况和法律。

如果需要发起一场教育改革的运动，我们必须学会接受这种悖论。我们还必须了解运动的逻辑，了解运动是如何展开的，部分是为了了解我们在运动中所处的位置，部分是为了促使运动继续向前。在我所研究的变革运动当中——公民权利运动、女权运动、东欧以及南非和拉丁美洲的民主自由运动、男女同性恋运动——我发现运动有四个发展阶段。

跟任何类似的模式一样，所有这些阶段都是理想模型，真实运动并不像该模式所描述的那样有序展开：各不同阶段可能相互重叠，循环倒退，而有时一个阶段能呈蛙跳状直接进入更后的阶段。但是通过命名划分阶段，我们可以从混乱的能量场之中提取出运动本质上的动态特点。

第一阶段：独立的个体做出发自内心的决定，决定过一种"**不再分离**"的生活，为自己在制度之外寻找生活的中心。

第二阶段：这些个体开始彼此发现对方，并形成"**志同道合的共同体**"，以提供相互支持和发展共享愿景的机会。

第三阶段：这些社群开始**走向公众**，学会将他们个人的关注转化为公众问题，并且在此过程中接受充满活力的评论。

第四阶段：一个**选择性激励**系统开始出现，以支持变革的远见，并施加压力使奖赏激励系统的标准发生变化。

我想逐一验证这些阶段，但不是仅停留在对过去事情的追忆上。通过理解变革运动是如何运作的，会发现我们已经是教育改革运动的行动者。我们还会发现如果一个人正处于探索内心世界的旅途之中，那么他已站在获得真正的力量的入口——即个人在社会变革运动中显示出真正的力量，并成为推动我们的时代发生真正转变的入口。当我们认识到这些力量是伸手可及的，我们就更不容易屈从于组织制度的禁锢，更不轻易使自身沉溺于因改革无望但求一团和气的状况之中。

不可分离的生活

变革运动的起点，尽管几乎是无声无息的，仍然可以被大致精细地描述出来。一些孤独个体受到需要变革的环境的困扰，决定"不再分离"地生活时，变革运动便发生了。人们面临选择的十字路口：要么一直让自我枯萎，要么坚持呼唤美好生活和优秀教学之来源的自身认同和完整，必须在两者之间进行选择。

我们中的很多人都有过感受分离生活的个人体验：在内心我们感到有件事非干不可，但外部的反应却截然不同。当然，这是人类的适应状况，我们的内部世界和外部世界永远不可能处于完美的和谐之中。但是极端的割裂就令人难以忍受了，当一个人不能将他的行动与内心生活和谐统一时，他就无法生存。这样极端的分裂在一个人的内部产生，并跟重大的社会问题有关，而且一次次，一个个地连接出现，一场变革运动就在孕育之中了。

为了不再分离地生活，必须克服条件限制，而条件又有其特别的因由。我们居住于制度背景下，包括学校、工厂、市民社会等，因为它们庇护着我们重视的机会。但那些制度对我们的要求常常与我们的内心不符——比如，不分是非地对公司忠诚的要求，与我们讲真话的内心律令相冲突。如果恰到好处，这种张力可以是创造性的。但当我们的心灵完全变成机构组织的附庸时，当我们将机构组织的逻辑内在化并使之压倒性地占领了我们自身生活的逻辑时，就变成了一种病态。

要不再分离地生活，就是为自己的生命寻找新的中心，一个游离于体制及其要求之外的中心。这并不意味着人脱离体制，人可以留在岗位上，但这的确意味着人的精神离开体制而独立。人必须找到一个能使其站立于制度之外的坚实基础，找到他自身存在的根基，依靠这个根基，他可以更好地抵制机构组织的价值变成他的内在生命景观时所发生的扭曲。

只要有足够的人用足够长的时间决定要过一种不分离生命的生活，最终就会产生社会和政治影响。但这不是为了达到某种政治目的的谋略，而是为了自身认同和完整的目的而经过深思熟虑的个人决定。决定过不再分离的生活不是一项借以攻击他人信仰的策略，而是为了催生一种最基本的需求，即一个人支配和引导自己生活应该拥有的信仰。一场真正的变革运动的力量来源于承认和呼唤人的自身认同和完整——而不是指控它的对手们缺乏这些素质。

我把这个称之为"罗莎·帕克斯决定"，因为她堪称"不可分离地生活"的活典范。确实，她是值得我们一直崇拜的偶像，至今她点起的革命之火还在燃烧。1955年12月1日，在阿拉巴马州的蒙哥马利市，帕克斯决定过一种不再分离的生活，她决定不再像以前那样，以种族主义者给她定义的"不完整的人"的身份来生活。她决定按照来自她的人性的心灵的知识来生活。所以她做了一件简单的事情：在一辆实行种族隔离政策的公交车上，她坐到了为白人专设的前排座位上，并拒绝给白人让座。

帕克斯做出这个举动是有准备的。她此前研究过海兰德民族学校的非暴力斗争战略，并在全国有色人种权利促进协会（NAACP）蒙哥马利分会担任秘书。在她的推动壮举下，马丁·路德·金领导了一场公共交通联合抵制运动，最终导致联邦法院做出判决，宣判公交车种族隔离法违宪，由此进一步推动了公民权利运动。

但是，当我们在事后自以为是地重新叙述这一伟大的历史性时刻的时候，我们竟忘却了那位关键时刻的孤独个体，忘却了她也许感受到焦虑或疑惑。当我们忘记这些时，我们也就忘记了自己真正的力量所在。

海兰德民族学校的创建者马勒斯·霍顿（Horton, M.）回忆他初次将帕克斯介绍给罗斯福夫人（Roosevelt, E.）[3]时的情景：

　　夫人问道："帕克斯夫人，您曾经被称为共产主义者，对吗？"当帕克斯回答是的时候，罗斯福夫人说："我想你还在海兰德学校的时候，马勒斯就告诉过您，您会被称为共产主义者。"罗莎告诉她我并没有这样提醒过她。罗斯福夫人还（为这事儿）批评了我。我说："假若我知道她所要做的一切，我就提醒她了。但当她在海兰德的时候，她说过不会去做任何事情。她说……白人不会让黑人随心所欲、恣意妄为，黑人也不会团结一致，所以她想她不会有所作为。我也找不到任何理由去警告一个不打算做任何事情的人，即使她被称为共产主义者……如果我事先得知她会发起公民权利运动，我会提醒她的。"然后罗莎说："他的确提醒我了，不过那是在我被捕之后。"④

很显然，帕克斯克服了她自己内心的疑虑而决定行动。但是，她的做法是否会得到回报，非暴力的策略是否会奏效，同事们是否会跟她同舟共济，这一切她都不敢肯定。她更没想到她会引发一场全国性的运动。实际上，其他的人也进行了类似的尝试，除了惩罚，他们一无所得。假若她坐在那里计算创造历史的概率的话，她很可能早就坐回到公交车的后座去了。她做出这样的决定扎根于：不管我们的内心感到多么动摇，我们内心深处渴望的自身完整要求我们必须这样做。这也是我们唯一肯定的地方。

为什么那天帕克斯会坚持坐在前座不动？她自己的话给出了最好的答案："人们经常说我没有让座是因为我疲惫，但这不是事实。我并没有身体不适，我并不比平常下班时更累。我也没有老，虽然有些人把我想得很老。我那年42岁。不，唯一的疲惫是，我对屈服感到了厌倦。"⑤

帕克斯的这些话告诉我们她的行为是很简单的、非战略性的、很合人情的行为。她就是厌倦了，从内心到灵魂，她都厌倦极了。不仅厌倦种族主义，而且厌倦她自己因种族歧视影响所形成的复杂心情，厌倦她一直屈从、让座给白人，厌倦她因妥协而施加于自身的痛苦。

上述分析背后隐藏着常被忽略的有关变革运动的真理：决定过一种不再分离的生活，个体要比批判体制还更进一步，还要具有自我批判意识。我选择过"不分离的生活"，就是默认，即使我拒绝遵从制度的要求，制度也没有凌驾于我的力量。与我直接相关的问题不再是"那些人"或者"那个地方"。我最切身的问题是我，是我与制度之间那心照不宣的密约，那曾经允许制度主宰我生活的密约。

要选择不分离地生活，就要身体力行跳弹簧舞的原理："我们遇到敌人，敌人就是我们自己"。当我们决定不再作茧自缚的那一刻，我们便从制度的压抑中解放出来，并获得对抗制度的力量。但在此，我必须审慎地指出变革运动和制度的关系。

我们把运动想成是可憎恶的、自以为是的、不断攻击邪恶的制度直到其崩溃为止。我们把运动——往往因厚此薄彼而招人反感——跟那些不急不躁、稳稳妥妥、负责任的、关心制度并从制度内部促成变化的过程相对照。然而这样描述很容易倒转。那些把他们自己限制在制度内部进行战斗的人，经常会被内部的敌人困扰，被制度内的魔鬼俘虏。人们之所以发起改革运动，不是因为他们憎恨制度，而是他们爱之太深，不忍看到它堕落。

这就是罗莎·帕克斯对美国民主制的看法，这个制度允许种族主义肆虐。民主不容蔑视，也不能被一种消灭种族的极权主义的狂想所取代。它必须被从堕落腐朽中拯救出来，召唤回它的至高目标。敌人不仅仅是"在外面"，而是首先"在我们自身"，即我们每个人对邪恶的妥协之中。因为认识到这一点，所以罗莎·帕克斯的行动不是出于恨而是出于爱，出于对潜藏于我们身上和我们周围的敌人的救赎。

所有这一切跟教育改革有什么关系呢？更清晰地理解了改革运动的特性之后，我认识到，我在这个国家所遇到的很多老师都让我想起罗莎·帕克斯：他们深爱教育，不忍使它堕落——不管他们认识与否——通过决定过一种不再分离的生活，他们燃起了教育改革运动的星星之火。

这些老师记得当初选择做大学老师时的激情，他们不愿丧失职业的原动力。他们坚持密切关注学生的生活，不愿切断与年轻人的联系。他们懂得他们已经投入在教学中的自身认同和完整，即使其投入从制度中毫无所得，他们也无怨无悔地一再投入。

这些老师们决定，教育的事业就是需要他们坐到公交车的前座去，即使制度要求他们回到后座。他们不再抱怨造成教师地位低下状况的制度条件，也不再心照不宣地与其敷衍。相反，他们在很多行动上以投身于教学重任为荣。这些老师所做的，常常和在公交车上拒绝让座一样简单：在每天的教学中，以敬重他们内心最推崇的价值的方式教学，而不是以符合制度规范的方式教学。有时候，他们则在更加公开的场合冒险，比如在制定教育政策的教师会议上提出新的可选择的教育愿景。

是什么驱使他们冒着风险做出决定，要不再分离地生活呢？人们是怎样找到勇气把内心的信仰带入到与外界和谐的行动中呢？他们知道一旦这样做，制度凌厉的惩罚可能就会从天而降，也许会失去面子、地位、安全、金钱和权力。走到公车后排与决定坐在公车前排的两个人的区别在人类心灵的奥秘中可能迷失，但在帕克斯和像她一样的人们当中，我找到了回答这个问题的线索：当你意识到你不能再向那些损害你自身完整的某些东西妥协时，你对惩罚的理解就在突然间飞跃了。

当警察走到罗莎·帕克斯的身边，叫她离开座位，否则便把她投入监狱的时候，她回答道："请便吧。"⑥这是一个很礼貌的说法，其实是说："多年以来，我把自己囚禁于对种族歧视制度的妥协之中，与之相比，你们的监禁又算得了什么？"

那选择不再分离生活的勇气，那凛然面对随之而来的惩罚的胆魄，都来自这样一个简单的信念：**外部加诸你的惩罚绝不会比你加诸自己、自我贬低的惩罚更为深重**。认识到这一点，我们就能打开一扇原本就没有锁的小门，走进尊重心灵呼唤的新天地。

志同道合的共同体

要不分离地生活的决定，尽管具有强烈的动机，但是在起初确实是很脆弱的。它需要不断地强化，因为做出这个决定的人很快就会感到不安，怀疑自己——这是很自然的，因为我们是在这样一种文化中生活，它告诉我们，过一种被分离的生活是正常的，而过一种不分离的生活则是愚蠢的，甚至是不负责任的。

过不分离的生活确实愚蠢，因为一旦你让外人洞悉你的内心，他们可能会排斥甚至伤害你，所以最好还是把你的感情隐藏起来。它又是不负责的，因为一旦你揭示了自己内心的真实世界，你就不能再不偏不倚地履行职责——比如用一种超然的、客观的立场来履行教学职责——所以，你最好还是安分守己，保守你的秘密。

在运动的第二阶段，选择了一种不分离的生活的人们仍然感觉缺少根基，他们形成志同道合的共同体，最初的目的仅仅是为了互相肯定。与其他同路人联合起来，有助于他们理解"正常"的行为可能是疯狂的，而追求自身完整才永远是正常的。

在由罗莎·帕克斯所引发的运动中，那些志同道合的共同体在黑人教堂中找到了他们的精神家园。在整个南方，教堂成为那些需要了解选择完整地生活并不孤独的人们的集会地。然而，教堂提供的不只是人们聚会的物质空间，还提供了能够使变革运动的宗旨得以发扬、持续下去的精神空间。

志同道合的共同体的第二个功能是：帮助人们发展能够代表变革运动愿景的语言，并赋予其力量，使它能够在杂乱无章的公共领域中生存、繁荣。当在刚刚解放他们灵魂的人们中开始演说时，这种语言是虚弱的——这是在追求现实的社会里谈论梦想的虚弱，是在追逐竞争的社会里谈论共同体的虚弱，是在崇尚谨慎行事的社会里谈论冒险的虚弱。那些使用这些心灵语言的人们，在向更大范围观众（可能包括怀疑者和敌对者）演说之前，需要有一个场所，来练习，来适应，尤其先要获得志同道合的人们的赞同。

当马丁·路德·金带着他关于梦想、山之巅的影像走向广大民众时，他引用的是已经事先在变革运动的志同道合的共同体中反复流传并被广泛认可的一系列象征。这些影像并不是伟大的雄辩家金的独创，而是普通民众茶余饭后的谈资，正是通过在黑人教堂中的反复使用，它们获得了认可和力量。

那些教堂扮演了志同道合的共同体的第三个角色。教堂为那些正体验不分离的生活的人们提供了一个训练的场所。他们可以在那里学习一些把他们的价值带入到更广泛的世界中去的必要技巧和习惯，我曾有过这种亲身体验。当时我正造访佐治亚州乡下的一个团体，并被邀请参加一个小型的非裔美国人的祷告会。我赶上参加那个成年人的星期日学习班，屋子里的其他三个人正在讨论《圣经》中的一个章节。让我惊奇的是，他们按照罗伯特议事规则（Robert's Rules of Order）来组织班级，每个人都充当一个角色：一人任主席，一人任秘书，一人做国会议员。

后来，我把我的疑惑告诉了带我来教堂的同伴（一位经常参加这种集会的当地居民）：为什么在只有三个人的情况下，他们还那么正规地遵守程序呢？难道简单地坐下交谈不是更有意义吗？

他解释说："你并没有理解你刚才看到的情形。教堂就是这样一个地方，它使得那些被剥夺了治理社会职责的人们，有机会学到一些治理的方法。一旦到他们获取了履行治理职责的权利时，就有能力进行治理。"

志同道合的共同体在教育改革中是至关重要的。但由于学术生活的个人化，创建这样一个共同体非常困难。每当我去校园参观研讨两三天，总会想到这方面的问题。在研讨第一节的开场白一结束，总有人走上来向我倾诉："我非常同意你所说的关于教育的一切——但我是校园里唯一这么想的人。"在第二节研讨结束时，又有三四个人分别来找我，都是独自跟我分享同样的秘密。

在我离开之前，我一共遇到了 10 到 15 位对教育有同样看法的人——他们每位都宣称他们在校园中是孤独的。不止一次，我介绍他们互相认识，希望能够为志同道合的共同体播下种子，使之生根发芽。当两三个这样的人走到一起，并且互相承诺时，一个共同体就出现了。我见到的这种情况在学术界以女性为多，她们通常同时投身于两种运动，一种是为了更好地教学，另一种是为了提高妇女在学术界的地位。

但如果志同道合的共同体要发展到一定的规模，它们可能需要某些结构的支持。黑人教堂为人权运动提供了这种结构上的支持——因为这些黑人教会是拥有大批关怀人权运动支持者的、建立在一套提供表达自由解放学说体系基础上的、经常性的机构组织。那么，在学术界有没有为那些希望不再分离地生活的教师提供志同道合的共同体的庇护所呢？

如今已经没有像黑人教堂那样可以信赖的强大常务性机构组织，但这并不意味着游戏已经输了。尽管声势不大，但我知道现在至少存在两个教育机构，他们显示出了某些变革运动的潜力，而且已经服务于这样的目的。一个就是在大大小小的校园中逐渐增多的教与学的中心。这些中心的计划通常为那些希望或需要培训的教员提供技术上的培训。在此过程中——时不时地，有意无意地——这些中心为那些有诚信的教师提供一个结识交谈的地方，并且寻求不断相互支持的途径。

第二个就是那些日益庞大的区域性和全国性协会，它们是按照深层改革的价值取向组织起来的。在高等教育这个领域，通识教育协会，美国高等教育协会，还有高等教育专业和机构组织发展网络，都是我所指的支持性机构。那些在自己的校园里感到孤立无援的教师可以来加入诸如此类的协会，参加诸如此类的活动。这样，等他们回到自己的校园时就不会再感到孤立无援，因为他们有了盟友，备受鼓舞，只是地方远点罢了。

其实，致力于改革运动的人们在远方的朋友通常比在本地多。在全国显得鼓舞人心的变革事项，在当地却变成威胁性的。但是当我遇到那些满怀愿景而在自己的校园感到孤独的教师，询问他们做了些什么来使他们的愿景为人所知时，答案通常是什么也没有做——这就是他们被孤立的原因。除非他们向天空发射闪光信号，否则其失落永无人知晓。

只有一种办法可以找到近邻的朋友，这是一种可以播下志同道合的共同体的种子并使它成长的方法：一个人必须要让他不再分离地生活的决定被人们发现。这种近距离发现并不容易，因为它可能会带来指责。但是当我们以可见可行的方式表明我们的价值时，我们有时会对这种就近结盟的方式感到吃惊。

走 向 公 众

变革运动第二阶段的力量在于它把志同道合的人聚集成一个共同体，增强尚脆弱的信念。但在两种情况下这个优势也会是劣势：一是我们只顾互相交谈，一是我们不面对更广大听众。这样就不会有改革运动——我们更可能陷入错觉和迷误之中。

当一场变革运动走向公众时，它不但有机会用自己的价值观影响他者，同时也面临挑战，被迫在其中检验和修正其价值。在做出不分离地生活的决定时有如此大的灵魂力量，当人们把这种灵魂力量聚集在一起时，这种力量就这样大大地被增强了。于是几乎必然会出现自以为是、自我陶醉的阴影。要最大限度地缩小阴影和最大限度地扩大光明，唯一的方法是使运动面对公众的批评——走向公众，以严肃、认真的态度接受公众的批评。

当我和别人一起探究这个运动的模式时，它经常因为价值中立受到批评。比如，这个模式既可以描述批评者不喜欢的保守运动，也可以描述批评者所赞赏的自由运动。更糟糕的是，任何以不再分离而始的运动很容易被法西斯运动利用，在法西斯运动中，比如纳粹、三 K 党、亚利安国等——他们决定让行动和他们心中的魔鬼取得和谐。

对此我的第一个回应是，社会改革领域并不为知识分子所珍惜的思想和行动的纯洁性提供安全的避风港，没人保证运动会向我们认为值得敬重的目标进发，正如没人保证机构组织会追求这些目标一样。生活的世界是凌乱的，它是痛苦的根源，也是创造的源泉，如果我们追求改变，我们必须学会忍受凌乱。

我的第二个回应是，不管我们是否同意它的目标，我们必须在运动和伪运动之间做出重要的区分。其区别关键在于变革运动甘愿进入第三阶段走向公众。一场法西斯运动则拒绝走向公众——在这种拒绝当中，它从一种运动堕落为角逐强权的演练。

而一场真正的变革运动的领导人非常乐意走向公众，和公众交换意见，深明与公众的对话是形成威信的途径，在理解与说服之中树立权威。但是在一场法西斯运动当中，领导人对接受公众曝光和批评毫无兴趣。确实，法西斯主义依赖于封闭公共领域，这样法西斯主义的价值才能不受挑战，反对他们的对抗性力量才不会产生。

在一个极权主义的社会中，公共领域通过几种主要力量被关闭：禁止在公共场合集会、禁止自由结社、禁止出版自由、禁止政治性言论。但即使在我们这样的社会中，在公共领域虽被削弱却仍然敞开的地方，伪运动依旧可以找到逃避公众审查和责任的方法。比如我想到一些激进的宗教派别及其秘密的候选人，这些候选人只是到了当选的那一刻才向官方公布他们真实的信仰。即使公共领域是开放的，仍起码有一阵子有可能逃避严格的公众审查。但一个机构组织这么做时，它就不再是一场道德权威的运动，而是一种赤裸裸的权力操控。

当我们用走向公众的透镜来审视当前的教育改革时，我们看到一场运动如此缓慢而有组织地发展，我们几乎觉察不到它的影响。虽然教育改革运动还有待于实现它的主要目标，然而，它的一些概念和信条如今已活跃在公共领域。

很多有关教育改革主题的书出版了，有的还成了畅销书；演讲者在工作坊和集会中到处播下改革的种子；新的协会在国家和地区的集会上推进改革事业，而那些在自己的校园里感到孤立的人就在这些学会和协会中找到绿洲；历史悠久的全国性协会则以教改事业作为实现自我更新的途径。

更重要的是，参与教育改革的公众超出了学术界的围墙。家长、雇主、立法者和专栏作家都呼吁更多地关注教学改革，坚持不懈的呼呼有时确实卓有成效。这里有一个相关的例子，来自会计学领域——这个领域通常不被认为是改革的温床。

> 很多会计系毕业生都希望在六大国际性大型公共会计公司找到自己的第一份工作。这些合伙企业每年雇佣一万名毕业生，每年捐赠两千万美元以上支持高等教育……

> 1989年，这些顶尖的国际会计公司的行政总裁（CEO）联合发布了一份文件，详尽说明了他们认为会计专业人士需要从教育者那里得到什么……该文件详述了他们想从所雇佣的毕业生身上看到的知识和技能（包括其所在机构组织的社会文化背景，解决问题的创造性思维，良好的沟通能力和工作的能力……"在一个团队中，与不同的人合作"，以及承受和解决冲突的能力）。

> 这份行政总裁文件指出……"通过执业会计师（CPA）[⑦]考试不是会计教育的目标。焦点应该是培养分析能力和运用概念思维——而非记忆急剧膨胀的专业标准。"……

> 这些公司在其白皮书中保证，用五年的时间投入四百万美元，来帮助促成他们希望看到的课程方面的变化……"附加的条件是，这些钱将被用于设计和使用创新的课程以及新的教学方法。"[⑧]

当教育改革的语言成为六大会计公司领导们的共同语言时，接下来他们会用相当多的推动力来督促商业学校改革，我们看到教育改革运动虽然悄无声息，不受瞩目，但的确留下了痕迹。

已经走向公众的教育改革运动的形势显示，与我提出的运动阶段模式相比，现实是多么凌乱。比如，教育改革在一定程度上已经达到第三阶段，但与第二阶段的程度相比则显得不成比例：这说明，在公共领域里谈论的改革超出了人们从传统教育私人世界里的少量志同道合共同体中所预期的东西。

但两个阶段程度的不相符与其说是阶段模式失效，倒不如说这显示了模式如何可能有价值，因为那些不合模式的偏差告诉我们有些东西还需要进一步解释。也许，第二和第三阶段的程度差异来自这样一个事实，即改革的动力较少来自传统学校的教师，更多地来自其他背景中的教师——特别是工商界从事教育工作的人，他们承担了美国至少一半的中学后教育。

很多大公司都拥有自己内部的"大学"，来帮助他们的员工跟上社会、技术与市场的迅速变化。比如，六大会计公司中的每一个公司都"开设了自己的教育部门，为公司的技术员工们提供持续的研究生水平的教育。每个公司每年的培训面授时间超过一百万小时是平常之事"⑨。同样不足为奇的是，这些非传统机构所采取的教育方法比绝大多数院校所采取的方法更具独创性。

倘若我们懂得驾驭之术，那么这些巨大的非传统教育的能量有助于推动教育改革的步伐。但是，只有那些传统机构中的教育家们打破自身的禁闭状态，与外界的教育家进行普遍的交流时，这种情形才会发生。用皮尔斯的话来说：它"始于你说'我们'，而你清楚'我们'是何人，且你一心要天天壮大'我们'"⑩。

几乎在我造访的每所校园，我都能发现一个问题，可以生动地说明突破的必要性。那些采用非传统教学方法的教师总是受到学生、家长以及一些同事的百般阻挠："不要对学生采用这种过于情感化的方式，要教完全部领域，让学生记住所有事实，教他们如何竞争。否则，你会使他们在实际工作中处于劣势。"

讽刺是明显的：现实工作世界是很多教育实验和教育改革的源泉，准确地说，传统的自上而下的教学已经不能让学生很好地适应真实的世界。但是一些学生、家长和教师已经被落后的文化观念束缚，需要了解新的情况。

当然，如果改革的信息仅仅来自从事教育的人，就不会令人信服，必须有来自工作世界本身的权威声音。但是很多教师——甚至很可能包括那些最富于革新精神的教师——都把来自工商界的人们看作敌人，而不是盟友。我们很少请求或者信任他们来帮助我们发出这样的消息——如果学生想在现实中取得成功，教育改革势在必行。

如果我们这些从事教育的人想了解一场变革运动如何进行，并尝试换上改革运动的心态，我们就会很容易与那些在公共领域能够帮助改革运动向前发展的人们取得共识。他们中的一些人——我们的校友，以及大学董事会的成员——很容易联系上，而且也乐于跟我们联手合作。

当我们在雇主中寻求盟友的时候，我们会发现，并非我们所有的保留意见都是毫无根据的：在商业界中，对教育改革敞开大门仅仅是服务于提高利润这一目的。尽管有些人理解、尊重人文学科所热衷的价值，但并非我们所有潜在的盟友都能理解这种价值，更不用说尊重它了。他们也不会都赞同本书的一个核心前提：好的教育不能简化为技术，因为在他们看来商业更倾心于技术而不是教育。

然而，在运动中从事共同的事业，并不要求合作者和我们有完全一致的看法。当我们联合起来的时候，我们会发现自身给人拖往危险的方向。但因为我们是连在一起的，我们也有机会使运动朝着我们的方向走。从事共同的事业开放了在原先陌生的领域进行教与学的可能性。

当一场运动走向公众的时候，参与者的自身认同和完整都在公共舞台上活跃的多元价值与愿景中接受考验。我们必须在这很容易迷失方向的复杂力量场中保持自己的完整性，同时要敢于开放自己面对各种冲突的影响，这样，改革运动和我们自身的完整性就会一起成长。

精 神 奖 励

第四阶段即最后阶段，展现出第一阶段孕育的运动能量的完满轨迹。在第一阶段，孤立的个体抛弃了机构组织的逻辑，决定过一种不再分离的生活，在第二阶段形成共同体，在第三阶段走向公众——如今又回到了原点，又反过来改变他们当初想跳离开的那个特有的机构组织逻辑。

之所以说"改变"机构组织的逻辑，而不是"改造"机构组织或者使机构组织"发生革命性剧变"，是因为大多数运动的结果是温和的，很少能够完全推倒重建。大多数的运动并不摧毁现存秩序，而是不断地对之进行修补调整。就像默顿（Merton, T.）所说的那样："我们不必适应世界，我们可以让世界适应我们。"[①]运动更倾向于调整现实，而不是打造一个全新的世界。

说得更谦卑一点儿，这些温和的改变一旦制度化，就会倒退回**旧体制**，一个丑陋的陈旧世界。它们成为制度用于抵抗必将推进的下一次变革的形式。但它们毕竟是变化，如果变革运动有着合理的原则，所发生的改变起码会在一段时间内是合理的。

变革运动之所以有力量改变机构组织的逻辑，是因为机构组织从根本上说是一套社会约束制度：做这个事情你会受到惩罚，做那个事情你会得到奖励。只要机构组织在一个给定的行为领域内——比如教与学的领域——掌握着这套奖惩机制，那么它就有力量影响每一个参与到这项运动中的人。

但是一旦这些人认为机构组织的惩罚是不适当的（这是第一阶段的关键），以及变革运动演化出了一套围绕人们所推崇的活动形成的另一奖惩系统（这是第四阶段的关键），那么机构组织的权力就会走向衰败。如果这样的情形发生了，机构组织就会清醒，并意识到需要改变，免得行动出轨，制度脱离人们的生活。

比如，当实际上所有的中学后教育都由传统的大学院校承担时，那些制度就不需要改了。每一个想成为学生和老师的人都被迫接受它们的规则。不过，既然一半或者更多的中学后教育是由商业界、工业界和军队来承担的，传统的高等学校就感到了压力，被迫开放自己，以求新生。

是什么样的另一奖励系统促使传统的学校机构组织改写它的逻辑呢？随着变革运动的展开，在每一个阶段，它都会提供无形而有力的精神奖励。在第一阶段，精神奖励是每个人都可以更好地认识自己的身份；在第二阶段，精神奖励是不断从志同道合的共同体的人们中获得联系和支持；在第三阶段，精神奖励是过一种更为广阔的公共生活。随着变革运动的不断发展，人们可以在为运动工作中找到为机构组织工作所无法获得的意义，可以从参加运动的朋友那里获得无法从机构组织同事那里得到的肯定，那些不再能够满足灵魂需要的职业被迫改变方向，朝着变革运动所感召的方向前进。

运动不但提供精神的回报，也提供物质上的回报。有些人在为运动服务的过程中获得一点收入。某个机构组织为运动工作还能获得其他的经济回报：不少奉献于教育改革事业的学者就运动以及运动的目标出版了研究专著或者研究文章，从而在传统学校机构中获得提升或者终身职位。

最终，随着运动的不断展开，传统的机构更可能创造更多的空间，为服务于运动的工作提供职位和报酬。40年前，那些公开为种族多元性而斗争的人们很难找到任何有报酬的工作。今天，很多机构给那些研究多元性的专家提供有偿职位，让他们为雇员之间的种族与性别平等而工作。40年前，女性和非裔美国人常常被认为不适合从事学术工作。今天，黑人和女权主义学者却常常因受欢迎而被大量招聘。

最终，在运动的最后阶段，提供的不同的奖赏都只是同一个实质性奖赏的反映——即来自不再分离的生活的精神奖赏。在第一阶段，人们认识到，任何人强加于他们头上的惩罚莫过于他们在自我泯灭的妥协中的自我惩罚。在第四阶段，人们认识到，任何人所能提供的奖赏都比不上他们自己按照自己的本真生活所获得的内在奖赏。当许多人都拥有这种理解时，机构组织就会被迫妥协，因为它不再掌控禁锢着人们心灵的枷锁。

也许，与机构组织给予其效忠者的加薪、升职和地位相比，变革运动所提供的替代性奖励似乎显得微不足道。的确如此。如某些怀疑者所言，即使自身完整也不能够赚来餐桌上的面包。但那些投入改革运动的人们都发现，赚够面包并不是他们生活的主旨，这不是因为他们已经有了足够的面包，而是因为有更基本的精神饥渴。他们明白人类并不只是靠面包活着。

与机构组织的禁锢和它所造成的绝望相比，运动的确提供了另外一种选择，具有历史的沉淀和力量的另一种选择。在花了整整一章描绘变革运动的历程、研究它们对于教育改革的意义之后，我需要声明：即使愿景图在手，我们仍可能死抱着机构组织的途径不放，不只是因为对另一途径无知，而是因为一些更不幸的理由。

有时我们因坚持一定要机构组织提供改变的唯一途径而得到一种有悖常情的慰藉。当这条路如平常一样被堵死时，我们就怨天尤人，把所有责任推到外部力量之上，而从不追究自己的责任。我们中有些人情愿不抱希望也不想冒险过一种新的生活：假若我们相信新生活是可能的，天晓得我们会被号召做什么！对于一个大学教师来说——特别是有时候，即使对于我们中间最理想主义的人来说——被这样一种"死亡欲求"所驱使，并非罕见的事。对选择改革运动抗拒最激烈的可能就是那些空想家，他们在一个阵线被击败，便再也无心去开辟另一条阵线了。

我是一个认真的教师。我不轻易卷入社会变革的混乱之中。我更愿意教书，而不是将精力花在运动上并承受随之而来的风头。然而，如果我关心教学，我必须不仅关心我的学生和我教的学科，也要关注教师工作的内部和外部环境。在教育改革运动中找到一个位置，就是实践更广泛的关怀的一个途径。

变革运动的这四个阶段会帮助我们找到这个空间。作为教师，有人会下决心不再分离地生活，把我们的行动与我们履行的工作意义相联系；有人会寻找那些志同道合者，加入那些支撑我们改革的共同体；有人会带着我们的信念走向公众，说出我们的想法并接受回应之挑战；还有人可能认识到传统的奖赏黯然失色，因为我们感受到在至高光明的照耀下生活的深深满足。

当我们在变革运动中找到自己的位置时，我们会发现，在热爱教学和为改革教育的工作之间没有本质的冲突。一场真正的变革运动不是争夺权力的游戏，而是显然扩大了的教与学。现在，世界成了我们的教室，教与学的潜力无所不在。在这个世界中，我们只需要开放心灵成为真正的自己。

我们兜了一个圈，又回到了本书开始的地方：回到我们每个人内在的力量，跟我们自身之外的种种力量联合，义无反顾地一同去创造世界。诗人卢米（Rumi）说："如果你身在曹营心在汉，就会带来致命的损害。"⑫

能证明这句诗的证据在我们周围俯拾皆是——尤其在教育领域。如果我们对心灵导师和真理的共同体不忠诚，那么我们就可悲地伤害了我们自己、我们的学生，以及我们的知识所崇信的那些世间的伟大事物。

但是卢米肯定会同意，这句诗倒过来说也同样是对的：如果你与我们同在，忠诚于我们，你就带来了丰盛的祝福。这是给一代又一代的学生的祝福，他们的生活已经被那些具有教学勇气的教师改变——这种教学勇气是从真我与世界的景观中最真实的地方开始的，是引导学生在自己的生活中去发现、去探索、去栖身于此的勇气。

注　释

①**译者注**：美国诗人玛吉·皮尔斯（Marge Piercy），1936 年出生，女权主义者。

②Marge Piercy, "The Low Road," in *The Moon Is Always Female*（New York：Knopf，1981），pp. 44-45. Copyright ⓒ 1980 by Marge Piercy. Reprinted by permission of Alfred A. Knopf Inc.

③ **译者注**：伊林娜·罗斯福（Eleanor Roosevelt），小罗斯福总统夫人。

④Myles Horton, *The Long Haul*（New York：Doubleday，1990），p. 190.

⑤Rosa Parks, *Rosa Parks*：*My Story*（New York：Dial Books，1992），p. 116.

⑥Parks, *Rosa Parks*, p. 116.

⑦**译者注**：CPA：Certified Public Accountant，执业会计师证书考试。

⑧Jean C. Wyer, "*Accounting Education：Change Where You Might Least Expert It*", Change, Jan. -Feb. 1993, pp. 15-17.

⑨Wyer, "*Accounting Education*," p. 15.

⑩Piercy, *The Moon is Always Female*, pp. 44-45.

⑪Personal communication from Brother Patrick Hart, Thomas Merton's personal secretary.

⑫Rumi, "Say Yes Quickly", in *Open Secret: Versions of Rumi*, *Coleman Brooks* (trans.) (Brattleboro, Vt.: Threshold Books, 1984), p. 27.

呼唤新专业人士——教育就是转变

（十周年纪念版后记）

明知发生了什么，却不承认真相，

我称之为残忍——也许是一切残忍之根源！

因此，我向声音求援，

向所有会发声人们那模糊、疏离、要害的部位呼唤：

尽管我们可彼此愚弄，也总该好好想想——

为的是不让我们共同生命的进程迷失于黑暗。

紧要的是唤醒人们保持清醒，

否则，一中断他们可能又重返昏睡中；

我们所发出的信号——是？否？也许？——

应该是清清楚楚，只因我们四周是黑暗的深渊！

——威廉·斯塔福德《相互解读的仪式》

内心世界的运动模式——付诸实践

《教学勇气》最后一章粗略勾画出社会变革展开的运动图示，在过去的十年里，从未遇到任何反例挑战。更重要的是，这期间见证的许多事情表明，认真重视"教师生活内心景观"运动的势头与日俱增。

这些看法也许只证实我对自己的信念忠诚不渝！但我坚信，我们拥有真凭实据的证明，1997年以来，一个要求回归教师和学习者的内在生命的运动已经越来越明显、可信且更加迫切。

当然，该运动并非始于十年前。历史坚持不懈地——凡历史皆顽固——拒绝遵照所谓应该如何开展的模式进行。正如我在本书初版第七章论及运动的四个阶段中所言，"所有这些阶段都是'理想模型'，真实运动并不像该模式所描述的那样整齐有序地展开：有时相互重叠，有时绕回头，又有时相互超越。但是通过命名划分阶段，无论如何抽象，我们总可以从混乱的能量场中提取出运动本质上的基本动力"。

在历史的杂乱无序中，我们仍然有可能对过去十年做个回顾，辨析出那些标志着朝本书所展望的教育转变的时刻。

例如，1998年9月一次名为"教育就是转变"的会议上，我和教师学者们共享这个会议平台，他们来自的机构都各不相同，有麻省大学的阿姆斯特分校，安提大学，哥伦比亚大学，哈佛大学和南加州大学，主办赞助单位是威尔斯利学院，主题是探索宗教多元主义问题和高等教育里的灵性。要是再早10年或20年，假如真开这么一个会，主办机构、交流平台中的代表和听众中一定有很多人不愿意跟这个主题沾上边。

会上一位教育家公开说出了其他人私下交头接耳的话："我到会是因为我知道有个运动正在开始。"会议集聚了来自250个机构的800名听众——有大学校长，大学教师，行政管理人员，学生，宗教生活管理人员，校董——在我做主旨发言时，我意识到她的话很有先见性。事实上，该次会议促成的一个名为"教育就是转变"的全国性组织，以追求这次大会的主旨为使命，直至如今。

这类探索教师和学习者内心生活的会议就是这个运动很有意义的标志，该运动跟本书的主题紧密相关。近年来举办的这类会议真多，若都细列出来，虽然能证实这一点，却显冗长乏味。所以我只想引用另外两个全国性的集会，标志这个运动的发展壮大和合法化的新阶段。

2000年6月，在威尔斯利学院会议的鼓舞下，阿姆斯特分校时任校长大卫·斯科特发起一个名为"工作和高等教育以灵性面向公众"

的集会，在马萨诸塞州麻省大学阿姆斯特分校举行。这个集会很值得关注，因为跟韦尔兹利会议不同的是，主办单位是国家税收支持的大学，也愿意以灵性面向公众，一反历史上这类大学鄙弃灵性的倾向。

2007 年 2 月，另一场名为"发现高等教育心灵：在我们密切关联的世界为爱心行动而整合（身心灵）的学习"的会议，把来自 260 多个机构的 600 多位与会者集聚在旧金山，其主办机构包括全美大学院校协会、独立学院理事会、社区学院创新联盟和学生人事管理人员协会。这次会议也很值得关注，因为这类全国性的协会绝不会跟不合自己口味的主题沾边。

显示这个运动正在发展壮大的另一个重要标志，是致力于整合（身心灵）教与学的科研和出版的队伍在成长壮大，且有力地证明了全国范围的教育探讨正在扩展，已包括了对内在生命和心灵的探讨。

若在 20 年前尝试研究宗教和灵性与教育的"相关性"，绝大多数学者会认为那简直是风马牛不相及的事儿。如今，当你看到那本（由税收支持的大学的）同行评审的期刊《学院和性格》，就是因为跟我网上一样的热点话题"向内探索之旅：大学生灵性的形式和模式"，吸引了广泛的读者，你就清楚地看到：巨变已经发生。

当你读到阿瑟·契柯陵———一位高等教育界备受尊敬的前辈———的领衔力作"在高等教育中鼓励真实性和灵性"，你会看得更清晰：运动的浪潮在上升。当你看到享有声望的洛杉矶加州大学的高等教育研究所进行的系列研究，看到研究题目都是"灵性和教授职位：全美高校教师的态度、经验和行为研究"和"高等教育中的灵性：全美大学生的'寻求意义和目的'研究"等，其首席研究者又是杰出的教育调研员亚历山大·亚斯汀和海伦·亚斯汀夫妇，你会清楚地看到：运动的高潮不会远了。

那么，这些发生在高等教育领域的一切，对于那些热切接受《教学勇气》初版、令我深感振奋的中小学的教育者们又意味着什么呢？意义太大了！高等教育和专业教育的许多改革努力都涉及始于中小学教育这个上游问题，因此，也需要那些在源头工作的教育者们协作。

在各教育阶段中最有思想的人们都懂得，我们必须超越任何隔离我们的人为界限，以便我们在心灵上和实践中同心协力，更好地为学生服务。

过去十年，在组建支持教师内心生活的运动中，美国幼儿园到高中 12 年级的教育跟高等教育并驾齐驱，走过相同的历程。对我来说，这是非常了不起的，因为就是在这同一个十年里，公立教育被一个称为"不让一个孩子掉队"的联邦立法支配和驱动着。

这个立法有个致命又不容置疑的目标：通过让教育者对学生学习成功的问责，来确保公立教育能向**所有的**孩子提供成功学习机会。但是，"不让一个孩子掉队"的法案有严重的缺陷，不仅仅因为它是一套毫无根据的指令，实际上，我不时想到，"不让一个孩子掉队"的法案导致公立教育中如此大量失败，以至于愈来愈多的美国人认为教育私立化是个更有吸引力的选择。

即使是资金到位，"不让一个孩子掉队"法案的缺陷表现在一心只专注那种可以用标准化测试来度量的学习，这样一来，很自然就把所有那些对无助于求得高测验分数的科目和技能——诸如音乐和艺术所谓无用的科目，以及诸如在书本上或教师指南找不到答案的探索性问题的技能——都一律排斥在外了。

"不让一个孩子掉队"法案将沉重的压力加在幼儿园至 12 年级中小学教师身上，迫使他们为测试而教，而不是满足学生的真实需求。这个法案还常常迫使教师们相互竞争，一旦他们的学生被这立法的过分简单化了的标准试题测定为不合格，教师们和其执教的学校都要受到惩罚。这不但破坏众所周知的、对学生学习很关键的相互信任的关系——即使只用标准化测试衡量——都足以令教师们的心变得如此狂躁、自私和不可信赖，以至于不管是独处还是与学生在一起，教师们内心对教学的投入，连浅表层面也不可能达到。

因此，自《教学勇气》面世以来的十年中，在毒素与日俱增的公立教育土壤中，一粒涉及幼儿园至高中 12 年级教师们的内在工作的种子，竟然能发芽、扎根、成长并开始开花，而且在不少地方，由那颗种子生长的绿色植物正在帮助清洁土壤里的毒素，这一切对我来说真是个奇迹。

萨姆·因特拉托和罗伯特·昆兹曼发表于《教育论坛》2006年秋季刊的论文，对从1997年到2005年间进行的关于"教师更新计划及其对教育者的影响"的17例实证研究作了梳理和总结，其中包括教学勇气项目参加者们的几项研究。两位研究学者指出，关注教师的内在生活已经成为公立学校教师、学校管理人员和教师教育者的日常议程中日益突出的主题。

因特拉托和昆兹曼写道：关于支持教师内在生活的计划"我们仍然有很多东西需要学习"。他们接着说：

> 看来越来越清楚的是……教育者都拥抱、认同这一理念：即教与学必须体现个人的、精神的和情感的各个维度，正如广受欢迎的帕克·帕尔默、玛格丽特·惠特利、李·鲍尔曼与特伦斯·第尔等作者的近作所证实的一样。这些理论家大多提倡关注教师生命内在领域的专业发展。有些教育期刊也推出强调全身心投入优秀教学重要性的专刊，例如，《教育领导》1999年1月刊集中讨论了教育中的灵性，被列为该期刊一次最多需求的再版。

作为该期《教育领导》引导论文的作者，我可以根据不断收到的评论证明，那教育中的灵性主题，加上编辑们坦然无私的处理，深深打动了众多读者的心灵。

制度①变革：一个案例研究

无论是举行会议，还是进行研究，还是广泛发布的文章、期刊、著书，都为改革运动到来提供非常有力的证据，与此同时，改革的领导者——无论是在位的还是在野的，局内的还是局外的——创造出挑战制度变革的众多力量场。自《教学勇气》发表十年来，我见证了很多这样大大小小的故事。这里介绍的是一个比较大一点的故事。

2000 年 6 月，我接到大卫·里奇医生的电话，他是美国医学教育评鉴委员会的执行理事。美国医学教育评鉴委员会总部设在芝加哥，拥有过百名员工，向全美 8000 多位住院见习医生提供监测和认证培训。在这里，受训见习医生在成为完全合格的执照医生之前，要接受至少三年的有导师指导的在职教育和培训。

里奇博士告诉我，医学教育评鉴委员会和住院部的指导教师一起，正在革新医学专业精神课程，或称之为人文医学实践，明确规定如下。

住院见习医生必须表现出献身于专业责任、遵守伦理原则、敏于服务多元型的患者群。他们应该做到：

尊重人、同情人和自身完整；

随时回应病人和社会的需求，先满足他们的需要，然后才自己；

对患者、社会和专业负责；

追求卓越，致力持续性专业发展；

就提供/不提供临床护理、病人资料保密、病人知情同意和商务活动等，都严格遵照道德伦理原则；

体谅病人的文化、年龄、性别和残疾等，体贴病人并及时回应其需求。

规定很明确，医科专业精神取决于一个医生的内心生活的素质：尊重、同情、自身完整、体贴以及超越一己私利等，全都不是技术问题。这些内心生活的素质，其安身立命之处，就是基于他们自己生活的内在景观上——如果他们知道如何到达那个境界。

里奇博士说他和他的同事以及董事会都学习了《教学勇气》，并观看了我 1998 年在健康医护改进研究所的一个全国会议上的演讲录像。那次演讲，我探讨跟医疗改革相关的社会变革的运动模式。他告诉我，他们还注意到我那个勇气和更新中心和公立学校教育者正在进行的探索，帮助他们重新把灵魂和专业角色连接起来。

里奇博士还说，医学教育评鉴委员会相信，我们的工作通过帮助住院见习医生和他们的指导老师与引领他们成为医生的信念相连接，就能支持他们的专业精神和专业议程。他说实际上他们正在发展一个追求所有这些目标的计划，并希望我和我的同事也参与其中。在解释了这个计划并回答我提的相关问题后，他问我是否有兴趣谈合作了。

好啊，那咱们就好好想想，我自己寻思着。这可是一位医学教育领域的领导者，既富同情心又有才华，既能干又求实效。他的机构在医学教育最关键部分拥有权威。他本人、他的同事，以及他的董事会都理解我们的工作，并有了一个切实可行的行动计划，而且这个计划既有他们自己的资源支持，也把他们的理念跟我们的理念连接在一起。这不正是值得我们付出时间与精力的妙事吗？

我花了一微秒的时间就理清这些复杂的关联，我迫不及待地、简直是向里奇博士喊出来："咱们能尽快开始吗？"就是从那次谈话开始，我们发展了工作关系和友谊，这是我职业生涯和个人生活里最弥足珍贵的一部分。

这项现在已实施到第六个年头的医学教育评鉴委员会计划，是纯真灵魂和神来之笔的杰作。从 2002 年起，每年美国医学教育评鉴委员会都颁发备受瞩目的"教学勇气"奖，颁给 10 位负责实施见习住院医生提升计划的导师，"这些导师无论是作为教师、教练、导师、父母、严厉直率的批评者，还是作为成功地实施该计划的导师所必须扮演的无数其他角色，都表现卓越"，就是这些导师所实施的提升计划，通过言传身教，为医学专业精神提供了典范。

该奖由美国医学教育评鉴委员会全体成员提名推选，经工作人员筛选后，再由医学教育评鉴委员会的董事会甄选出 10 位获奖者，出榜公布，并在芝加哥举行的宴会上嘉奖，之后一起被带到"教学勇气"养心静修会。养心静修会的主持人都是经过"勇气和更新中心"培训过的医生。在每次养心静修会上，上届获奖者跟新一届获奖者被安排相聚在一起。在医学教育评鉴委员会的全国集会上，所有获奖者聚集一堂畅谈交流，提供不断促进运动发展的动力。

我见过很多"年度教师"奖励计划。一般来说，这些奖励对那些有贡献的教育者给予应得的表彰，不过对制度本身影响甚微或根本没有什么影响力。但是美国医学教育评鉴委员会嘉奖计划却不同，它的最终目的不是简单地每年颁奖给10位医学教育者。

美国医学教育评鉴委员会给这个"教学勇气"奖励计划增值，不断深化有关医学专业精神的对话，从而促进住院医学教育的转变。

通过"教学勇气"颁奖，这个评鉴机构正在为完善一套新的评审标准提供有力支持，这套标准是针对全美8000住院实习医生的，以促进他们的专业成长。正如美国医学教育评鉴委员会董事会主席在2002—2003年度报告中所写的："我们所有的工作都是为了引导我们迈向里奇博士称作的'再下一个认可系统'，即一个更多关注成果而更少关注过程的认可系统。"

（成果指学生的专业行为发展。长久以来，教育认可看重的是学校对教育过程的输入——教了多少门课，拥有最高学位教师的百分比，图书馆藏书有多少本，诸如此类——仿佛学校提供给学生的东西就衡量出毕业生的能力了。）

我讲美国医学教育评鉴委员会的故事，一个原因是想提供更多证据，证明关注教育中内心生活议题正在帮助推动重大的制度改革方面的努力。大卫·里奇和他的同事们都明白，他们作为见习医科学生的指导教师，若不关注自己生命的内心景观，则不可能在学生中倡导专业精神。

我讲这个故事还有另一个原因。医学对我来说是个新领域，而探索这个新领域——尤其是有像里奇博士和保罗·巴塔尔登博士这样的英明向导——帮助我形成新的思想。此外，跟医学教育评鉴委员会一起工作，让我超越了运动模式的一般概括（一般抽象有其优点但也有缺点），使我更集中转向变革落实的议程，即我称之为"新专业人士的教育"。

我们需要一种新的专业人士

2002 年春，美国医学教育评鉴委员会的首次"教学勇气"静修会上，我引用一个因医疗护理故障导致某器官捐赠人本可避免死亡的案例研究，因为这起死亡涉及住院医的作为或不作为，它也可被看成是住院医教育的一个致命故障案例。

当然，案例全是医学专业细节，却活生生地展示了每个专业领域的危机——从医学到教育到司法部门——恰恰是这些我们从事专业技能的机构，给我们的专业准则和自身完整造成最严重的威胁。然而，高等教育很少为即将走上这些工作岗位的学生做好准备，去面对这些机构环境，去挑战这些机构环境，去改变这些机构环境。

在我摆出案例的事实时——是些临床的、零星的、让人萦绕于心的事——请牢记我上述这个论点，并反思发生在您自己领域的类似情况：

> （2002 年）1 月 10 日，一位 57 岁的健康男子经历了一个捐肝手术过程，医生从他身上成功切下约 60% 的肝右叶准备给他的54 岁、患有肝退化病的弟弟做肝移植。
>
> 报告描述，这是个技术上并无特别的器官移植，手术后第一天捐肝者看来也都很好。但是，手术后第三天，出现心动过速（不正常的心跳太快），他开始打嗝并说感觉恶心。他接受了针对症状的一般医疗处理。那晚他开始呕吐出一些带褐色的浊物。他出现血氧饱和度不足现象（在血流中缺少适量的氧气），接着给他戴上 100% 供氧面罩。可是他……竟在术后第三天被宣布死亡。

三个月后，纽约州卫生专员发出一份事故报告说："该医院让这个患者接受一个高危大手术，之后却把他的术后医疗护理交给工作负担超重、几乎毫无经验、没有适当督导的新手。培养住院医的监督指导太过松懈，导致手术后护理照料极度不足。"

我不怀疑，医院、不当的人员配置、无经验、松懈的督导等，都有责任，该受谴责。我也不怀疑找出和修正这些机构系统问题的重要性。但那抽象的、无人称、冷漠的语言使我震惊——仿佛所有相关的人都没姓没名。这份分析不是把过失归罪于人，而只是归罪于一些名词：**医院、不当人员配置、无经验、松懈的督导**。

机构的逻辑是自我保护，当这样的系统分析成为应对这类灾难事故唯一的方式方法时，那就等于又多了一种手段让机构的逻辑去打压关爱和责任的人心逻辑。在这一过程中，这类机构系统分析可造成我们文化中的同情心、责任和勇气长期衰落、丧失。

在阅读这个案例研究时，我尝试把它摆到人的尺度，有两个明显的细节引起我的注意。第一，肝器官捐赠人死亡时，整间器官移植医院只剩下一位只有 12 天相关经验的外科住院医生新手。除了这位病人，她同时还要照顾其他 34 个也需要特别护理的重症病人——恰恰这都发生在这位肝捐赠者出现严重症状的最关键的三个小时！显然，该住院医生不可能给予这些患者所需的照顾和护理。事后她描述（当然是轻描淡写）说，"要负责照顾那么多病人，感到不知所措。"

第二，肝器官捐赠人的妻子，为了支持自己的丈夫并推动器官捐赠，在整个手术后期间都一直留在医院里。她对丈夫临终前的最后几个小时的描述是极其令人痛心的："我一直在他身边……连续两个小时他不断咳血，最后被一口血噎住，就这么走了。（我）乞求医生快来看看他的情况，可是没人来。"

我常常想到这个女人和她承受的噩梦，一直活到今天她还承受着这个噩梦啊。我也想到那位年轻的住院见习医生，在关键时刻被她的同事离弃不管，我也同情她。肯定，她也承受着自己的噩梦。

然而，对这个大灾难的道德反应既非止于个人同情层面也非止于纽约州州立卫生部对该医院的处罚方面。我们必须问询：如何教育住院医生们正面应对这类机构的人性丧失，而不是通过作为或不作为与之同流合污？如果回答了这个问题，我们就有可能一点一点地补偿所有那些陷入痛苦的人们——失去生命的患者，那些爱他的人们，还有对他的死亡承担责任的医护专业人员。

我在"后记"开篇引用了诗人威廉·斯塔福德的话:"明知发生了什么,却不承认真相,我称之为残忍——也许是一切残忍之根源!"无疑,这位住院医生知道,机构系统在她周遭崩溃。当她一人狂乱地在那么多病床之间奔跑的时候,她一定已意识到,人的价值可能已从她的病人、病人的亲属和她自己身上被挤掉了。

在这场悲剧中是什么让她扮演一个温顺下属的角色,而不向当权者说出真相?她本来可以采取什么行动调来援手?工作的地方有没有道德等效指南,让人能发出紧急信号、拉响警报、吹响警笛、大声疾呼?而且只要还有一线抢救希望,就即刻采取行动救人,不是傻等调查机构事后才问哪里出了问题。

当然,我们还可把这位住院医生视为此医院系统的另一个受害者,因为她的上司握有影响她职业生涯的大权,所以她不能把事业押上对抗上司。这也正是我们许多人为工作场所的道德缺失所找的借口。但是,如果我们基于这样的借口就让她道德过关的话,我们连尊重她的医治者心灵都做不到,更不用说对得起那位死者,以及必须忍受痛失亲人的家人和朋友。

在这个案例中,不仅仅是系统溃败了,医治者的心灵也溃败了,因为这个心灵明明知道发生了什么却拒绝承认真相。而恰恰是治疗者的心灵,不是机构系统,教育最能触及和转变。

是什么造成这位住院医生——显然她感到别无选择匆忙应付——"心灵溃败"呢?我们能否设想她不是一个受害者,而是一位处于独特位置的道德使者,在那危机发生前、发生中和发生后挑战机构体制并帮助机构转变?

如果能这样,那么当行医的条件威胁良心召唤时,支撑"医者心灵——医者父母心"并有勇气一直坚持下去的住院医生提升计划可能会发生什么变化?而且,当我们准备让学生面对那些常被证实是毒害他们最深价值的机构体制时,该如何提出诸如此类各个层次的教育问题?

个人和机构体制

就让这位实习住院医生作为我的教育"新专业人士"例证甲吧。我所指的"新专业人士"不但具备本行的专业能力，而且还有技能和决心去抵制并帮助转变那些威胁着专业最高准则的机构弊病。

我知道没有一个领域是不需要这种"新专业人士"的。医学领域之所以那么吸引我们的注意力，是因为医疗机构的扭曲和事故会导致人身死亡的惨重悲剧。但是绝大多数专业领域中其他类型的"死亡"可谓家常便饭：

● 当学校更多回应满足富人的教育需求，而不鼓励和支持优秀教师献身于贫困学生的教育时，穷人孩子的人生机会接近零。

● 当寻求简单正义的人们发现钱而非法律是最好的辩护时，那么正义就死了；当那些想献身于公益服务事业的律师们发现这样做维持不下去时，那么公益服务也完蛋了。

● 当劝谕信徒帮助那些贫困者的神职人员发现，机构对会员和金钱的索求使得他们自己的目标，连带灵魂，都化为乌有，迫使他们更像商界总裁，而非牧师、先知或神父。

在我呼唤一种能够抵制、挑战和帮助转变工作场所的"新专业人士"的背后，有两个很重要的现实：

第一，我们社会那庞大而复杂的机构制度，对于外部压力的反应越来越迟钝，即使在少有的消息灵通、组织有序公众要求变革的场合也是如此。我心里一直挥之不去的是那位器官捐赠人的妻子不停哀求的情景，她发现自己的丈夫很快就不行了，再三恳求帮助，但一而再、再而三地被忽视了。就让她来代表广大的公众吧——在为医疗护理和教育的失败而大声疾呼，而政府机构却都充耳不闻——这公众缺少获取撬动社会变革杠杆而必需的知识。也让那位外科见习住院医生和她的同事们来代表所有能影响到机构改观的局内人——假设他们拥有去扳动制度机构转变杠杆的技能和意愿。

我并非说，如果有更多医生、教师、律师和会计师成为内部变革的倡导者，广大民众就可以高枕无忧了。愿意且有能力扮演内部变革者角色的人终归是少数。他们大多数还会继续保持沉默，因为他们害怕报复，或因劳累过度而没有时间和精力倡导变革。因而，对权力敢说真话的警觉高的民众永远都是亟需的。

况且，每个愿意站出来说话的专业人士也需要公众的支持，恰如这些公众也需要那个专业人士来实现其目标一样。在我们这个时代，当公众太过松懈或顺从——部分原因是社会越来越损害任何一种可能威胁到霸权的公众生活——那些关心公众且需要公众支持的、能促进机构内部变革的人物的出现，能帮助重新唤醒我们衰微的公民意识。

我呼吁"新专业人士"背后的第二个现实，跟以上说的第一个现实相比，更少形而下战略性，更多形而上哲理，无疑同样重要。

每个专业人士的内心都有一个默许：专业使命绝不可跟为追求其使命而设的机构体制相混淆。事实上，我们设有学校并不意味着我们就有了教育；我们设有医院并不意味着我们就有了医疗保健；我们设有法院并不意味着我们就有了正义；我们设有基督教堂、犹太教堂、清真寺，并不等于我们就有了信仰！

打破上述种种机构偶像的并非愤世嫉俗的局外人，而是这些机构内坚守专业使命的专业人士。例如，宗教界的专业人士，两千年来，神职人员一直被提醒："我们有无价之宝在瓦罐里。"（哥林多后书4章5节）[2]无价之宝诚然是信仰所指的神秘力量。这里所说的瓦罐，除了别的，就是教会机构，其功能是编撰、呈现和传播信仰。

当这个瓦罐歪曲或混淆这个无价之宝时，专业人士的最高呼唤就是重塑陶泥、更新瓦罐。然而，领导教会的神职人员往往倾向于忽视那安放在世俗中的无价之宝。这样一来，瓦罐变成了目的本身，而护着它——进而也护着自己在里面的地位——瓦罐反而变得比实现瓦罐原本应传递的核心价值更加重要了。

我们需要那种"身在机构，但心不盲从"他们机构的专业人士；他们对于自己专业领域核心价值的忠诚，呼唤着他们抵制机构制度对这些核心价值的损害。

教育新专业人士

培养新专业人士的教育会是什么样的呢？我们如何在教育的各个阶段为培养学生成为教师、律师、医师和牧师做准备——不用说还要准备他们做父母、邻居、公民——从而能挑战和帮助转化那宰割我们生活的机构和体制？

信守"教学勇气"的一贯精神，我不会探讨组织发展的技术问题。虽然技术知识也有价值，但相对于我最感兴趣的内在景观问题却是次要的。我最感兴趣的内在景观是：在人们太容易迷失心灵的环境中，教育如何能帮助专业人士保持心灵的活力呢？什么力量可以帮助他们勇敢地抵制，甚至反抗那给他们薪水，或许还给他们身份的机构呢？

关于新专业人士教育，我有五个放胆不谦的建议：

1. 我们必须帮助我们的学生揭穿如下神话：机构拥有自主的甚至终极的权力控制我们的生活。

2. 我们必须确认我们学生的情感与智力都重要。

3. 我们必须教导学生学会如何挖掘他们适合探索知识的情感宝库。

4. 为了有益于知与行，我们必须教会学生如何培育学习共同体。

5. 我们必须教导学生——并作出典范——走向"不分离的生活"之旅意味着什么。

下面我想就上述五点逐一探究和说明。

1. 我们必须帮助学生揭开、审视、拆穿这一神话：即制度机构外在于我们并束缚我们，似乎机构自动拥有迫使我们陷入无助境地的魔力——而这不过是无意识的或完全不真实的假设而已。

我们专业人士，不论用什么标准衡量，都是属于这星球上最有能量的人，但却有个坏习惯，爱讲些自己是牺牲品的故事来为我们的非专业行为找借口，"都是那魔鬼（老板、规则、压力）让我这么做的"。我们如此行事，不仅是因为我们可以拿到廉价的伦理借口，还因为我们已习惯这样思考问题了。

我们文化里的隐性课程把机构描绘为分离于我们之外的权力，对这个权力我们至多只有边缘控制力；一旦我们越界，权力就会伤害我们。的确，责问制度机构，我们要付出代价，我们会被边缘化、名誉受诽谤、被降职甚至被解雇开除。但是正如我在本书第七章所论证的，我们所付出的最大代价从来就不是来自于外部而来自于内心，来自于我们背离了我们自己的自身完整，来自于我们没能依照自己拥有的最深信念和内心呼唤来生活。

制度机构所能控制我们生活的程度，取决于我们内心对最看重的东西的微分和积分的演算。这些机构对于我们既不是外在的也不是约束，既不是与我们分离的也不是异类。其实，制度机构就**是**我们！制度机构投射在我们伦理生活上的阴影，不过是我们自己内心阴影的外在显现，有个体的也有集体的。如果制度机构是僵化的，那是因为我们害怕转变；如果制度机构是竞争性的，那是因为我们把赢看得比什么都重要；如果制度机构对人的需要全然不顾，那是因为我们内心也不在意人的需要。

即使我们只是部分地负起创造制度机构活力的责任，我们则已拥有某种程度的能量来改变它们。一种"新专业人士"的教育，将会帮助学生理解并采取负责行为应对我们共谋制造和反复制造出来的各种机构弊病。这样的一种教育将会呼吁我们找出和检讨我们自己的阴影，正如我在第二章仔细剖析的名为恐惧的阴影一样。只有当我们识别它，认领我们自己的阴影，并且对我们创造的黑暗负有责任时，我们才有可能唤醒"我们天性里的更美好天使"，即一种使得个人和制度机构都更具人性化的内在源泉。

想一想任何伟大的社会变革运动：美国的黑人解放运动、捷克斯洛伐克的天鹅绒革命、南非的消除种族隔离制度、遍及全球的妇女运动，全是依靠那些被剥夺一切外在权力的人们所激发推动的。但恰恰是这些表面看似无权无势的人们，依靠人心的力量——这是谁也剥夺不了的力量，依靠严格操守和献身精神移山除障、排除万难。

这样，"新专业人士"就会了解那些常被忽视的一幕幕人生戏剧，理解人心充盈活力的动力原理，深知无权无势的男人和女人们拥有内在的力量，以非凡的方式，重建我们的制度，重建我们的世界。

2. 要培育一种"新专业人士"，我们必须像重视认知智力那样认真重视学生的情感。

由于受到文化中的隐性课程教诫，我们无意识赋予机构的权力多于其本身拥有的权力。但同时我们又有意识地不给予情感应有的尊重，因为显性课程教导我们："别太心直"，"要深藏不露"。意思很简单：如果您想安全自保，就得把自己的感情避开公众隐藏起来。而传统教育就是以寻求客观知识为理由来窒息主观性，将这种民俗生存计谋拔高到哲学真理的地位。

然而哲学家告诉我们，在人类的主观和客观知识之间并无必然的冲突。事实上，正如本书开篇所论述的，知识是从内心世界和外部世界的复杂交互作用中产生的。而且常识告诉我们，积极的社会改变历史都是那些"心直、坦露内心"的人们促成的——有罗莎·帕克斯（Rosa Parks）、瓦茨拉夫·哈维尔（Václav Havel）、多乐茜·德伊（Dorothy Day）和尼尔森·曼德拉（Nelson Mandela）——他们命名、宣称、引导自己情感的能力，不但塑造了他们的行动，而且吸引了数百万人加入他们的变革事业。

这样，培养"新专业人士"的教育将推翻学术界坚持的"学生应该压抑自己的情感以成为技术人员"的观念。这样的教育将帮助学生尊重和关注他们的情感，尤其是痛苦的情感，诸如焦虑、愤怒、内疚、忧伤和疲惫。学生们要学习探索对他们自己、他们所做的工作、与他们一起工作的人们、工作机构环境，以及对他们所生活的世界的种种感受。学生们会学懂，痛苦的感受并不表示性格软弱，并不可耻，甚至跟他们学习、工作和生活中复杂的挑战无关。

在那个捐赠器官死亡的案例中，那位一年级实习住院医告诉审查委员会，她感到"完全被压垮了，不知所措"。显然，她让那情景封住了口，掩藏了感受，而没有顺势把感受转为行动救人。"新专业人士"的教育，将不会教学生如何跟情感保持距离作为生存之道。相反，"新专业人士"的教育要教导学生贴近情感，而情感会成为挑战并改变机构的能量之源。

学术界有时把关注情绪的呼吁视为感情用事而冷落之。显然，他们以为蔑视就能解决问题！然而，历经半个世纪的教育研究，已经一而再、再而三地证实，好的教学需要关注情绪。这些所谓靠事实而非空泛感受指导引以为荣的学术界人们，在无视大量研究实据的时候，又是何等地爱丽丝漫游仙境！他们无视情感研究的实据，因为这些事实把他们从自己的情感安乐窝里拉出来！

请看数学教育，就是个早该解决这一问题的实例。一直以来人们都假定，女生学不好数学，是因为"女生的大脑结构和男生不同"。然后新一代的教师说，"朋友，这个说法没脑子！女生学不好数学，是因为早前就被告之女孩'学不好数学'，这样她们带着被恐惧挫败的心态进入教室。这就要帮助她们处理好感受和情绪，从而解放和发挥她们的智力，她们就会和男生一样学好数学。"

就这样，关于数学教育的争议得以解决，因为很多数学教育者和一些理科教师开始予以智力和情感同样的关注。在其他学科，对于情感能量是禁锢还是解放智力的关注比较零散不一。就我所知，还没有哪个学科对以下事实给予严肃认真的关注：诸如恐惧的情绪会像瘫痪思想一样瘫痪**意志**，束缚着"新专业人士"的特征能量——即变革的领导力量。

情感中的真相

3. 我第三个放胆不谦的建议是，我们要开始认真对待情感理解力中的智能。我们不仅仅肯定和利用情感能量激活学习与领导能力，要想学生学习好和领导好，我们还必须帮他们发展技能，挖掘适合探索知识的情感矿藏。

在多数情况下，学术文化只尊重两个知识来源：实证观察和逻辑推理。但是我们并不单靠科学生活。为了生存和兴旺，我们还要依赖埋藏在我们情感里的知识。事实上，科学本身始发于那些隐藏在可检验假设背后的预感、直觉和身体知识。而且，不论多么技术性，各行各艺的高手都懂得，并非他们想了解的一切事物都需要数据点和认知建构来发现。好的教师、律师、医生和领导人带入工作中的艺术至少和科学同样多——艺术又部分根植于我们的情感知识，而情感知识是我们的工具和思维逻辑领悟力难以触及的。

但大多数高等教育的潜台词是：情绪是客观性的大敌，因而必须被抑制。结果，受过教育的人们倾向于把情感分割开：也许在私人生活里承认情感，但认为情感危及专业生活。专业人士应时刻掌控自己（或神话这么说的），我们害怕陷入感情太深会使我们失控。

这样，教育给我们珍贵的情感体验太少，孤隔能力，更遑论从情感中吸取与工作相关的信息。那位实习住院医生，在独自面对 35 个需重点照顾的患者时，感到"完全被压垮了，不知所措"，可能她认为这样的感受表示个人的失败，进而导致负疚感、惊慌失措、无能为力。当然，这类情感可能是失败的标志。但在这个案例中，那位实习住院医生的情感除了提供她个人局限的信息，至少也带出同样多的有关她工作环境障碍和失调的信息。

"那又怎么样呢？"有人可能不以为然，但我们总有一天会明白，当我们有能力把私人情感转化为公众议题时，所释放的情感能量就变成每个社会变革运动的引擎。

以妇女运动为例，从某种意义来说，妇女运动可被描述为从弗洛伊德到女权主义的旅程。从 19 世纪中叶后到 20 世纪，妇女们那孤独、被边缘化，以及快要发疯的感受，那时会被看作是个人心理病症，是等着去心理治疗磨房的碎谷，成了心理治疗师的财路——如果付得起看心理医生的费用。然而，妇女一旦开始认识到这些感受并非显示心理疾病，而是传送性别歧视社会弊病的信息时，很快就明白，真正能医治她们的是顺势引导躁动不安的情感力量推进社会变革。

把"我感到要疯了（或麻木或恐惧或不知所措），所以我可能有什么不妥"的感受，转码解释为"我感到要疯了，所以我所在的机构或社会一定有不妥不对劲的事儿"，这样，我们就有可能从我们的情感中提取信息和能量。"新专业人士"需知如何命名和宣称各类情感，既不否认情感，也不让情感控制；情感产生行动影响，若是这样，则为找到社会变革战略思路的线索探索情感。

当然，并不是所有的个人情感都促成对世界的认识；有些感受只是个人的反思而并非反映社会弊病。为了真知而深探我们的情感如同深探理性和智力一样，需要严谨原则——而原则的核心是筛选学习共同体中的正能量信息。

4. 因此我就教育"新专业人士"所提的第四个建议是，我们要提供给学生为培育共同体的相关洞察力所需要的知识、技能和敏感性。在我们探掘适合探索知识的情感矿藏时，我们需要用于探掘我们的观察和思想时一样的原则：提倡用公共的分类和筛选来帮助我们识别真假，去伪存真。

不管我们的数据来源哪里，关键问题永远是相同的：我宣称了解的事物，除了我自己，到底有多少是由别人所证实？又有多少是我的推测？一个严格的集体反思过程——无论该团队是处理一个长期问题的小组还是两人评估一场危机——都帮助我们看清照亮我们环境的情感和揭示我们自己阴暗面的情感之间的差别。这两种情感的知识都是有价值的，但是得到相当不同的反应。

不幸的是，面对"新专业人士"教育要求情感和事实都必须重视，有些高校教师会说："我是生物学家（或社会学家或哲学家）而不是治疗师。别要求我也当治疗师。"

幸运的是，我并没提那个要求。由外行人做治疗往往是特别丑恶的心理暴力。而由训练有素的教师引领的严格有序的集体探索，却是一种从各类型数据——包括情感数据——抽取信息的最可靠方法之一。而且，当没有时间召集一个团队时，如那位陷入困境的住院医生案例那样，我们进行这类探究的经验越丰富，我们就越有可能准确地理解我们自己的情感。

帮助我们发现我们情感中的智力的对话原则是什么呢？在我的**《隐藏的整体：走向不分离的生活之旅》**（*A Hidden Wholeness：The Journey Toward an Undivided Life*）一书里，我讨论了这个问题，书中我详细描述了创造一个信任圈（circle of trust）的原理与实践，我把促进深入的、挑战困难的学习关系称之为信任圈。

除了要培养学生的洞察力，还有另一个理由要教导学生如何培养共同体，从而提升"新专业人士"。所有严肃社会改革的努力都需要有组织的相互支持的群体，并且形成集体的力量而有所作为。我在第七章所写的"志同道合的共同体"，是变革运动第二阶段出现的共同体，其间个人开始感到想从此不再分离地生活，以及随之而来的是脆弱感，又寻求保持不再分离地生活的勇气。

5. 不再分离地生活启发我为"新专业人士"的教育提出第五个，也是最后一个放胆不谦的建议：我们必须帮助学生理解，永远摆在他们面前的不分离地生活的问题，对他们的生活和工作意味着什么。

这当然意味着我们自己作为导师的生活和工作必须展现出，活出"不分离的生活"会是什么样子。我的意思并非说，我们自己必须先做到了"不分离的生活"，才能教学生"不分离的生活"；如果那样，我们中很少人有资格，我也没资格！然而，作为一个不完美的人生活在一个不完美的世界，我**能**对我的学生敞开心扉，用我的全部生活体验来揭示这个问题的内涵：我是如何贴近和保持让我投入教学工作的那些激情、承诺和献身精神？如何为了坚守对专业最深价值的信念而挑战自己、挑战同事、挑战我工作的机构？

活出"不分离的生活"内涵，可能意味着成就或挫败或背叛，或归咎他人或归咎自己。过不分离的生活通常意味着所有这一切，或更多。我们的学生需要看着我们，看着他们的长辈，在拒绝出卖我们的专业或我们的自身认同与完整时，是如何应对和处理命运的变幻莫测。他们还需看着我们失败跌倒时——任何人都会失败跌倒——我们是如何再站起来，继续前进。

为人师表、展示"新专业人士"生活的内涵，也要求我们创建一些学术项目，开放给学生去批评、挑战和改变。我们也可开门课程，目标就是为培养学生成为某时某地变革的原动力和推行者做准备。但若项目的隐性课程信息是："别跟我们捣乱！"则我们学生所学到的就是：缄口不言才安全，这不过在重弹"新专业人士"要帮着解决非常问题的老调。

当学生们年复一年地充当教育的被动接受者，他们把这种被动性带到工作场所就毫不为奇了。在学校时他们所学到的就是闭口不言才安全。但是他们却没有学到——因为我们从来没有这样教过他们——敢于说话挑战错误才是保持神智健全的大道。

"新专业人士"的教育，将通过让学生提出问题和帮助改进所修读的课程，提供给学生一些真实体验机会，把情感转化为知识和行动。请别误会，我不是想搞什么一年一度的学生闹事！不！我思考的是一种学术文化，这种学术文化不断吸引和鼓励学生对课程本身表达意见，奖励而不是惩罚学生大胆发表意见，同时也鼓励大学教师和行政管理人员及时回应学生内心关注的问题。

这样的教育课程，是由行政管理人员、教师和学生共同持续合作所创建和发展的，要比那些剥夺学生表达权的课程更有力、更能造就出"新专业人士"。

最后寄语

追溯专业人员的词源，你会发现它就是指在一片令人灰心失望的世界建立专业信仰的人。可悲的是，随着一个世纪又一个世纪的推移演变，时至今日它的词根意义近乎消失。我们现今所说的专业人员则指拥有某领域的专门知识、掌握了对门外汉来说太古怪离奇以致理解不了的特定技术、接受过一种被高傲地宣称为价值无涉教育的人。

"新专业人士"概念复活了该词的源古涵义。"新专业人士"是这样的人：他能理直气壮地说："在制度机构生活的强大力场中，虽然随时都有那么多可能损害我的核心价值的事情发生，但是我已经找到了坚实的安身立命之根基——这个根基就是我的自身认同和完整，就是我自己的灵魂——源自这一根基，我有能力呼唤我自己，呼唤我的同事，呼唤我的工作场所，回到我们真正的使命！"

致力于转变的教育，会在各个领域全面提升"新专业人士"。他们有道德操守和自主的力量；他们有勇气付诸行动；他们拥有知识和技能；而且，他们体现最高的职业价值。这种教育真能成为现实吗？能，当然能！只要我们身为人师者，能够像我们希望培养出来的"新专业人士"那样思考和行动，我们的梦想就会成真。

至此，让我再次引用威廉·斯塔福德的诗《相互解读的仪式》，作为本书后记铭文：

> 明知发生了什么，却不承认真相，
> 我称之为残忍——也许是一切残忍之根源！
> 因此，我向声音求援，
> 向所有会发声人们那模糊、疏离、要害的部位呼唤：
> 尽管我们可彼此愚弄，也总该好好想想——
> 为的是不让我们共同生命的进程迷失于黑暗。
> 紧要的是唤醒人们保持清醒，
> 否则，一中断他们可能又重返昏睡中；
> 我们所发出的信号——是？否？也许？——
> 应该是清清楚楚，只因我们四周是黑暗的深渊！

我们都知道在我们工作的地方发生了什么；当我们声称的价值被损害、扭曲和毁灭时，我们知道发生了什么；我们知道我们经常在事实前自欺欺人；我们知道其后果是我们花太多时间独自或一起迷失在黑暗中。

是的，我们四周**是**黑暗的深渊。但是作为教育者，我们伟大的呼唤、机会和能量，就是把黑暗的地方照亮，点燃希望。世界需要"新专业人士"，需要真正的专业人士；每个制度机构需要"新专业人士"。在这个伟大呼唤面前，让我们抵制诱惑作出坚定的回应：不是那充满恐惧的不，或逃避式的也许，而是让我们的生命发出一个清晰的、由衷的、响亮的回答："好！"

注　释

①**译者注**：本书后记中作者在制度和机构两个层面用 Institutional 这个词。此处涉及全美范围毕业后实习住院医评鉴标准改进引起反拨效应，Institutional 译为制度；后文涉及医疗事故案例主要反映机构内部的问题，Institutional 译为机构；也有依据语境可以理解为制度和机构两个层面都包括了，翻译为制度机构。

②**译者注**：按中文《圣经》和合本是 4 章 7 节，瓦器，earthen vessels 一词的当代译本有翻译成陶器的。

作者简介

帕克·J·帕尔默是一位倍受尊敬的作家、演说家、工作坊指导者和活动家。他集中从事关于教育、共同体、领导、精神和社会变革等方面问题的研究。他的著作和演讲深深打动各行各业人们，包括公立学校、大学院校、宗教组织、公司、基金会以及基层社区团体。

帕尔默博士作为美国高等教育协会的资深会员已为其服务 15 年。现在任费兹尔研究所的高级顾问。他建立了勇气和更新中心，指导全美幼儿园到高中 12 年级的教师的"教学勇气"培养计划，并且设有适合其他专业人士的、相类似的勇气和更新计划，包括医学、法律、政府部门和慈善事业。（见 www.CourageRenewal.org.）

他发表了 12 首诗，100 多篇论文和七部著作。其中有最畅销的和获奖著作，书名是：《隐藏的整体》《让你的生命说话》《教学勇气》《积极的人生》《以我们熟知的方式认知》《外行公司》和《悖论的承诺》。

帕默尔博士的工作被授予 10 个荣誉博士学位，获得两项全美出版协会授予的杰出贡献奖，美国教会联合通讯社授予的优秀奖。丹弗斯基金会、礼来捐赠会、费兹尔研究所都对他的工作予以高度认可并给予奖助。

1993 年，帕默尔博士因对高等教育的突出贡献而被独立学院评议会授予国家奖。1998 年，一项对 11000 名管理者和教职员、名为"领导计划"的民意调查显示，帕尔默被誉为国家"在高等教育领域最有影响力的领导者"之一和过去 10 年中 10 位举足轻重的"日常事务协调师"（agenda-setters）之一，宣称："他唤起的有关共同体、认知，和精神完整性的愿景鼓舞了整整一代的教师和改革者"。

2001 年，卡尔顿学院授予帕尔默博士杰出校友成就奖。2002 年，毕业后医学教育认证委员会设立"帕克·J·帕尔默教学勇气奖"，每年授予住院医生培养计划中作为医学教育中患者中心专业典范的 10 位指导导师。

2003 年，全美大学院校人事研究协会以其对学生事务方面的杰出贡献称帕尔默博士为"钻石荣誉者"。2005 年，巴斯出版社出版了各领域著名实践工作者的随笔《生活问题：为帕尔默的工作和人生所激励》，包括医学、法律、慈善、政治、经济开发以及幼儿园到 12 年级、高校的教师。

帕默尔在加州大学伯克利分校社会学系获得哲学博士学位。作为教友会（贵格派）的成员，帕尔默和妻子沙伦·帕尔默现定居在威斯康星州的麦迪逊。

勇气和更新中心简介

把对我们自我的认识与我们所做的事情重新联结，就让我们的生活和工作贴近了更新的激情、认同承诺和自身完整。

从 1997 年以来，勇气和更新中心通过提供空间和时间反省生活和工作的静修，促进个人的和专业的更新。这些被称为"教学的勇气"或"领导的勇气"的静修，由技能熟练的辅导员通常利用诗歌、故事、独处、反思和深度聆听的方式引导。

随着帕尔默和费兹尔研究所的影响扩大，这种原创性的探索对公立学校的教师产生了更新、支撑和激励作用。美国和加拿大成千上万的教育者，在一两年中的每个季度汇集在一起，参与教学勇气静修系列。

静修不仅使教育者回想起我们使命的核心，而且也为健康服务、神职人员、司法人员以及任何渴望在生活和工作中成为内心和谐完整的人们回想起我们使命的核心。

勇气和更新中心地址：

321 High School Rd. NE，Suite D3，PMB 375

Bainbridge Island，WA 98110

T：206-855-9140

E：info@ couragerenewal. org

请访问我们的网站了解更多目前的静修课程方案：

www.CourageRenewal.org

译者的话

　　感恩白驹过隙的人生中有缘翻译帕尔默的《教学勇气——漫步教师心灵》，又有缘翻译该书十周年纪念版。相信帕尔默先生馈赠给人类的这份新的精神厚礼，必将更加强有力地唤醒我国更多读者。这已经不是十年前初译时的一种预感，而是这缕光已经照亮我国许多教师带来的确信——作者在新版重笔神传的、扎根内在力量推进机构制度改善的睿见，必定会在更大范围、更广层面唤醒我国读者，促进教师成长，推进教育进步。

　　这本杰出的著作能净化许多中国教师内心世界的奥秘之一是，不仅神传出西方教育变革运动、文化、教育理念等在促进个体内在丰满方面的神韵，也神奇地在激活流淌在中国传统文化中的优秀灵魂，唤醒我们亲切地相遇东方远古的佛道精髓和儒雅文明，感悟静能生慧的东方传统，延伸学习该书深扎的东西方思想母体，也引人深思当代东慧西来悖论后的启迪。

　　因此，该书在我国日益唤醒许多杰出的人们的内在能量场，并日益在更大范围唤醒教师，也就不足为奇。国内最早把刚出版的中译本送给全校教师的是田树林校长，她在读了翻译草稿前三章后说，内心特别有感触但说不出来，帕尔默先生却能够说得那么好！她工作的北京80中学获得社会公认的跨越式发展、2011年教师节前夕接受胡锦涛的考察和慰问。国内最早在网络分享《教学勇气》阅读体验的教师团队，是生命教育领导人、诗人张文质先生组织的"1+1读书俱乐部"。除了这类民间组织，许多出版物、教育期刊专题、书评，读书分享等，也显示了对该书的积极回应，如上海浦东教育发展研究院的王丽琴博士说，记不清推荐《教学勇气》给多少教师了，还会推荐下去。笔者弥足珍贵的体验是，在这缕光的指引下，2006 年以来至今，和北京一批中小学领导与教师共享跨校教师叙事探究活动，把自己指导和授课的一届届研究生们带进其中，收获研究者、中小学教师和研究生的共赢成长。叙事探究明净的内在空间，再生中小学教师文化，年轻学子们在感受教师源自心灵的教育智慧中，播下心灵成长的种子。

这些不仅积极影响到更多学校领导和教师们在彼此尊重聆听中，共享"教导自己认识自我"中成长，而且自然感染到尚欠缺心灵开放氛围的学校中许多教师个体的心灵觉醒。正如前任国家督学办公室郭振有主任概括的：《教学勇气——漫步教师心灵》"在中国教育界引起巨大反响，把许许多多一线教师引进了一个探索教育心灵旅程的奇妙世界"。"探索教师的心灵智慧叙事研究，在我国教育领域开辟了一块新鲜而开阔的天地。"①

更令人欣慰的是，十周年纪念版中译本问世于我国教师心灵成长共同体走向公众的阶段。2013 年 5 月，笔者应王丽琴邀请，在吴江、苏州、上海直观分享北京多年摸索的跨校教师叙事活动。为将帕尔默影响世界的"勇气更新中心"之理念带到一线教师身边，同年 8 月，在上海浦东汇聚生命化教育团队、北京教师心灵叙事团队、长三角教师民间读书会三股力量，举办首届教师勇气更新活动，拉开了我国教师心灵成长共同体走向公众的序幕。接着，笔者受活动筹委会委托，策划 2014 年 4 月由北京师范大学教育学部和北京 80 中学合办的"飞翔者——教师勇气更新活动"，把多年因帕尔默《教学勇气》魅力而随缘相遇的诸多优秀教育力量凝聚起来，在活动中集中绽放，为走向公众的教师共同体不断凝心聚力，奠定在全国公益性持续顺势推进的基础。

鼓舞人心的是，久旱的甘露更可能唤醒蓄势待发的生命教育力量。优秀教学源自心灵的基本理念，通过教师叙事探究的路径，转化为教师群体可意会言传、可相互感的生命成长体验方式。帕尔默的《教学勇气》引导教师与自我心灵对话，有益于升扬不受逻辑禁锢的轻灵心态，相遇蛰伏的自我潜能，畅通教育智慧。而人际间的共情理解，容易催化个体去敝、获得自知、自我更新为照亮自己的光，这对于唤醒直觉洞察力意义非凡。

这一理念正开始区域城乡统筹渗透到我国农村教育重建与农村教师培养中。笔者 2012 年提出贯注心灵旅程灵魂于城乡统筹教师共同体的设想②，2013 年得到出人意料的推进，是得益帕尔默《教学勇气》唤醒内心强大的共同体种子。例如，全国名师孙彩文，在河北玉田县推进城乡统筹教师心灵成长共同体的过程中，体验心灵唤醒的无穷魅力，相信依托坦诚叙事激活的氛围，可以带来个体自身的改变，激活爱的能量在学校、家庭之间相互感染，对于学生成长无价。从而，更深地认同："帕尔默《教学勇气》，是我的生命贵人，我觉得这本书是为我写的，她懂我，我和她心有灵犀，读她，是心与心的相依取暖，是灵魂与灵魂的对望生香。灵性唤醒让我真正体验了内心轻灵祥和的力量，有勇气面对现实中的关键问题：清晰要去何方。"③显然，帕尔默《教学勇气》及其扎根的深厚思想母体，开辟了教师成长的新天地。相比于本世纪初单一学历化拔高的教师培训，灌输课程理念内容的培训，学术规范取向的教师培训、名师直观示范、绩效晋级竞争驱动等教师培训，无疑是一种质的飞跃。

国内的这些发展，相比于帕尔默在新版《教学勇气》中带来的、有关该书在美国本土日渐高涨的影响广度和深度，虽然目前似乎单薄但蓄势待发。帕尔默在新版中提到，他当初认为《教学勇气》更适合高校读者，事实上美国高校的著名集会、名家评论。相关专刊中，确实显示了该书在美国高等教育领域的巨大影响。他还说中小学教师读者让他意外和欣慰，而他自己也没有想到会强烈影响医学、法律、宗教等领域的许多读者，在北美的勇气更新中心现在已经遍布许多国家和城市。这确实让笔者吃惊。初译时，曾担心我国中小学教师读不懂。而实际上，该书对我国的中小学教师的触动，远超过教育专业研究者，更不用说其他专业研究者。笔者一般会被告知：《教学勇气》不仅中小学教师爱读，连教育专家学者也有人读，好像这书本来就是写给中小学教师的。

　　传达共享内心难以言传的感受，一直是学术界和应用领域难以突破的重点。教育专业研究者的成果要在中小学教师内心产生强烈共鸣，并非易事。因为，这需要大学教师自己积累贴近心灵的柔软处教学和研究的体验，相比低幼阶段的教师，更加需要超越学科积累的厚重屏障。再摸索语言让所传达的内心感悟能为学术界接纳，更加面对高傲的学术规范挑战。而这正是帕尔默先生的伟大之处。新版前言作者提到他自己贴近心灵的柔软处教学与研究的体验，正是这种诚实本真的教学研究积累，才可能如此深邃地洞察和精妙地言传心灵景观，唤醒读者的正能量。难怪全书不仅吸收多领域成果论证观点，而且字里行间与读者的共情，透出的是"台上一分钟，台下十年功"的功底，下笔细节亦皆是哲理。以至于我国教师读者会有这种强烈共鸣：帕尔默先生说的简直就是我！

　　人类社会的进步极大地受到少数见微知著者的积极影响，我们不可能要求人人拥有远见卓识，教育研究者对生命的厚重与力量不太敏感，也似乎情有可原。但是真诚问询，那些能唤醒人的内心能量、积极影响社会和教育现实改善的伟大心灵是如何产生的？一定有益于换新更多人的正能量。秘密就是帕尔默重点提醒的，我们都要"教导自己认识自我"。诚直认识教育研究自身，就不会回避这一困境：教育专业研究长期习惯应然概念体系建构，而文字概念一般难以涵盖极端复杂丰富的现实生活，尤其是难以言传微妙复杂的心灵领域。而围绕概念应然阐述的学术习惯，可以满足同行评估，又必然导致一再回避现实，失去对心灵领域问题的敏感性。结果，学术成果充塞的是应然倡导、愤世嫉俗、或无以复加地批判，对于改进现实方面却极度疲软。其后，是对18世纪以来科学理性主义至尊的集体无意识认同。而足于发人清醒的后果是，20世纪人类太容易陷入乱作为，世界大战，科技误用、环境污染，人际暴力泛滥，家庭虐待儿童暴力触目惊心，普遍迷失在杀鸡取卵式的"做"中。为何《教学勇气》发表以来，在美国本土"大学生灵性觉醒""大学教授圈灵性觉醒"成了关注热点？显然，高等教育作为社会创新系统的核心，更加需要久旱的甘露——认识自我、超越小我的迷失。

古往今来的灵性智慧自然是这样理解伟大心灵的产生——本体的喜悦和宁静，属于自然的深处，心灵的深处。人类不可估量的发展潜力，和自然宇宙不可估量的潜力一样，令人敬畏，远非制度规范可以衡量。现实中人的智慧灵感枯竭，主要是因为滋养它的生命源头很容易被切断。生命源头的被切断始于失去宁静。但现实中，由于教育评估筛选人才标准的局限，过度的学业成绩攀比，一切以此为理由泛滥的追逐、舞弊、挤压、绩效问责等，都远离内在生命需要，让普遍失去宁静、诚信、真实。一旦教师的生命源头被切断了，不知自身生命的某个角落有未知的种子，任由种子断了源头而无法萌芽甚至枯萎，谈何人生的突破、深刻、自由？又如何激活蛰伏的创新力，寻找真正的生命意义？又如何有定力呵护学生生命的源头不被切断？④

对于目前教育筛选人才标准把生命圈在井底高速运转的教育噩梦，扎根内在心灵的力量不是批判抱怨，而是贴近一种深深的恐惧：人情大于王法的文化无法大换血，不得不只认死板的分数；只顾体制内抢一杯羹的短视太普遍；制度哪里松动一点，腐败就涌向哪里，导致长期跳不出"一统就死一放就乱"的怪圈。当毫不回避这一真相——这种现实教育的噩梦，足于让任何生命萎缩，为何多年来只是靠优秀教师在无情的制度夹缝中用生命润滑生命，而不设法卸去沉重的铐链？又有多少生命因不堪带着铐链跳舞而沉沦！那么，所有教育方面的研究成果、头衔、政策、政绩等都会黯然失色。

正是在多年聆听教师叙事的基础上，借《教学勇气》开启的正能量，笔者2012年终于有勇气在教师叙事团队启动心灵突围为制度突围奠基的长线研究，摸索教师心灵旅程孕育教育制度嬗变的方向、理念、路径。我们在恐惧文化中发出呼吁：干吗让这粗糙的评价标准捆绑我们鲜活的生命？聆听老师对于不同孩子的理解，个案越多越好，多到可以由下而上归类，可以和不同角度有关学生的分类学说对话，重构有事实和理论依据的归类框架，再由一直和试卷打交道的老师们去探索，该如何考核学生天性潜力的发展过程，再与社会需要的多样人才接轨，重构分类框架，形成能够鼓励适合不同类型学生天性脱颖而出的多元人才筛选制度标准。在这种相互召唤中，又相遇更多"一遇火星就能够把自己照亮"的人们。

细细领悟帕尔默新版《教学勇气》的深刻洞察：机构弊病对专业人士内在准则威胁之本质，是因为复杂而庞大的制度机构对于芸芸众生的合理需求越来越反应迟钝。高等教育要关注大学生灵性的觉醒，为年轻人面对制度机构的弊病做准备。要拆穿这一神话：制度机构外在于我们并束缚我们，就像它们自动拥有魔力一样，迫使我们陷入无助境地。依托内在意识的清醒培养新的专业人士，拥有哲人达观智慧而非精于特定目的的小计谋。"身在机构，心不盲从依附"，扳动机构组织转化杠杆的力量，来扎根在机构内的专业人士，包括领导自身的力量中。这些，不正是制度突围需要的力量吗？不正是肩负复兴中华民族之梦，需要抵制官僚腐败获得新生的中国年轻代最需要的吗？中国的复兴大业需要教育专业研究者贴近心灵的柔软处激活教学与研究的创新闸门。

这些体验弥足珍贵，不断滋养和更新笔者对帕尔默思想的理解，并尽量融入对新版译著核心概念——自身认同与完整的理解中。Identity 作为学术术语一般翻译成"身份认同"。本书译成"自身认同"，出于如下考虑。"身份"在中文中容易理解为出身性别职业等浅显身份，而在英文中，Identity 密切联系于东西方深厚的灵性体验等文化内涵——"认识自我""不要迷失在错误的身份认同"中，"要找回错失了的自我真正本质"。Identity 作为本书的核心概念，突出的是对于教师的自我真正本质身份的认同。在荣格的思想中，自身（self）包括了理性的意识、非理性的无意识还有充当意识和无意识之间门卫的作为观念情结的自我（ego），自身认同突出整个心理主体畅通意识和无意识通道，各种力量汇聚，使之和谐一致内在认同"自性"。"自性"作为推动人的心理发展力量的象征，作为调节善与恶、光明与黑暗两极张力的中心，是指引复归人的本质的真实存在的内在之光。

Identity and integrity 是作者贯穿全书的核心概念，可理解为：对自我真正本质身份的认同和自我生命的完整性。为突出内心力量汇聚和谐与内在生命完整之间的相互作用，译为：自身认同和完整。

教师们极其需要在超越小我局限中充盈本体喜悦而复归内心安适自在，从而无形感染学生处于安适自在的学习发展状态。这是把教师的自我、学生的自我和所教学科编织成复杂的联系网的基础，是让整个生命生机勃勃的根基，也是伟大的心灵产生的根基。坚信任何人在任何领域做任何事情，当他在自身认同和完整状态享受着由内而外贯注的生命能量，而不仅仅是勤奋负责地完成任务，那么所做的事情创新含量会更高，所做的事情和自己的生命质量都会更好。不要再哀叹面对大气候扭曲教育系统正常运作的压力我们无能为力，以心灵突围为奠基重建制度扶正心灵，是复兴中华民族梦想的核心工程，也是教育事业和人类进步事业携手共赢的空间。这始于教育不再盲目努力拔高向外在标准靠拢。意识到任由枯竭教师的心灵世界，必定会导致学生更多地活剥成套的知识概念，也就萎缩了支撑复兴之梦的灵性和创造力发展空间。

确实，"我们围着圆圈起舞，但是秘密就坐在中间且知道一切"⑤。这个秘密，就是深藏我们内心的定力又联系着普遍存在的根基。推动人类社会进步依赖一代代社会的优秀脊梁骨，他们世世代代不都是在围着圆圈起舞吗？我们的优秀祖先曾经在靠圆圈很近的地方，舞姿优美倾倒世人。当代的炎黄子孙，不管如何无意识地偏离中心迷失于歧途，复兴中华民族之梦依赖"治大国如烹小鲜"的先哲大智慧，是重新和生命、宇宙的创造能量合一的必然。我们要实现复兴教育梦，开放感受到中心的召唤，重新围绕圆圈跳舞，不是自然地重获教育智慧和力量的不二选择吗？这正是帕尔默带给我们的洞察和勇气！

显然，华东师范大学出版社决定新译出版帕尔默《教学勇气》(十周年纪念版) 意义重大。感谢澳门大学翻译专家杨秀玲博士再次欣然应允审校全书，为把帕尔默这曾经深深吸引中国教师、"在枯竭的心灵中注入清泉"的更深邃洞见呈现给中国教师，而贡献她卓越的翻译造诣，尤其是每一章开篇诗的润色创作，倾注了她的非凡智慧。感谢吴国强认真承担新版前言、后言的合作翻译，并热心对全书翻译提出许多独特见解。感谢刘灿先生对人名翻译的重要建议，感谢我的研究生张周丽、姜真真、马广红、沈纳新、张颖认真承担了翻译过程必需的资料核对整理工作。感谢读者非舟（网名）对于2005年中译本的相关人名书名翻译提出的中肯建议。

此时，衷心感谢2002年推荐帕尔默《教学勇气》给我的香港大学过伟瑜博士，感谢合作翻译2005年中译本的余巍先生，以及参与初译的当年的博士硕士研究生卢立涛、沈文钦、徐晋华、王秀明、温亚梅、高春波、刘娜。

同时永远感谢我的博士导师吴式颖教授自始至终的关心鼓励和已故恩师赵祥麟先生严谨译著精神的时时鞭策；感谢指导、支持本人摸索教师心灵叙事的郭振有主任，万福研究员、张熙研究员；感谢多年来支持教师参与本人组织的"引发教师心灵智慧的叙事探究"活动的中小学领导和骨干教师，他们有田树林校长、时芝玫主任、刘畅校长、丁凤良副校长、邵虹副校长、高淑英校长、顾晓斌副校长、刘可钦校长、张文峰主任、吴学敏主任、唐中云老师、尹军校长、王群校长、吴娟芳主任、梁宇学副校长、朱东辉书记、王亚苹校长、马燕校长等。感谢北京师范大学裴娣娜教授、丛立新教授、朱旭东教授以及前后任教育学院和教育学部领导张斌贤教授、周作宇教授、石中英教授、褚宏启教授对整个探索过程的支持。

本译著杨秀玲审校全书。前言吴国珍、吴国强翻译，导言、第一章、第二章、第三章、第四章、第五章、第六章吴国珍翻译；第七章吴国珍、卢立涛翻译，后记吴国珍、吴国强翻译。封面、封底、《教学勇气》所赢得的高度赞誉、鸣谢、作者简介、相关著作简介等吴国珍翻译；专业术语的组织讨论和推敲、主题索引、人名索引、目录、全书统稿整理吴国珍负责，译文注释、后记的撰写，全书最后审阅核对等吴国珍负责。

由于本人水平有限，虽然在有限的时间全情投入，整个翻译过程中错误难免，恳请广大同仁批评指正。

吴国珍

北京师范大学教育学部教师教育研究所

教育部普通高校人文社会科学重点研究

基地北京师范大学教师教育研究中心

2013-4-14 2014-2-11 修改 京师园

注 释

①吴国珍等著：《心灵的觉醒：理解教师叙事探究》，北京师范大学出版社 2010 年版，第 1-2 页。

②吴国珍：《为农村教师成长发育城乡统筹教师共同体》，《教师教育研究》 2013 年 1 期。

③吴国珍，孙彩文：《对话城乡统筹教师心灵成长共同体》，《教师月刊》 2014 年第 2 期。

④吴国珍：《为农村教师成长发育城乡统筹教师共同体》，《教师教育研究》 2013 年 1 期。

⑤Frost. R 语，转引自帕尔默：《教学勇气——漫步教师心灵》，华东师范大学出版社 2005 年版，第 105 页。

图书在版编目（CIP）数据

教学勇气：漫步教师心灵：十周年纪念版/（美）帕尔默著；
吴国珍等译. —上海：华东师范大学出版社，2014.4
ISBN 978－7－5675－1954－1

Ⅰ.①教... Ⅱ.①帕...②吴... Ⅲ.①教师心理学—通俗
读物 Ⅳ.①G443-49

中国版本图书馆 CIP 数据核字（2014）第 063988 号

大夏书系·教师教育精品译丛

教学勇气
——漫步教师心灵（十周年纪念版）

著　　者	帕克·帕尔默
译　　者	吴国珍 等
审　　校	杨秀玲
项目编辑	顾晓清
封面设计	王晓蕾
责任印制	殷艳红

出版发行	华东师范大学出版社
社　　址	上海市中山北路 3663 号　邮编　200062
网　　址	www.ecnupress.com.cn
电　　话	021－60821666　行政传真　021－62572105
客服电话	021－62865537
邮购电话	021－62869887　地址　上海市中山北路 3663 号华东师范大学校内先锋路口
网　　店	http://hdsdcbs.tmall.com/

印　刷　者	三河市龙林印务有限公司
开　　本	700×1000　16 开
插　　页	1
印　　张	15.5
字　　数	215 千字
版　　次	2014 年 5 月第一版
印　　次	2025 年 7 月第四十四次
书　　号	ISBN 978－7－5675－1954－1/G.7287
定　　价	35.00 元

出 版 人	朱杰人

（如发现本版图书有印订质量问题，请寄回本社市场部调换或电话 021-62865537 联系）